Fundamentos da Teoria dos Grafos para Computação

O GEN | Grupo Editorial Nacional – maior plataforma editorial brasileira no segmento científico, técnico e profissional – publica conteúdos nas áreas de ciências exatas, humanas, jurídicas, da saúde e sociais aplicadas, além de prover serviços direcionados à educação continuada e à preparação para concursos.

As editoras que integram o GEN, das mais respeitadas no mercado editorial, construíram catálogos inigualáveis, com obras decisivas para a formação acadêmica e o aperfeiçoamento de várias gerações de profissionais e estudantes, tendo se tornado sinônimo de qualidade e seriedade.

A missão do GEN e dos núcleos de conteúdo que o compõem é prover a melhor informação científica e distribuí-la de maneira flexível e conveniente, a preços justos, gerando benefícios e servindo a autores, docentes, livreiros, funcionários, colaboradores e acionistas.

Nosso comportamento ético incondicional e nossa responsabilidade social e ambiental são reforçados pela natureza educacional de nossa atividade e dão sustentabilidade ao crescimento contínuo e à rentabilidade do grupo.

Fundamentos da Teoria dos Grafos para Computação

3ª edição

Maria do Carmo Nicoletti
Estevam R. Hruschka Jr.

Os autores e a editora empenharam-se para citar adequadamente e dar o devido crédito a todos os detentores dos direitos autorais de qualquer material utilizado neste livro, dispondo-se a possíveis acertos caso, inadvertidamente, a identificação de algum deles tenha sido omitida.

Não é responsabilidade da editora nem dos autores a ocorrência de eventuais perdas ou danos a pessoas ou bens que tenham origem no uso desta publicação.

Apesar dos melhores esforços dos autores, do editor e dos revisores, é inevitável que surjam erros no texto. Assim, são bem-vindas as comunicações de usuários sobre correções ou sugestões referentes ao conteúdo ou ao nível pedagógico que auxiliem o aprimoramento de edições futuras. Os comentários dos leitores podem ser encaminhados à **LTC — Livros Técnicos e Científicos Editora** pelo e-mail ltc@grupogen.com.br.

Direitos exclusivos para a língua portuguesa
Copyright © 2018 by
LTC — Livros Técnicos e Científicos Editora Ltda.
Uma editora integrante do GEN | Grupo Editorial Nacional

Reservados todos os direitos. É proibida a duplicação ou reprodução deste volume, no todo ou em parte, sob quaisquer formas ou por quaisquer meios (eletrônico, mecânico, gravação, fotocópia, distribuição na internet ou outros), sem permissão expressa da editora.

Travessa do Ouvidor, 11
Rio de Janeiro, RJ – CEP 20040-040
Tels.: 21-3543-0770 / 11-5080-0770
Fax: 21-3543-0896
ltc@grupogen.com.br
www.grupogen.com.br

Capa: Thallys Bezerra
Editoração Eletrônica: IO Design

SINDICATO NACIONAL DOS EDITORES DE LIVROS, RJ.

N552f
3. ed.
Nicoletti, Maria do Carmo
Fundamentos da teoria dos grafos para computação / Maria do Carmo Nicoletti, Estevam R. Hruschka Jr. - 3. ed. - Rio de Janeiro : LTC, 2018.
: il. ; 24 cm.

Inclui bibliografia e índice
ISBN 978-85-216-3446-1

1. Teoria dos grafos. 2. Computação (Matemática). 3. Algoritmos. I. Hruschka Jr., Estevam R. II. Título.

17-43862	CDD: 511.5
	CDU: 518.17

Para Elisa Diniz Porta

PREFÁCIO

Teoria dos Grafos (TG) é uma vasta área de pesquisa, estabelecida como um dos muitos ramos da Matemática. Além de considerada uma área *per se*, TG é uma importante ferramenta matemática, usada para modelar uma variedade cada vez maior de problemas, nas mais diversas áreas, tais como Genética, Inteligência Artificial, Química, Linguística, Pesquisa Operacional, Geografia, Engenharia Elétrica, entre outras.

O material apresentado neste livro foi compilado e refinado ao longo dos anos, durante os semestres em que a disciplina Teoria dos Grafos foi ministrada aos alunos do curso de Bacharelado em Ciência da Computação da Universidade Federal de São Carlos – UFSCar. Em suas duas primeiras edições, foi veiculado como uma monografia da série Apontamentos, lançada pela EdUFSCar, da UFSCar. Esta terceira edição, lançada pela LTC, editora integrante do GEN | Grupo Editorial Nacional, estende e detalha vários dos tópicos contidos nas edições anteriores.

É importante lembrar que não existe uma terminologia/notação padrão em TG. Não apenas existe um grande número de sinônimos como, muitas vezes, um mesmo termo é usado por diferentes autores para designar conceitos diferentes. Isso, de certa forma, torna difícil o estudo/aprendizado do assunto, fazendo uso de várias referências bibliográficas, simultaneamente. Com o objetivo de tornar mais fáceis e acessíveis a leitura e o entendimento dos conceitos e resultados da TG, este livro inclui cerca de 190 exemplos, 400 figuras, além de aproximadamente 150 exercícios.

Os conceitos e resultados descritos neste material podem ser encontrados em um vasto número de referências sobre o assunto, muitos talvez não tão exemplificados e detalhados quanto aqui. O texto, entretanto, foi substancialmente influenciado por um grupo reduzido de publicações, a saber: Clark & Holton, 1998, Wilson, 1996, Johnsonbaugh, 1993 e Roman, 1985. Particularmente, vários dos algoritmos que estão descritos neste livro foram extraídos de Clark & Holton, 1998. É importante mencionar que as provas de muitos resultados estabelecidos como teoremas não são apresentadas; o leitor é remetido a referências nas quais elas podem ser encontradas. Este livro pode ser usado como texto básico para cursos introdutórios e, também, como complemento de outros textos.

Maria do Carmo Nicoletti
Estevam R. Hruschka Jr.

SOBRE OS AUTORES

Maria do Carmo Nicoletti é graduada em Matemática [1973] pela Universidade Estadual Paulista "Júlio de Mesquita Filho" – UNESP – São José do Rio Preto, São Paulo, com mestrado em Computação [1997] pelo Instituto de Ciências Matemáticas e de Computação da Universidade de São Paulo – ICMC-USP – São Carlos, São Paulo, é M.Sc. by Research in Computer Science [1980] pela Oxford University, Inglaterra, e tem doutorado em Física Computacional [1994] pelo Instituto de Física de São Carlos da USP – IFSC-USP – São Carlos, São Paulo. Fez seu pós-doutorado na University of New South Wales, Austrália, nos anos 1999 e 2000. Presentemente colabora como pesquisadora junto ao Departamento de Computação – DC-UFSCar – São Carlos, São Paulo e à Faculdade Campo Limpo Paulista – FACCAMP – C. L. Paulista, São Paulo. Atua na área de inteligência computacional, com ênfase nas áreas de Aprendizado de Máquina (AM) e Representação de Conhecimentos.

Estevam R. Hruschka Jr. é graduado em Ciência da Computação [1994] pela Universidade Estadual de Londrina (UEL), com mestrado em Ciência da Computação [1997] pela Universidade de Brasília (UnB) e doutorado em Sistemas Computacionais de Alto Desempenho [2003] pela Universidade Federal do Rio de Janeiro (PEC/COPPE/UFRJ). Fez seu pós-doutorado na Carnegie-Mellon University (EUA) em 2008-2010. Atualmente é professor-associado da Universidade Federal de São Carlos (UFSCar), São Carlos-SP, do Departamento de Computação [2004-atual]. Atuou também como docente junto ao Centro Universitário Positivo (UNICENP), Paraná [1998-2004]. Seu principal interesse em pesquisa é na área de Aprendizado de Máquina (AM), particularmente na aplicação de algoritmos e técnicas de AM a dados estruturados e não estruturados.

Material Suplementar

Este livro conta com o seguinte material suplementar:

- Ilustrações da obra em formato de apresentação (restrito a docentes).

O acesso ao material suplementar é gratuito. Basta que o leitor se cadastre em nosso *site* (www.grupogen.com.br), faça seu login e clique em GEN-IO, no menu superior do lado direito. É rápido e fácil.

Caso haja alguma mudança no sistema ou dificuldade de acesso, entre em contato conosco (sac@grupogen.com.br).

GEN-IO (GEN | Informação Online) é o repositório de materiais suplementares e de serviços relacionados com livros publicados pelo GEN | Grupo Editorial Nacional, maior conglomerado brasileiro de editoras do ramo científico-técnico-profissional, composto por Guanabara Koogan, Santos, Roca, AC Farmacêutica, Forense, Método, Atlas, LTC, E.P.U. e Forense Universitária. Os materiais suplementares ficam disponíveis para acesso durante a vigência das edições atuais dos livros a que eles correspondem.

SUMÁRIO

Prefácio, vii

Sobre os Autores, ix

CAPÍTULO 1   REVISÃO DE CONCEITOS BÁSICOS, 1
                        1.1 Conceitos Iniciais, 2
                        1.2 Funções, 3
                        1.3 Relações, 9

CAPÍTULO 2   CONSIDERAÇÕES INICIAIS SOBRE GRAFOS, 26

CAPÍTULO 3   CONCEITOS INICIAIS DE GRAFOS, 38
                        3.1 Conceitos Iniciais, 39
                        3.2 Isomorfismo entre Grafos, 46
                        3.3 Grafo Completo e Grafo R-Partido, 56
                        3.4 Subgrafo, Supergrafo e Grafo *Spanning*, 61
                        3.5 Clique, Conjunto Independente de Vértices (e de Arestas) e
                              Cobertura de Vértices, 72

CAPÍTULO 4   PASSEIOS, TRILHAS E CAMINHOS, 76
                        4.1 Conceitos Iniciais, 77
                        4.2 Conectividade em Grafos, 83
                        4.3 Conceitos Subjacentes à Conectividade em Grafos, 90

CAPÍTULO 5   REPRESENTAÇÃO MATRICIAL DE GRAFOS, 95

CAPÍTULO 6   ÁRVORES, PONTES E ÁRVORES *SPANNING*, 116
                        6.1 Árvores – Principais Conceitos e Resultados, 117
                        6.2 Pontes, 123
                        6.3 Árvores *Spanning* e o Problema da Árvore *Spanning* Minimal, 128

CAPÍTULO 7   O PROBLEMA DO CAMINHO MAIS CURTO, 143
                        7.1 A Técnica da Busca em Largura, 144
                        7.2 O Algoritmo de Dijkstra, 155

Sumário

CAPÍTULO 8   GRAFOS DE EULER, 159
              8.1 Principais Conceitos e Resultados, 160
              8.2 O Problema do Carteiro Chinês, 169

CAPÍTULO 9   GRAFOS HAMILTONIANOS, 177
              9.1 Principais Conceitos e Resultados, 178
              9.2 O Problema do Caixeiro-Viajante, 186

CAPÍTULO 10   GRAFOS PLANOS E PLANARES, 196
              10.1 Conceitos Preliminares, 197
              10.2 Fórmula de Euler, 201
              10.3 O Teorema de Kuratowski, 204
              10.4 O Dual de um Grafo Plano, 208
              10.5 Coloração de Vértices, 212
              10.6 Algoritmos para a Coloração de Vértices, 214

1ª Lista de exercícios, 225

2ª Lista de exercícios, 231

3ª Lista de exercícios, 241

4ª Lista de exercícios, 245

5ª Lista de exercícios, 249

Referências e bibliografia, 251

Índice, 253

CAPÍTULO 1

Revisão de conceitos básicos

Neste capítulo são apresentados os principais conceitos e resultados relacionados a funções e relações, que são relevantes para os tópicos de Teoria dos Grafos (TG) abordados neste livro. Algumas das provas dos teoremas enunciados neste capítulo podem ser encontradas em Berztiss (1975).

Capítulo 1

1.1 CONCEITOS INICIAIS

Definição 1.1
O *par ordenado* de a e b, notado <a,b> é o conjunto {{a},{a,b}}. Dado o par ordenado <a,b>, a é a primeira coordenada do par e b é a segunda.

A principal propriedade de um par ordenado, que deve ser passível de ser deduzida de sua definição, é a sua unicidade. O Teorema 1.1 estabelece a unicidade de pares ordenados.

Teorema 1.1
Se <a,b> = <x,y>, então a = x e b = y.

Definição 1.2
A família de todos os subconjuntos de um conjunto A é o *conjunto potência* de A, simbolizado por 2^A.

Teorema 1.2
Se um conjunto finito A tem n elementos (*i.e.*, |A| = n), então $|2^A| = 2^n$.

EXEMPLO 1.1

(a) Note que <a,b> = {{a},{a,b}} = {{a},{b,a}} = {{b,a},{a}}. Note também que <b,a> = {{b},{b,a}} = {{b},{a,b}} = {{a,b},{b}}. Além disso, <a,a> = {{a},{a,a}} = {{a},{a}} = {{a}}.

(b) Se A = {a,b,c}, 2^A = {∅, {a}, {b}, {c}, {a,b}, {a,c}, {b,c}, {a,b,c}}, no qual o símbolo ∅ representa o conjunto vazio. Note que |A| = 3 e que $|2^A| = 2^{|A|} = 2^3 = 8$.

(c) Seja A = {1,2}. O conjunto 2^A = { ∅, A, {1}, {2}}.

(d) Seja A = {{1}, {1,4}, {7,8}}. O conjunto 2^A = {∅, A, {{1}}, {{1,4}}, {{7,8}}, {{1},{1,4}}, {{1}, {7,8}}, {{1,4}, {7,8}}}.

(e) Seja A = {{1}, 2, {3,4}}. O conjunto 2^A = {∅, A, {{1}}, {2}, {{3,4}}, {{1}, 2}, {{1}, {3,4}}, {2, {3,4}}}.

Definição 1.3
O *produto cartesiano* dos conjuntos A e B, notado A × B, é o conjunto de pares ordenados cuja primeira coordenada é um elemento de A e a segunda coordenada é um elemento de B; formalmente:

$$A \times B = \{<a,b> \mid a \in A \text{ e } b \in B\}$$

Se A e B são conjuntos não vazios e A ≠ B então A × B ≠ B × A. Se A ou B for ∅, então A × ∅ = ∅ × B = ∅ × ∅ = ∅.

Observação 1.1 Se o conjunto A tem n elementos (|A| = n) e o conjunto B tem m elementos (|B| = m), então cada um dos produtos cartesianos, A × B e B × A, tem m × n elementos, ou seja, |A × B| = |B × A| = m × n.

EXEMPLO 1.2
Considere os conjuntos A = {1,2} e B = {a,b,c}. Então,

A × B = {<1,a>,<1,b>,<1,c>,<2,a>,<2,b>,<2,c>}
B × A = {<a,1>,<a,2>,<b,1>,<b,2>,<c,1>,<c,2>}
A × A = {<1,1>,<1,2>,<2,1>,<2,2>}
B × B = {<a,a>,<a,b>,<a,c>,<b,a>,<b,b>,<b,c>,<c,a>,<c,b>,<c,c>}

Como |A| = 2 e |B| = 3,
|A × B| = |B × A| = 2 × 3 = 6
|A × A| = 2 × 2 = 4
|B × B| = 3 × 3 = 9

EXEMPLO 1.3
Considere os conjuntos X = {1} e Y = {1,2,3}. Então,

X × Y = {<1,1>,<1,2>,<1,3>}
Y × X = {<1,1>,<2,1>,<3,1>}
(X × Y) ∩ (Y × X) = {<1,1>}
(X × Y) ∪ (Y × X) = {<1,1>,<1,2>,<1,3>,<2,1>,<3,1>}

Observação 1.2 O produto cartesiano de n conjuntos A, algumas vezes notado por A × A × A ×...× A, também pode ser notado por A^n.

1.2 FUNÇÕES

Definição 1.4
O conjunto f é uma *função* do conjunto A no conjunto B se e somente se f for um subconjunto do conjunto de pares ordenados A × B e se <a,b> ∈ f e <a,c> ∈ f implica b = c.

EXEMPLO 1.4
Considere as funções f_1 = {<a,1>, <b,1>} e f_2 = {<b,1>, <a,1>}. Uma vez que funções são conjuntos, a igualdade de funções é verificada por meio da verificação de igualdade entre conjuntos, *i.e.*, dois conjuntos são iguais se e somente se eles têm os mesmos elementos. Pode-se dizer, pois, que $f_1 = f_2$.

EXEMPLO 1.5
Considere os conjuntos A = {1,2,3} e B = {a,b,c}. Cada um dos conjuntos f_1 = {<1,a>,<2,b>}, f_2 = {<1,c>}, f_3 = {<1,c>,<2,b>,<3,a>} e f_4 = {<1,a>,<2,a>} é uma função de A em B. Já o conjunto f_5 = {<1,a>, <1,c>, <2,b>} não é função de A em B, dado que <1,a> ∈ f_5, <1,c> ∈ f_5 e a ≠ c. Note que um mesmo elemento do conjunto A (no caso o 1) é associado, por meio de f_5, a dois elementos distintos, a e c, do conjunto B. Os cinco conjuntos podem ser visualizados na Figura 1.1.

Capítulo 1

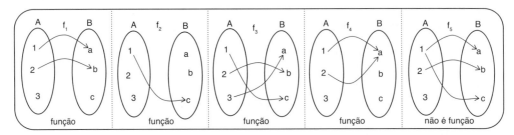

Figura 1.1

Dentre os cinco conjuntos $f_1 = \{<1,a>,<2,b>\}$, $f_2 = \{<1,c>\}$, $f_3 = \{<1,c>,<2,b>,<3,a>\}$, $f_4 = \{<1,a>,<2,a>\}$ e $f_5 = \{<1,a>, <1,c>, <2,b>\}$, o único que não é função de A em B é o f_5.

Definição 1.5

Seja $f \subseteq A \times B$ uma função. O *domínio* D_f e o *contradomínio* C_f de f são os conjuntos:

$$D_f = \{a \mid \text{para algum } b, <a,b> \in f\}$$
$$C_f = \{b \mid \text{para algum } a, <a,b> \in f\}$$

Se $D_f = A$, a função f é uma função *total* com relação a A. Se $C_f = B$, a função é *sobre* o conjunto B (função *sobrejetora*). Uma função de A em B é notada por $f: A \to B$.

EXEMPLO 1.6

(a) O domínio, o contradomínio e o tipo das funções f_1, f_2, f_3 e f_4, do Exemplo 1.5, estão mostrados na Tabela 1.1.

Tabela 1.1 Domínio e contradomínio de funções (S: sim; N: não)

Função	Domínio	Contradomínio	Total?	Sobrejetora?
f_1	{1,2}	{a,b}	N	N
f_2	{1}	{c}	N	N
f_3	{1,2,3}	{a,b,c}	S	S
f_4	{1,2}	{a}	N	N

(b) A Figura 1.2 mostra uma representação gráfica de três funções, $g_1 = \{<1,a>, <2,b>, <3,c>\}$, $g_2 = \{<1,a>, <2,b>, <3,b>, <4,c>\}$ e $g_3 = \{<1,a>, <2,b>, <3,b>, <4,b>\}$. Os respectivos domínios e contradomínios estão especificados na Tabela 1.2.

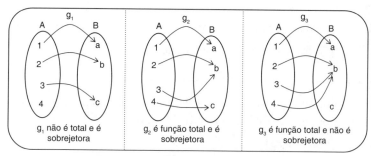

Figura 1.2
Três funções construídas a partir de A × B, com A = {1,2,3,4} e B = {a,b,c}.
D_{g_1} = {1,2,3}, C_{g_1} = {a,b,c}, D_{g_2} = {1,2,3,4}, C_{g_2} = {a,b,c}, D_{g_3} = {1,2,3,4}, C_{g_3} = {a,b}.

Tabela 1.2 Domínio e contradomínio de funções (S: sim; N: não)

Função	Domínio	Contradomínio	Total?	Sobrejetora?
g_1	{1,2,3}	{a,b,c}	N	S
g_2	{1,2,3,4}	{a,b,c}	S	S
g_3	{1,2,3,4}	{a,b}	S	N

Definição 1.6
Se f:A→B e C ⊆ A, então a função f ∩ (C × B) é a *restrição* de f a C, escrita f|C. A função f é uma *extensão* da função g se e somente se g ⊆ f.

EXEMPLO 1.7
Considere os conjuntos A = {1,2,3,4} e B = {3,7,8,9} e a função total f:A → B, dada pelo conjunto {<1,3>,<2,8>,<3,8>,<4,9>}, como mostrados na Figura 1.3. Considere ainda o conjunto C = {2,3} ⊆ A, marcado em cinza na Figura 1.3.

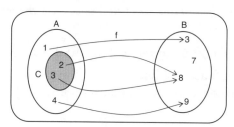

Figura 1.3
Função total f:A → B, dada por {<1,3>,<2,7>,<3,8>,<4,9>}.

O produto cartesiano C × B = {2,3} × {3,7,8,9} = {<2,3>, <2,7>, <2,8>, <2,9>, <3,3>, <3,7>, <3,8>, <3,9>}.

A restrição f|C = f ∩ (C × B) = {<1,3>,<2,8>,<3,8>,<4,9>} ∩ {<2,3>, <2,7>, <2,8>, <2,9>, <3,3>, <3,7>, <3,8>, <3,9>} = {<2,8>,<3,8>}.

Definição 1.7
A *composição* das funções g e h, notada por h°g é definida como o conjunto:

$$h°g = \{<x,z> \mid \text{existe um y tal que } <x,y> \in g \text{ e } <y,z> \in h\}.$$

EXEMPLO 1.8
Considere os conjuntos $X = \{1,3,4,5\}$, $Y = \{a,b,c,d\}$ e $Z = \{z_1, z_2, z_3\}$ como ilustrados na Figura 1.4 e as funções g:X → Y e h:Y → Z definidas por:

g = {<1,a>,<3,b>,<4,b>,<2,c>}
h = {<a,z_1>,<b,z_2>,<d,z_2>}

A composição das funções g e h é a função dada por:

h°g = {<x,z> | existe um y ∈ Y tal que <x,y> ∈ g e <y,z> ∈ h} = {<1,z_1>,<3,z_2>,<4,z_2>}

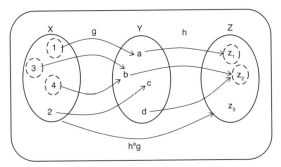

Figura 1.4
Composição das funções g e h.

Observação 1.3 A composição h°g das funções g e h é também uma função. Se g:X→Y e h:Y→Z, então h°g: X→Z e (h°g)(x) pode ser escrita como h(g(x)).

Definição 1.8
Uma função total f:A→B é *injetora* (ou *um-a-um*) se associa elementos distintos de A a elementos distintos de B, ou seja,

$$f \text{ é injetora se e só se } f(x_1) = f(x_2) \rightarrow x_1 = x_2$$

Alternativamente, uma função f é injetora se e somente se $x_1 \neq x_2 \rightarrow f(x_1) \neq f(x_2)$. Uma função total que não é injetora é chamada *muitos-a-um*.

Definição 1.9
Uma função injetora e sobrejetora é chamada *bijetora*.

EXEMPLO 1.9
As funções g e h do Exemplo 1.8 não são injetoras, pois g(3) = b e g(4) = b e, no entanto, 3≠4. Também, h(b) = z_2 e h(d) = z_2 e b ≠ d. A função g é total e sobrejetora. A função h não é total e não é sobrejetora.

Teorema 1.2

Seja f:A→B uma função total e considere a função sobre g:f→f ' tal que g(<a,b>) = <b,a>. O conjunto f ' é uma função se e somente se f for injetora. Além disso, f ' é total em B se e somente se f for sobrejetora.

EXEMPLO 1.10

(a) Considere os conjuntos A = {1,2,3}, B = {a,b,c,d} e a função f = {<1,a>,<2,b>,<3,c>}, que é injetora mas não é sobrejetora, como mostra a Figura 1.5(a). Considere ainda a função g:f→f ' tal que g(<a,b>) = <b,a>, como estabelece o Teorema 1.2, cuja representação gráfica está na Figura 1.6.

A função g é pois o conjunto: g = {<<1,a>,<a,1>>, <<2,b>,<b,2>>, <<3,c>,<c,3>>}.

Note que o conjunto f' do Teorema 1.2 é o contradomínio da função g, i.e., f ' = {<a,1>,<b,2>,<c,3>}, que é uma função de B em A (uma vez que f é injetora). Note, entretanto, que f' não é total (isto é, o domínio de f' não é todo o conjunto B, como mostra a Figura 1.5(b)), uma vez que a função f não é sobrejetora.

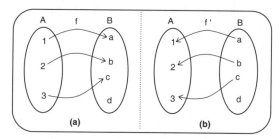

Figura 1.5
(a) Função f = {<1,a>,<2,b>,<3,c>}, injetora. (b) f ' = {<a,1>,<b,2>,<c,3>}, construída como estabelece o Teorema 1.2, é uma função, uma vez que f é injetora. Como f não é sobrejetora, f ' não é total.

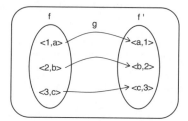

Figura 1.6
Função g:f → f ' como estabelecida pelo Teorema 1.2.

(b) Considere os conjuntos A = {1,2,3}, B = {a,b} e a função sobrejetora f = {<1,a>,<2,b>,<3,b>}, que não é injetora, como mostra a Figura 1.7(a). Considere ainda a função g:f→f ' tal que g(<a,b>) = <b,a>, como estabelece o Teorema 1.2, mostrada na Figura 1.8. A função g é pois g = {<<1,a>,<a,1>>,<<2,b>,<b,2>>,<<3,b>,<b,3>>}. Note que o conjunto f ' do Teorema 1.2 é o conjunto f ' = {<a,1>,<b,2>,<b,3>} (como pode ser visualizado na Figura 1.7(b)), que não é uma função (uma vez que f não é injetora).

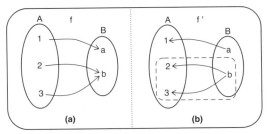

Figura 1.7

(a) Função f = {<1,a>,<2,b>,<3,b>}, que não é injetora. (b) f' = {<a,1>,<b,2>,<b,3>}, construída como estabelecido pelo Teorema 1.2. Como f não é injetora, f' não é uma função. Note que o elemento b está sendo levado a duas imagens distintas por meio de f', como evidencia o retângulo tracejado na figura.

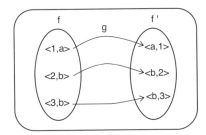

Figura 1.8

Função g:f → f' como estabelecida pelo Teorema 1.2.

(c) Considere os conjuntos A = {1,2,3}, B = {a,b,c} e a função f = {<1,a>,<2,b>,<3,c>}, que é bijetora, ou seja, injetora e sobrejetora, como mostra a Figura 1.9(a). A função g definida pelo Teorema 1.2 é o conjunto: g = {<<1,a>,<a,1>>,<<2,b>,<b,2>>,<<3,c>,<c,3>>}. Note que o conjunto f' do Teorema 1.2 é o conjunto f' = {<a,1>,<b,2>,<c,3>}, que é uma função total de B em A (Figura 1.9(b)).

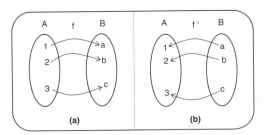

Figura 1.9

(a) Função total f = {<1,a>,<2,b>,<3,c>}, bijetora. (b) f' = {<a,1>,<b,2>,<c,3>}, construída como estabelecido pelo Teorema 1.2 é função, uma vez que f é injetora. Como f é sobrejetora, f' é uma função total de B em A.

Revisão de conceitos básicos

Definição 1.10
Se f:A→B é uma função injetora, então a função *inversa* de f, notada por f⁻¹ é o contradomínio da função g:f→f ' com g(<a,b>) = <b,a>. Se f não for injetora, f⁻¹ não existe.

Teorema 1.3
Considere os conjuntos A e B com |A| = a e |B| = b. O número de funções totais de A em B é b^a.

EXEMPLO 1.11
Considere os conjuntos A = {a,b} e B = {1,2,3}. Como |A| = 2 e |B| = 3, o Teorema 1.3 garante que o número de funções totais de A em B é 3^2. A Tabela 1.3 mostra as nove funções totais existentes. Note na tabela que, para que o conjunto de pares seja caracterizado como função, apenas um dos pares do conjunto {<a,1>, <a,2>, <a,3>} e apenas um dos pares do conjunto {<b,1>,<b,2>,<b,3>} pode ser escolhido. A escolha de dois, como por exemplo, em {**<a,1>,<a,2>**,<b,1>}, não caracteriza uma função (ver Definição 1.4).

Tabela 1.3 As nove funções totais de A em B

Função	<a,1>	<a,2>	<a,3>	<b,1>	<b,2>	<b,3>
f_1	×			×		
f_2	×				×	
f_3	×					×
f_4		×		×		
f_5		×			×	
f_6		×				×
f_7			×	×		
f_8			×		×	
f_9			×			×

1.3 RELAÇÕES

Definição 1.11
Uma *relação binária* do conjunto A no conjunto B é um subconjunto do produto cartesiano A × B. Para indicar que um par <x,y> pertence à relação R, escreve-se <x,y>∈ R ou xRy.

Definição 1.12
Um subconjunto do produto cartesiano A × A é uma *relação binária* no conjunto A. O conjunto A × A é a *relação universal* em A.

9

EXEMPLO 1.12

(a) Seja A = {1,2,3} e B = {a,b}. O conjunto R = {<1,a>,<1,b>,<3,a>} é uma relação de A em B. Além disso, <1,a> ∈ R, <2,b> ∉ R, <3,a> ∈ R.

(b) Seja C = {a,b,c}. O conjunto R = {<a,b>,<a,c>,<c,b>,<c,c>} é uma relação em C. Além disso, <b,a> ∉ R, <a,d> ∉ R, <c,b> ∈ R.

Definição 1.13
Seja R uma relação e seja A um conjunto. Então:

$$R[A] = \{y \mid \text{para algum x em A, xRy}\}$$

é chamado *conjunto de R-relacionados dos elementos de A*, notado por R[A].

EXEMPLO 1.13

(a) Considere a relação R = {<1,1>,<2,2>,<3,3>,<1,2>,<2,1>}. A Tabela 1.4 mostra alguns conjuntos R[A]-relacionados.

Tabela 1.4 Conjuntos R[A]-relacionados, em que R = {<1,1>,<2,2>,<3,3>,<1,2>,<2,1>}

A	Conjunto R-relacionados de A
{1}	{1,2}
{2}	{1,2}
{3}	{3}
{1,2}	{1,2}
{4}	∅

(b) Considere a relação:
R = {<1,1>,<2,2>,<3,3>,<4,4>,<5,5>,<1,2>,<2,1>,<1,3>,<3,1>,<2,3>,<3,2>,<4,5>,<5,4>}.

A Tabela 1.5 mostra alguns conjuntos de R-relacionados.

Tabela 1.5 Conjuntos R-relacionados, para
R = {<1,1>,<2,2>,<3,3>,<4,4>,<5,5>,<1,2>, <2,1>,<1,3>,<3,1>,<2,3>,<3,2>,<4,5>,<5,4>}

A	Conjunto R-relacionados de A
{1}	{1,2,3}
{2}	{1,2,3}
{3}	{1,2,3}
{1,2}	{1,2,3}
{1,3}	{1,2,3}
{1,2,3}	{1,2,3}
{4}	{4,5}
{5}	{4,5}
{4,5}	{4,5}

Definição 1.14

O *domínio* D_ω e o *contradomínio* C_ω da relação ω são:

$$D_\omega = \{x \mid \text{para algum } y, <x,y> \in \omega\}$$
$$C_\omega = \{y \mid \text{para algum } x, <x,y> \in \omega\}$$

Observação 1.4 O domínio de uma relação é o conjunto de todas as primeiras coordenadas, e o contradomínio é o conjunto de todas as segundas coordenadas dos pares que pertencem à relação. Se ω é a relação, então $\omega[D_\omega] = C_\omega$ (ou seja, o conjunto dos ω-relacionados do domínio de ω é o contradomínio de ω).

EXEMPLO 1.14

Considere a relação R = {<1,1>,<2,2>,<3,3>,<1,2>,<2,1>}. D_R = {1,2,3} e o conjunto dos R-relacionados de D_R, isto é, $R[D_R]$ = {1,2,3} = C_R.

Definição 1.15

Se R for uma relação, então a relação *reversa* de R, R^{-1}, é a relação tal que $yR^{-1}x$ se e somente se xRy (a relação reversa R^{-1} consiste nos pares ordenados que, quando invertidos, pertencem a R).

EXEMPLO 1.15

(a) Seja A = {1,2,3} e B = {a,b} e a relação R = {<1,a>,<1,b>,<3,a>}. A relação reversa de R é R^{-1} = {<a,1>,<b,1>,<a,3>}.

(b) Seja B = {a,b,c} e a relação R = {<a,b>,<a,c>,<c,c>,<c,b>}. A relação reversa de R é R^{-1} = {<b,a>,<c,a>,<c,c>,<b,c>}.

Definição 1.16

A relação R no conjunto A é:

(a) *reflexiva*: se xRx para todo x ∈ A.

(b) *irreflexiva*: se $\exists x \in A \mid <x,x> \notin R$.

(c) *antirreflexiva*: se $<x,x> \in R$ para nenhum $x \in A$.

(d) *identidade*: se for reflexiva e se $<x,y> \in R$ para $x,y \in A \rightarrow x = y$.

(e) *simétrica*: se $<x,y> \in R$ para $x,y \in A \rightarrow <y,x> \in R$.

(f) *não simétrica* (ou assimétrica): se $\exists x,y \in A$ tal que $<x,y> \in R$ e $<y,x> \notin R$.

(g) *antissimétrica*: se $<x,y> \in R$ e $<y,x> \in R$ para $x,y \in A \rightarrow x = y$.

(h) *transitiva*: se $<x,y>$ e $<y,z> \in R$, para $x,y,z \in A \rightarrow <x,z> \in R$.

EXEMPLO 1.16

(a) Seja $A = \{1,2,3,4\}$ e $R = \{<1,1>,<2,4>,<3,3>,<4,1>,<4,4>\}$ uma relação em A. R é irreflexiva ($<2,2> \notin R$) e não é simétrica.

(b) Como $<x,y> \in R$ implica $<y,x> \in R^{-1}$ então R é uma relação simétrica se e somente se $R = R^{-1}$.

(c) Em uma relação antissimétrica, se $a \neq b$, então possivelmente a estará relacionado com b ou b com a, mas nunca ambos.

(d) Seja $A = \{1,2,3,4\}$ e a relação $R = \{<1,2>,<4,2>,<4,4>,<2,4>\}$. A relação R não é uma relação antissimétrica em A pois $<4,2> \in R$ e $<2,4> \in R$ (e obviamente $2 \neq 4$). Tampouco é uma relação simétrica, dado que $<1,2> \in R$ e $<2,1> \notin R$.

(e) A relação $\leq$ em um conjunto de números é reflexiva, antissimétrica e transitiva. A relação $<$ é antirreflexiva, antissimétrica e transitiva.

(f) Para o conjunto $A = \{1,2,3\}$ a Tabela 1.6 mostra algumas relações definidas em A e as propriedades satisfeitas por elas.

Tabela 1.6 Relações em $A = \{1,2,3\}$ e propriedades (S: sim, N: não)

Relações	reflexiva	simétrica	antissimétrica	transitiva
$R_1 = \{<1,2>,<2,2>,<3,2>,<2,3>\}$	N	N	N	N
$R_2 = \{<1,1>,<1,2>,<2,2>,<3,2>,<2,3>,<3,3>\}$	S	N	N	N
$R_3 = \{<2,3>\}$	N	N	S	S
$R_4 = A \times A$	S	S	N	S
$R_5 = \{<3,3>\}$	N	S	S	S
$R_6 = \{<1,2>,<2,2>\}$	N	N	S	S
$R_7 = \{<1,1>,<1,2>,<1,3>,<2,1>,<2,3>\}$	N	N	N	N
$R_8 = \{<1,2>,<2,3>\}$	N	N	S	N

A Tabela 1.7 nomeia algumas relações relevantes. São de particular interesse as relações de equivalência (reflexiva, simétrica e transitiva) e de ordem parcial (reflexiva, antissimétrica e transitiva), que serão tratadas oportunamente. Relações de compatibilidade (reflexiva e simétrica) podem ser abordadas como generalizações de relações de equivalência. Elementos que estão relacionados por meio de uma relação de compatibilidade são vistos como compatíveis, mas não necessariamente equivalentes.

Tabela 1.7 Relações e propriedades

Relação de	reflexiva	antirreflexiva	simétrica	antissimétrica	transitiva
equivalência	×		×		×
quase equivalência			×		×
compatibilidade	×		×		
ordem parcial	×			×	×
ordem estrita		×		×	×
quase ordem	×				×

Definição 1.17
Uma *partição* $P(A)$ de um conjunto A, $P(A) = \{A_i \mid i \in I\}$, é uma família de subconjuntos de A distintos e não vazios tal que $\cup_{i \in I} A_i = A$ e $A_i \cap A_j = \emptyset$, $\forall i, j \in I$, $i \neq j$. Os conjuntos A_i ($i \in I$) são chamados de *blocos da partição*. O conjunto I é um conjunto de índices.

EXEMPLO 1.17
Seja A = {1,2,3,4}. Algumas partições de A: $P_1(A) = \{\{1,2\},\{3,4\}\}$, $P_2(A) = \{\{1\},\{2\},\{3\},\{4\}\}$, $P_3(A) = \{\{1\},\{2,4\},\{3\}\}$, $P_4(A) = \{\{1,2,3\}\}$

Definição 1.18
Uma relação em um conjunto é uma *relação de equivalência* se for reflexiva, simétrica e transitiva.

Definição 1.19
Seja R uma relação de equivalência no conjunto A. Considere o elemento a $\in$ A. O conjunto dos R-relacionados de a, R[{a}], notado por [a], é chamado *R-classe de equivalência gerada por a*.

Teorema 1.4
Seja R uma relação de equivalência no conjunto A e sejam a, b $\in$ A. Então,

(a) a $\in$ [a]
(b) se aRb então [a]=[b]

Teorema 1.5
Seja X o conjunto de relações de equivalência em um conjunto A e seja Y o conjunto de partições de A. Seja ρ qualquer elemento de X. Existe uma função bijetora f:X→Y tal que f(ρ) é o conjunto de todas as ρ-classes de equivalência geradas por elementos de A.

EXEMPLO 1.18

Seja A = {a, b, c, d}.

A × A = {<a,a>, <a,b>, <a,c>, <a,d>,
<b,a>, <b,b>, <b,c>, <b,d>,
<c,a>, <c,b>, <c,c>, <c,d>,
<d,a>, <d,b>, <d,c>, <d,d>}

(a) Considere a relação de equivalência em A, $R_1 \subseteq A \times A$, dada por:

R_1 = {<a,a>, <b,b>, <c,c>, <d,d>,
<a,c>,
<b,d>,
<c,a>,
<d,b>}

Tem-se pois:

$R_1[\{a\}] = \{c,a\}$ $R_1[\{b\}] = \{b,d\}$
$R_1[\{c\}] = \{c,a\}$ $R_1[\{d\}] = \{b,d\}$

De acordo com o Teorema 1.4 e mostrado anteriormente, como aR_1c, [a] = [c] e como bR_1d, [b] = [d]. A relação R_1, por ser uma relação de equivalência, induz uma partição do conjunto A; os blocos da partição são as classes de equivalência dos elementos de A, como mostra a Figura 1.10.

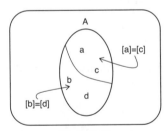

Figura 1.10
Conjunto A = {a,b,c,d} particionado em dois blocos;
a partição foi induzida pela relação de equivalência R_1.

(b) Considere a relação de equivalência em A, $R_2 \subseteq A \times A$, dada por:

R_2 = {<a,a>, <b,b>, <c,c>, <d,d>,
<a,b>, <a,c>,
<b,a>, <b,c>,
<c,a>, <c,b>}

Tem-se pois:

$R_2[\{a\}] = \{a,b,c\}$ $R_2[\{b\}] = \{b,a,c\}$
$R_2[\{c\}] = \{c,a,c\}$ $R_2[\{d\}] = \{d\}$

De acordo com o Teorema 1.4 e mostrado anteriormente, como aR$_2$b e aR$_2$c [a]=[b]=[c]. O único par no qual o elemento d comparece é <d,d> e, portanto, a classe de equivalência gerada por d só tem d como elemento. A relação R$_2$, por ser uma relação de equivalência, induz uma partição do conjunto A; os blocos da partição são as classes de equivalência dos elementos de A, como mostra a Figura 1.11.

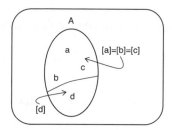

Figura 1.11
Conjunto A = {a,b,c,d} particionado em dois blocos; a partição foi induzida pela relação de equivalência R$_2$.

Observação 1.5 Os chamados números de Bell (B$_i$) fornecem o número de possíveis partições associadas com um conjunto com n elementos. Tais números são definidos por meio de uma relação recursiva que envolve coeficientes binomiais, como mostra a equação abaixo, em que B$_0$ = B$_1$ = 1.

$$B_{n+1} = \sum_{k=0}^{n} \binom{n}{k} B_k$$

Considerando um conjunto A = {a,b,c,d}, o número de possíveis partições do conjunto A, de acordo com a fórmula de Bell é dado por:

$$B_4 = \sum_{k=0}^{3} \binom{3}{k} B_k = \binom{3}{0} B_0 + \binom{3}{1} B_1 + \binom{3}{2} B_2 + \binom{3}{3} B_3$$

Como

$$B_3 = \sum_{k=0}^{2} \binom{2}{k} B_k = \binom{2}{0} B_0 + \binom{1}{1} B_1 + \binom{2}{2} B_2 \quad \text{e}$$

$$B_2 = \sum_{k=0}^{1} \binom{1}{k} B_k = \binom{1}{0} B_0 + \binom{1}{1} B_1$$

Tem-se que

$$B_2 = \binom{1}{0} B_0 + \binom{1}{1} B_1 = 1 \times 1 + 1 \times 1 = 2$$

e, portanto,

$$B_3 = \binom{2}{0} B_0 + \binom{2}{1} B_1 + \binom{2}{2} B_2 = 1 \times 1 + 1 \times 2 + 1 \times 2 = 5$$

O número de possíveis partições do conjunto A, dado por B_4, é:

$$B_4 = \binom{3}{0} B_0 + \binom{3}{1} B_1 + \binom{3}{2} B_2 + \binom{3}{3} B_3 = 1 \times 1 + 3 \times 1 + 3 \times 2 + 1 \times 5 = 15$$

A Figura 1.12 mostra as 15 possíveis partições do conjunto A = {1,2,3,4}, com n = 4 elementos.

Na primeira linha da figura, da esquerda para a direita, estão desenhadas as partições:

$P_1(A)$ = {{1,2,3,4}}, $P_2(A)$ = {{1}, {2,3,4}}, $P_3(A)$ = {{2}, {1,3,4}}, $P_4(A)$ = {{3}, {1,2,4}}, $P_5(A)$ = {{4}, {1,2,3}}.

Na segunda linha da figura, da esquerda para a direita, estão desenhadas as partições:

$P_6(A)$ = {{1,2}, {3,4}}, $P_7(A)$ = {{1,3}, {2,4}}, $P_8(A)$ = {{1,4} {2,3}}, $P_9(A)$ = {{1,2}, {3}, {4}}, $P_{10}(A)$ = {{1}, {2}, {3,4}}

Na terceira linha da figura, da esquerda para a direita, estão desenhadas as partições:

$P_{11}(A)$ = {{1, 3}, {2}, {4}}, $P_{12}(A)$ = {{1}, {3}, {2, 4}}, $P_{13}(A)$ = {{1, 4}, {2}, {3}}, $P_{14}(A)$ = {{1}, {4}, {2, 3}}, $P_{15}(A)$ = {{1}, {2}, {3}, {4}}.

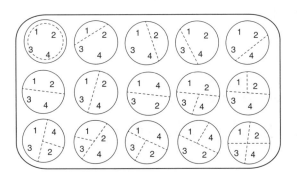

Figura 1.12
As 15 possíveis partições de um conjunto com n = 4 elementos (A = {1, 2, 3, 4}).

Observação 1.6 O conceito de *congruência da aritmética modular* é utilizado no próximo exemplo e, portanto, é brevemente abordado aqui. Como se trata de conhecimento necessário para o entendimento do Exemplo 1.19, apresentado na sequência, as definições, figuras e exemplos apresentados nesta observação não são numerados.

Definição
Considere um número inteiro a e qualquer inteiro positivo n. Se a for dividido por n, são obtidos um quociente q e um resto r, que obedecem à seguinte relação:

$$a = q \times n + r, \text{ na qual } 0 \leq r < n \text{ e } q = \lfloor a|n \rfloor$$

na qual = $\lfloor x \rfloor$ representa a função que associa a um número real x o *maior número inteiro menor ou igual a x*.

A figura a seguir mostra que, dados um número inteiro a e um número inteiro positivo n, é sempre possível encontrar os números q e r que satisfazem à relação:

$$a = q \times n + r, 0 \leq r < n$$

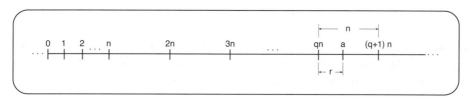

Considere a representação dos números inteiros na reta real como mostra a figura. O número a estará em algum ponto da reta (na figura foi mostrado um número a que é positivo; para um número a negativo, a representação é semelhante). A busca por uma expressão que caracteriza o número a, começando do 0 prossegue a n, 2 × n, até q × n, tal que q × n ≤ a e (q + 1) × n > a. A distância entre q × n e a é r; são pois encontrados os únicos valores q e r. O resto r é frequentemente referenciado como resíduo.

Exemplos

- Considere a = 17 e n = 5. O valor de q é determinado por: q = $\lfloor 17|5 \rfloor$ = $\lfloor 3,4 \rfloor$ = 3, o que permite escrever: 17 = q × 5 + r = 3 × 5 + 2 (*i.e.*, r = 2) (ver figura a seguir).

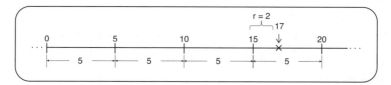

- Considere a = −17 e n = 5. O valor de q é determinado por: q = $\lfloor -17|5 \rfloor$ = $\lfloor -3,4 \rfloor$ = −4, o que permite escrever: −17 = q × 5 + r = −4 × 5 + 3 (*i.e.*, r = 3) (ver figura a seguir).

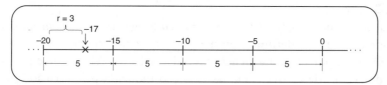

- Considere a = 11 e n = 7. O valor de q é determinado por: q = $\lfloor 11|7 \rfloor$ = $\lfloor 1,57 \rfloor$ = 1, o que permite escrever: 11 = 1 × 7 + 4 (*i.e.*, r = 4).

- Considere a = −11 e n = 7. O valor de q é determinado por: q = $\lfloor -11|7 \rfloor$ = $\lfloor -1,57 \rfloor$ = −2, o que permite escrever: −11 = −2 × 7 + 3 (*i.e.*, r = 3).

- Considere a = 17 e n = 4. O valor de q é determinado por: q = $\lfloor 17|4 \rfloor$ = $\lfloor 4,25 \rfloor$ = 4, o que permite escrever: 17 = 4 × 4 + 1 (*i.e.*, r = 1).

Capítulo 1

- Considere a = −127 e n = 8. O valor de q é determinado por: q = ⌊−127|8⌋ = ⌊−15,87⌋ = −16, o que permite escrever: −127 = −16 × 8 + 1 (*i.e.*, r = 1).

- Considere a = −54 e n = 9. O valor de q é determinado por: q = ⌊−54|9⌋ = ⌊−6⌋ = −16, o que permite escrever: −54 = −6 × 9 + 0 (*i.e.*, r = 0).

- Considere a = 132 e n = 11. O valor de q é determinado por: q = ⌊132|11⌋ = ⌊12⌋ = 12, o que permite escrever: 132 = 12 × 11 + 0 (*i.e.*, r = 0).

Observação Se a for um número inteiro e n for um número inteiro positivo, a operação a mod n é definida como o resto obtido quando a é dividido (divisão inteira) por n. Assim, para qualquer número inteiro a, sempre pode ser escrito que:

$$a = \lfloor a|n \rfloor \times n + (a \bmod n)$$

Exemplos

Considerando os exemplos mostrados anteriormente, pode-se escrever:

11 mod 7 = 2   17 mod 4 = 1   −54 mod 9 = 0
−11 mod 7 = 3   −127 mod 8 = 1   132 mod 11 = 0

Definição *(congruência módulo n)*

Dois inteiros a e b são congruentes módulo n se (a mod n) = (b mod n). A relação de congruência módulo n entre dois inteiros é notada por a ≡ b mod n.

Exemplos

- 73 ≡ 4 mod 23, pois
  73 = ⌊73|23⌋ × 23 + r = ⌊3,17⌋ × 23 + r = 3 × 23 + 4 = 3 × 23 + (73 mod 23).
  4 = ⌊73|23⌋ × 23 + r = ⌊0,17⌋ × 23 + r = 0 × 23 + 4 = 0 × 23 + (4 mod 23).

- 21 ≡ −9 mod 10, pois
  21 = ⌊21|10⌋ × 10 + r = ⌊2,1⌋ × 10 + r = 2 × 10 + 1 = 2 × 10 + (21 mod 10).
  −9 = ⌊−9|10⌋ × 10 + r = ⌊−0,9⌋ × 10 + r = −1 × 10 + 1 = −1 × 10 + (−9 mod 10).

EXEMPLO 1.19

(a) Sejam *a*, *b* e *m* inteiros (*m* ≠ 0). A relação *congruência módulo m* no conjunto dos inteiros pode também ser definida como se segue: *a* é congruente a *b* módulo *m* se e só se *a* − *b* é divisível por *m*. Congruência módulo *m* é uma relação de equivalência com o número de classes de equivalência na partição induzida pela relação igual a *m* (ver Teorema 1.5).

Quando m = 5 o conjunto de todos os inteiros é particionado em cinco classes de equivalência: [0] = {…,−5, 0, 5, 10, 15,…}, [1] = {…,−4, 1, 6, 11, 16,…}, [2] = {…,−3, 2, 7, 12, 17,..}, [3] = {…,−2, 3, 8, 13, 18,…}, [4] ={…,−1, 4, 9, 14, 19,…}.

(b) Considere o conjunto A = {−2, −1, 0, 1, 2, 3, 4} e a relação de congruência módulo 3 definida em A, notada por ≡$_3$. Como definido anteriormente, um par <x,y> do conjunto A × A pertence à relação ≡$_3$ se x−y for divisível por 3. Tem-se pois que

≡₃ = {<-2,-2>, <-1,-1>, <0,0>, <1,1>, <2,2>, <3,3>, <4,4>,
<-2,1>, <-2,4>
<-1,2>,
<0,3>,
<1,-2>, <1,4>
<2,-1>
<3,0>
<4,-2>, <4,1>}

Como pode ser facilmente verificado, a relação ≡₃ é reflexiva, simétrica e transitiva e, portanto, é uma relação de equivalência. Devido ao fato de ser uma relação de equivalência, ≡₃ induz sobre o conjunto A uma partição em classes de equivalência, como mostra a Figura 1.13. As classes de equivalência são:

[-2] = [1] = [4] = {-2, 1, 4}
[-1] = [2] = {-1, 2}
[0] = [3] = {0, 3}

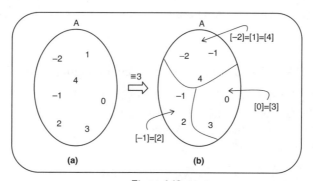

Figura 1.13
(a) Conjunto A com 7 elementos. (b) Conjunto A particionado em três blocos, induzidos pela relação de equivalência (≡₃) definida sobre A.

Relações de ordem de vários tipos são importantes, pois buscam estabelecer formas de ordenação dos elementos de determinado conjunto. Para refletir a noção intuitiva de ordenação, é importante notar que qualquer relação de ordem deve ser transitiva e não pode ser simétrica. Não pode ser simétrica porque, se x precede y de acordo com uma certa ordenação, y não pode preceder x de acordo com a mesma ordenação. Além disso, se x precede y e y precede z, então x deve preceder z também, ou seja, a relação deve ser transitiva.

Definição 1.20
Uma relação reflexiva, antissimétrica e transitiva em um conjunto é uma *relação de ordem parcial* ou uma *ordenação parcial* no conjunto e, geralmente, notada por ≤. Se R é uma relação de ordem parcial em A, o par ordenado <A,R> é um *conjunto parcialmente ordenado*.

EXEMPLO 1.20
A relação ≤ (menor ou igual) em qualquer subconjunto do conjunto dos números reais é uma relação de ordem parcial. A relação < (menor) não é reflexiva e, portanto, não é uma relação de ordem parcial.

Definição 1.21
Para a,b ∈ A, a < b se e só se a ≤ b e a ≠ b. Se a < b diz-se que a *precede* b ou que b *segue* a.

Definição 1.22
Uma relação de *ordem parcial* ≤ em um conjunto A é *simples* (ou linear, total, ou completa) se e somente se a ≤ b ou b ≤ a para todo a,b ∈ A. Se ≤ é uma ordem simples em A, o par (A, ≤) é uma *cadeia*. Se para algum a,b ∈ A, não acontece a ≤ b ou b ≤ a, diz-se que a e b são *incomparáveis*.

EXEMPLO 1.21
Seja A = {1,2,3,5,6,10,15,30} o conjunto dos números que dividem 30. O conjunto A é parcialmente ordenado pela relação 'menor ou igual', notada por ≤ e, também, pela relação 'divide', notada por ≤ '. Então, (A, ≤) e (A, ≤ ') são diferentes conjuntos parcialmente ordenados. Apenas (A,≤) é uma cadeia. Ambas as relações estão descritas a seguir.

(a) ({1,2,3,5,6,10,15,30}, ≤) em que ≤ representa 'menor ou igual', definida a seguir.

≤ = {<1,1>,<1,2>,<1,3>,<1,5>,<1,6>,<1,10>,<1,15>,<1,30>,
    <2,2>,<2,3>,<2,5>,<2,6>,<2,10>,<2,15>,<2,30>,
    <3,3>,<3,5>,<3,6>,<3,10>,<3,15>,<3,30>,
    <5,5>,<5,6>,<5,10>,<5,15>,<5,30>,
    <6,6>,<6,10>,<6,15>,<6,30>,
    <10,10>,<10,15>,<10,30>,
    <15,15>,<15,30>,
    <30,30>}

(b) ({1,2,3,5,6,10,15,30}, ≤ ') em que ≤ representa 'divide' definida a seguir.

≤' = {<1,1>,<1,2>,<1,3>,<1,5>,<1,6>,<1,10>,<1,15>,<1,30>,
    <2,2>,<2,6>,<2,10>,<2,30>,
    <3,3>,<3,6>,<3,15>,<3,30>,
    <5,5>,<5,10>,<5,15>,<5,30>,
    <6,6>,<6,30>,
    <10,10>,<10,30>,
    <15,15>,<15,30>,
    <30,30>}

EXEMPLO 1.22

A relação ⊆ (contido) em qualquer família de conjuntos é uma relação de ordem parcial. Apenas raramente é uma ordem simples. Seja A = {1,2,3}. Então P(A) = {∅,{1},{2},{3},{1,2},{1,3}, {2,3},A}. O par (P(A),⊆) não é ordenado por uma relação de ordem simples. Por exemplo, o par <{1,2},{2,3}> ∉ ⊆ e <{{2,3},{1,3}> ∉ ⊆, ou seja, {1,2} e {2,3} são incomparáveis.

Já o par (A, ⊆), em que A = {∅,{1},{1,3},{1,2,3}}, é um conjunto ordenado por uma relação de ordem simples.

⊆ = {<∅,∅>,<∅,{1}>,<∅,{1,3}>,<∅,{1,2,3}>,
    <{1},{1}>,<{1},{1,3}>,<{1},{1,2,3}>,
    <{1,3},{1,3}>,<{1,3},{1,2,3}>,
    <{1,2,3},{1,2,3}>}

Definição 1.23

O *menor elemento* de um conjunto A parcialmente ordenado por uma relação de ordem parcial ≤ em A é um elemento b ∈ A tal que, para todo a ∈ A, b ≤ a.

Definição 1.24

O *maior elemento* de um conjunto A parcialmente ordenado por uma relação de ordem parcial ≤ em A é um elemento b ∈ A tal que, para todo a ∈ A, a ≤ b.

EXEMPLO 1.23

Considere a família de conjuntos: A = {{1},{2},{3},{1,2},{1,3},{2,3}}. Com relação à ordem parcial ⊆ em A, não existe menor nem maior elemento.

⊆ = {<{1},{1}>,<{1},{1,2}>,<{1},{1,3}>,
    <{2},{2}>,<{2},{1,2}>,<{2},{2,3}>,
    <{3},{3}>,<{3},{1,3}>,<{3},{2,3}>,
    <{1,2},{1,2}>,
    <{1,3},{1,3}>,
    <{2,3},{2,3}>}

Considere agora A ∪ {∅} = {∅,{1},{2},{3},{1,2},{1,3},{2,3}}. A relação fica:

⊆ = {<∅,∅>, <∅,{1}>,<∅,{2}>,<∅,{3}><∅,{1,2}>,<∅,{1,3}>,<∅,{2,3}>,
    <{1},{1}>,<{1},{1,2}>,<{1},{1,3}>,
    <{2},{2}>,<{2},{1,2}>,<{2},{2,3}>,
    <{3},{3}>,<{3},{1,3}>,<{3},{2,3}>,
    <{1,2},{1,2}>,
    <{1,3},{1,3}>,
    <{2,3},{2,3}>}

e portanto ∅ é o menor elemento. Considere ainda A ∪ {∅} ∪ {{1,2,3}} = {∅,{1},{2},{3},{1,2}, {1,3},{2,3},{1,2,3}}. A relação ⊆ então se torna:

Capítulo 1

⊆ = {<∅,∅>,<∅,{1}>,<∅,{2}>,<∅,{3}><∅,{1,2}>,<∅,{1,3}>,<∅,{2,3}>,<∅,{1,2,3}>,
<{1},{1}>,<{1},{1,2}>,<{1},{1,3}>,<{1},{1,2,3}>,
<{2},{2}>,<{2},{1,2}>,<{2},{2,3}>,<{2},{1,2,3}>,
<{3},{3}>,<{3},{1,3}>,<{3},{2,3}>,<{3},{1,2,3}>,
<{1,2},{1,2}>,<{1,2},{1,2,3}>,
<{1,3},{1,3}>,<{1,3},{1,2,3}>,
<{2,3},{2,3}>,<{2,3},{1,2,3}>,
<{1,2,3},{1,2,3}>}

Portanto, o conjunto $A \cup \{\emptyset\} \cup \{\{1,2,3\}\}$ ordenado pela relação de ordem parcial ⊆ tem menor e maior elementos.

Observação 1.7 Com relação a alguma ordem parcial, um conjunto pode ter no máximo um menor elemento e um maior elemento.

Definição 1.25
Um elemento *minimal* de um conjunto A com relação a uma ordem parcial ≤ em A é um elemento b ∈ A tal que, para nenhum a ∈ A, a < b. De maneira semelhante, b é um elemento *maximal* se b < a para nenhum a ∈ A.

EXEMPLO 1.24
Considere novamente a família de conjuntos: $A = \{\{1\}, \{2\}, \{3\}, \{1,2\}, \{1,3\}, \{2,3\}\}$ do exemplo anterior. Com relação à ordem parcial ⊆ em A, a família tem:

- três elementos minimais: {1}, {2} e {3}
- três elementos maximais: {1,2}, {1,3} e {2,3}

Já a família $A \cup \{\emptyset\} \cup \{\{1,2,3\}\}$ tem um único elemento minimal e um único elemento maximal.

Observação 1.8 O fato de um conjunto ter um menor (maior) elemento implica que o conjunto tem exatamente um elemento minimal (maximal). O inverso não é verdade.

Definição 1.26
Seja A um conjunto parcialmente ordenado por ≤ e seja $\emptyset \subset B \subseteq A$.

(a) Um elemento a ∈ A é um *limitante superior* de B se e somente se para todo b ∈ B, b ≤ a. O menor elemento do conjunto de todos os limitantes superiores de B é o menor limitante superior ou *supremo* de B, simbolizado por sup(B).

(b) Um elemento a ∈ A é um *limitante inferior* de B se e somente se para todo b ∈ B, a ≤ b. O maior elemento do conjunto de todos os limitantes inferiores de B é o maior limitante inferior ou *ínfimo* de B, simbolizado por inf(B).

EXEMPLO 1.25

Considere o conjunto $P(\{1,2,3\})$ ordenado parcialmente por $\subseteq$.

$\subseteq = \{<\emptyset,\emptyset>,<\emptyset,\{1\}>,<\emptyset,\{2\}>,<\emptyset,\{3\}><\emptyset,\{1,2\}>,<\emptyset,\{1,3\}>,<\emptyset,\{2,3\}>,<\emptyset,\{1,2,3\}>,$
$<\{1\},\{1\}>,<\{1\},\{1,2\}>,<\{1\},\{1,3\}>,<\{1\},\{1,2,3\}>,$
$<\{2\},\{2\}>,<\{2\},\{1,2\}>,<\{2\},\{2,3\}>,<\{2\},\{1,2,3\}>,$
$<\{3\},\{3\}>,<\{3\},\{1,3\}>,<\{3\},\{2,3\}>,<\{3\},\{1,2,3\}>,$
$<\{1,2\},\{1,2\}>,<\{1,2\},\{1,2,3\}>,$
$<\{1,3\},\{1,3\}>,<\{1,3\},\{1,2,3\}>,$
$<\{2,3\},\{2,3\}>,<\{2,3\},\{1,2,3\}>,$
$<\{1,2,3\},\{1,2,3\}>\}$

(a) $B_1 = \{\{1\},\{2\}\}$

O conjunto dos limitantes superiores de B_1 é $\{\{1,2\},\{1,2,3\}\}$. O conjunto B_1 tem um único limitante inferior: $\emptyset$. Então, $\sup(B_1) = \{1,2\}$ e $\inf(B_1) = \emptyset$. Nenhum pertence a B_1.

(b) $B_2 = \{\{1\},\{1,2\}\}$

O conjunto dos limitantes superiores de B_2 é $\{\{1,2\},\{1,2,3\}\}$. O conjunto dos limitantes inferiores de B_2 é $\{\emptyset,\{1\}\}$. Então, $\sup(B_2) = \{1,2\}$ e $\inf(B_2) = \{1\}$. Tanto o supremo quanto o ínfimo de B_2 pertencem a B_2.

EXEMPLO 1.26

(a) Considere $<\{2, 3, 5, 7, 210\}, divide>$ um conjunto parcialmente ordenado. A relação é definida pelo conjunto de pares e visualizada na Figura 1.14, na qual um par ordenado $<x,y>$ é representado por uma flecha que se inicia em x e termina em y.

$divide = \{<2,2>,<3,3>,<5,5>,<7,7>,<210,210>,$
$<2,210>,$
$<3,210>,$
$<5,210>,$
$<7,210>\}$

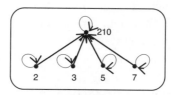

Figura 1.14
Representação gráfica do conjunto parcialmente ordenado $<\{2, 3, 5, 7, 210\}, divide>$.

Considerando o conjunto $\{2, 3, 5, 7, 210\}$ e a relação de ordem parcial *divide* definida nele, tem-se:

- elementos minimais: 2, 3, 5 e 7
- maior elemento (e maximal): 210
- não existe menor elemento.

(b) Considere <{2, 3, 4, 5, 9, 1080},*divide*> um conjunto parcialmente ordenado. A relação é definida pelo conjunto de pares e visualizada na Figura 1.15, na qual um par ordenado <x,y> é representado por uma flecha que se inicia em x e termina em y.

divide = {<2,2>,<3,3>,<4,4>,<5,5>,<9,9>,<1080,1080>,

<2,4>,<2,1080>,

<3,9>,<3,1080>,

<4,1080>,

<5,1080>,

<9,1080>}

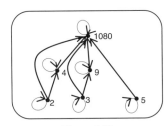

Figura 1.15
Representação gráfica do conjunto parcialmente ordenado <{2, 3, 4, 5, 9, 1080},*divide*>.

Considerando o conjunto {2, 3, 4, 5, 9, 1080} e a relação de ordem parcial *divide* definida nele, tem-se:

- elementos minimais: 2, 3, 5
- maior elemento (e maximal): 1080
- não existe menor elemento.

Definição 1.27
Seja (A,≤) um conjunto parcialmente ordenado. O sistema (A,≤) é um *reticulado* se e somente se cada par de elementos a_i e a_j de A tem um supremo e um ínfimo em A. Denotam-se $\sup(a_i,a_j)$ por $a_i \oplus a_j$ e $\inf(a_i,a_j)$ por $a_i \otimes a_j$.

Definição 1.28
O reticulado (A,⊕,⊗) é distributivo se, para todo a,b,c ∈ A,

$$a \oplus (b \otimes c) = (a \oplus b) \otimes (a \oplus c)$$
$$a \otimes (b \oplus c) = (a \otimes b) \oplus (a \otimes c)$$

EXEMPLO 1.27
A Figura 1.16 mostra a representação gráfica do reticulado dado pelo par ({1,2,3,5,6,10,15,30},*divide*). Dois elementos de A, x e y, estão relacionados pela relação *divide* se x divide y. A relação é, pois, o seguinte conjunto de pares ordenados:

divide = {<1,1>,<1,2>,<1,3>,<1,5>,<1,6>,<1,10>,<1,15>,<1,30>,
<2,2>,<2,6>,<2,10>,<2,30>,
<3,3>,<3,6>,<3,15>,<3,30>,
<5,5>,<5,10>,<5,15>,<5,30>,
<6,6>,<6,30>,
<10,10>,<10,30>,
<15,15>,<15,30>,
<30,30>}

Cada um dos pares ordenados <x,y> da relação está representado na Figura 1.16 por uma flecha com início em x e finalização em y.

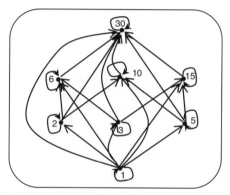

Figura 1.16
Representação gráfica do reticulado ({1,2,3,5,6,10,15,30},*divide*).

CAPÍTULO 2

Considerações iniciais sobre grafos

Inúmeros problemas relacionados com sistemas em geral e, em particular, com sistemas computacionais podem ser analisados usando modelos baseados em estruturas matemáticas chamadas grafos.

Teoria dos Grafos (TG) é uma área de conhecimento voltada ao estudo/análise das estruturas matemáticas chamadas *grafos*. Um grafo pode ser informalmente definido como um conjunto de objetos chamados vértices e um conjunto de arestas que unem pares desses objetos. A maneira mais comum de representar um grafo é por meio de um diagrama, no qual vértices são representados por pontos e arestas, por segmentos de retas (ou de curvas). Frequentemente o próprio diagrama é referenciado como grafo.

Objetivando generalidade, em um grafo é possível que mais de uma aresta conecte o mesmo par de vértices (em uma configuração identificada como *arestas paralelas*), bem como que uma aresta possa conectar um vértice a si próprio (aresta chamada *loop*). Essas situações estão mostradas no grafo representado na Figura 2.1.

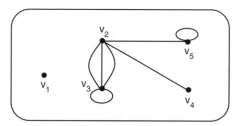

Figura 2.1
Grafo com cinco vértices $\{v_1, v_2, v_3, v_4, v_5\}$ e sete arestas, três das quais são paralelas e duas são loops.

A seguir, são mostrados exemplos de situações e problemas que podem ser modelados como grafos.

EXEMPLO 2.1

Grafos podem ser usados para representar mapas. No grafo da Figura 2.2, cada vértice representa uma cidade e, cada aresta, uma estrada entre as cidades correspondentes.

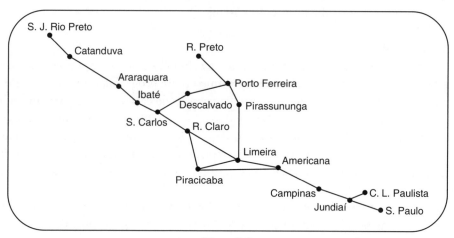

Figura 2.2
Grafo que representa o mapa parcial de uma região do estado de São Paulo.

Capítulo 2

EXEMPLO 2.2

Grafos podem ser usados para representar relações de vários tipos. Um dos exemplos mais comuns é a árvore genealógica. Nesse caso os vértices representam indivíduos em uma família. Uma aresta conecta dois indivíduos da família se um deles é filho ou filha do outro. O grafo da Figura 2.3 exibe uma parte da árvore genealógica da família imperial brasileira.

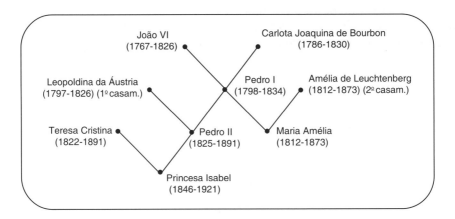

Figura 2.3
Grafo como representação de relações familiares.

EXEMPLO 2.3

Grafos podem ser úteis em várias áreas da Matemática. Como visto no Exemplo 1.26, grafos (com arestas direcionadas, isto é, arcos) foram usados para representar a relação 'divide' nos conjuntos {2, 3, 5, 7, 210} e {2, 3, 4, 5, 9, 1080}.

EXEMPLO 2.4

Com base no exemplo de Grassmann & Tremblay (1996), em muitas aplicações na área de Computação é conveniente modelar um algoritmo ou um programa usando um grafo. Um exemplo de tal aplicação surge no contexto de geração de casos de teste para um módulo de programa. Esses casos são derivados analisando a estrutura do módulo de programa com relação ao fluxo de controle. O fluxo de controle de um módulo é modelado por um grafo de fluxo no qual cada aresta é direcionada, caracterizando um tipo especial de grafo chamado dígrafo. Cada vértice do grafo de fluxo representa um ou mais comandos procedimentais.

A sequência de comandos seguida por um comando condicional, tal como o comando while ou case, é associada a um único vértice. Os *arcos* (arestas direcionadas) no grafo de fluxo representam o fluxo de controle. Qualquer módulo especificado em alguma linguagem procedimental pode ser representado como um grafo de fluxo.

A Figura 2.4 mostra as representações em grafos de fluxo de certos comandos que estão disponíveis na maioria das linguagens procedimentais. O rótulo V de um arco indica a ramificação associada ao valor verdade, e o rótulo F, ao valor falso.

Uma abordagem de teste de controle é usar o grafo de fluxo de um módulo para gerar o conjunto de caminhos independentes que devem ser executados, para garantir que todos os comandos (e ramificações) sejam executados pelo menos uma vez.

Um módulo de programa contém uma sequência de comandos, como os mostrados na Figura 2.5. O grafo de fluxo associado ao esqueleto do módulo de programa da Figura 2.5 está mostrado na Figura 2.6.

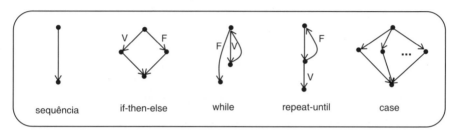

Figura 2.4
Notação de vários comandos usando grafo de fluxo. Note que arcos podem ter rótulos associados (no exemplo, V: verdade ou F: falso).

```
procedure whatever (...);
   begin
      while (...) do
         begin
         s1;
         if Flag1 = 0
            then begin
                     s2;
                     s3;
                     s4
                  end
            else begin
                     if Flag2 = 0
                        then s5
                        else s6;
                     s7
                  end
         end
   end
```

Figura 2.5
Esqueleto de um módulo de programa.

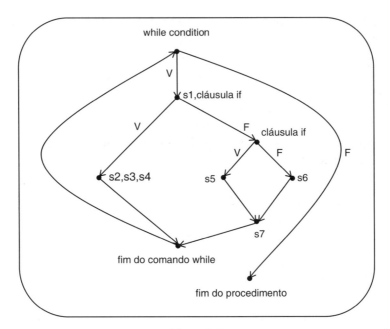

Figura 2.6
Modelagem de um módulo com um grafo de fluxo.

EXEMPLO 2.5

Em Química, por exemplo, diagramas de moléculas podem ser tratados como grafos, como os mostrados na Figura 2.7, em que cada vértice representa um átomo de carbono (C) ou de hidrogênio (H), e cada aresta representa uma ligação química entre dois átomos.

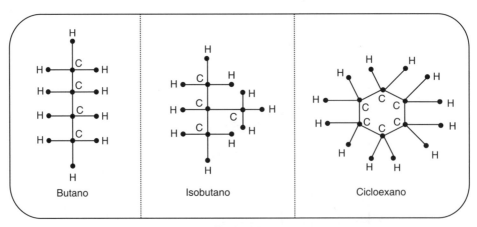

Figura 2.7
Estruturas do butano (C_4H_{10}), do isobutano (C_4H_{10}) e do cicloexano (C_6H_{12}).

EXEMPLO 2.6

Muitos sistemas computacionais consistem em módulos que chamam uns aos outros. Um grafo de chamadas representa os módulos que participam do sistema por vértices. Um arco de um vértice x a um vértice y indica que o módulo x chama o módulo y. A Figura 2.8 mostra um exemplo de grafo de chamadas.

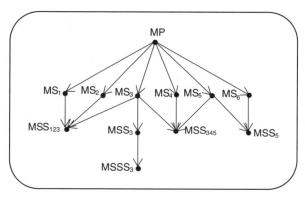

Figura 2.8
Uso de grafo na representação da estruturação de chamadas a módulos, em um sistema computacional.

A maneira como as arestas dos grafos são desenhadas não é importante. É irrelevante se as linhas são desenhadas como retas ou curvas, compridas ou curtas, grossas ou finas. O que é importante são os vértices do grafo e o número de arestas entre cada par de vértices (inclusive *loops*). Nas quatro partes (I, II, III, IV) da Figura 2.9, os diagramas em (a) e (b) dispostos lado a lado representam essencialmente o mesmo grafo, assunto que será tratado quando da discussão de isomorfismo entre grafos.

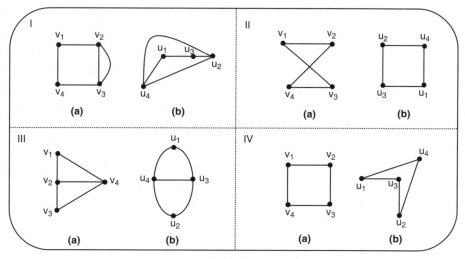

Figura 2.9
Em cada uma das partes, I, II, III e IV, os grafos **(a)** e **(b)** são isomorfos.

Particularmente, o grafo na Figura 2.9-II (a) mostra um aspecto importante na maneira como os grafos são desenhados. As arestas de um grafo podem se cruzar em outros lugares que não os vértices. Dependendo da modelagem, o fato de as arestas se interceptarem em outros pontos que não nos vértices não tem relevância. O grafo mostrado na Figura 2.9-II (a) pode ser redesenhado como o mostrado na Figura 2.9-II (b), no qual as arestas se interceptam apenas nos vértices do grafo.

Existem grafos, entretanto, com a seguinte propriedade: não importa como eles são desenhados no plano (com linhas não interrompidas), as arestas irão sempre se interceptar em pontos que não são os vértices do grafo, como acontece com o grafo mostrado na Figura 2.10.

Grafos que podem ser desenhados no plano sem tais interseções são chamados *grafos planos* (grafos planares). A questão de um grafo ser ou não plano é fundamental para a solução de alguns problemas que são modelados como grafos. Vários critérios podem ser usados para determinar a *planaridade* de um grafo. Esse assunto é tratado no Capítulo 10.

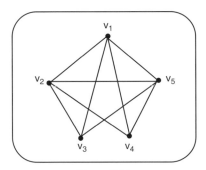

Figura 2.10
Um grafo não plano.

Observação 2.1 O estudo de grafos pode ser abordado de várias maneiras, nas quais o seguinte é básico:

- Grafos direcionados *versus* grafos não direcionados: em um grafo direcionado, cada aresta, geralmente referenciada como arco, tem uma direção associada a ela. Nos grafos não direcionados, cada aresta pode ser abordada como bidirecional;
- Grafos finitos *versus* grafos infinitos: um grafo pode ter infinitos vértices, infinitas arestas ou ambos. A maioria dos estudos sobre grafos, entretanto, lida com grafos com um número finito de vértices e de arestas; esses grafos são chamados *grafos finitos*;
- Grafos rotulados *versus* grafos não rotulados: em Teoria dos Grafos não é assumido que vértices ou arestas tenham rótulos (exceto para identificação). Ainda assim, em muitas aplicações, valores são atribuídos tanto a vértices quanto a arestas. A teoria, portanto, deve poder lidar com ambos os tipos de grafos.

Os próximos exemplos, extraídos de Clark & Holton (1998), apenas descrevem como grafos podem ser usados para modelar, de maneira apropriada, determinados problemas. A discussão das soluções de alguns desses problemas é feita posteriormente.

EXEMPLO 2.7

Considere que uma rede de fios e postes telefônicos é modelada como o grafo da Figura 2.11, em que os vértices p_1, p_2, p_3, p_4, p_5 e p_6 representam seis postes telefônicos que estão unidos por fios, representados pelas arestas f_1, f_2, f_3, f_4, f_5, f_6, f_7 e f_8. O interesse é o estudo da vulnerabilidade dessa rede a um acidente, e o objetivo do estudo é identificar as linhas e postes que devam permanecer ativos para evitar uma queda total da rede.

No grafo mostrado na Figura 2.11, não existe uma única aresta cuja remoção irá desconectar a rede. O grafo ficará desconectado, entretanto, se as arestas f_4 e f_5, por exemplo, forem removidas. Se a análise focalizar os postes, a rede é mais vulnerável, uma vez que existe um único vértice, o de rótulo p_4, cuja remoção irá desconectar o grafo. Isso ilustra as noções de aresta-conectividade e vértice-conectividade discutidas posteriormente.

Pode ser de interesse, também, encontrar o menor conjunto de arestas (fios) necessárias para conectar os seis vértices (postes). Existem vários desses conjuntos minimais. Alguns deles são: $\{f_1, f_3, f_5, f_6, f_7\}$, $\{f_1, f_2, f_5, f_6, f_8\}$ e $\{f_1, f_2, f_4, f_6, f_7\}$.

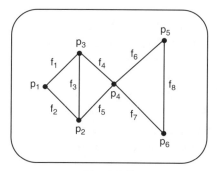

Figura 2.11
Modelando uma rede telefônica como um grafo.

EXEMPLO 2.8

Considere uma situação envolvendo cinco pessoas que estão procurando emprego, identificadas por A, B, C, D e E, e o anúncio de cinco empregos, identificados por a, b, c, d, e. Considere também que algumas dessas pessoas sejam qualificadas para algum(ns) desse(s) emprego(s). O que se busca é uma maneira factível de alocar um emprego a cada pessoa, ou então, se for o caso, uma maneira de mostrar que tal alocação não é possível de ser feita. Esse problema pode ser representado por um grafo, tendo um vértice associado a cada pessoa, um vértice associado a cada emprego e arestas unindo pessoas a empregos para os quais elas são qualificadas.

Considerando que as associações entre pessoas e empregos para os quais se qualificam sejam representadas pelas arestas do grafo da Figura 2.12, não existe a possibilidade de alocação dos empregos disponíveis a todas as pessoas. Considere, por exemplo, as pessoas A, B e D representadas no grafo pelos vértices de mesmo nome. Essas três pessoas, como um grupo, estão qualificadas apenas para dois empregos, aqueles representados pelos vértices c e d. Portanto, não existe maneira adequada de associar cada uma dessas pessoas a um emprego.

33

Capítulo 2

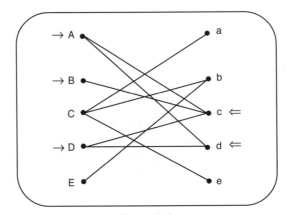

Figura 2.12
Grafo que modela alocação de empregos.

EXEMPLO 2.9

Suponha que a área de atuação de um vendedor de produtos industriais (identificado como caixeiro-viajante) inclua várias cidades, com rodovias conectando certos pares dessas cidades. O serviço exige que ele visite cada cidade pessoalmente. É possível ele planejar uma viagem de carro que lhe permita, ao sair de uma cidade, visitar cada uma das cidades exatamente uma vez, voltando à cidade de partida?

A situação pode ser modelada por um grafo cujos vértices são as cidades envolvidas; dois vértices desse grafo estarão conectados por uma aresta apenas se existir uma rodovia que conecta as cidades correspondentes (não passando por nenhuma outra cidade especificada).

Os grafos G1 e G2 na Figura 2.13 representam duas de tais situações. O planejamento é possível para G1, mas não para G2. Em G1, começando no vértice u_1, cada vértice pode ser visitado exatamente uma vez, voltando ao vértice u_1, usando as seguintes arestas:

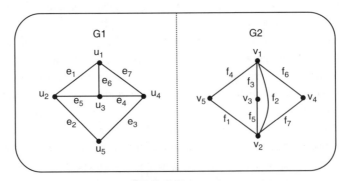

Figura 2.13
Grafos G1 e G2 que representam duas possíveis situações do conhecido problema do caixeiro-viajante. O problema tem solução para o grafo G1 e não tem solução para o grafo G2.

e_1, e_2, e_3, e_4 e e_6. Note que o percurso pode começar a partir de qualquer vértice; a partir do vértice u_3, por exemplo, uma das possíveis sequências de arestas a ser percorrida para voltar ao vértice u_3 pode ser a sequência e_5, e_2, e_3, e_7 e e_6. Com relação ao grafo G2, tal sequência é impossível de ser construída.

EXEMPLO 2.10

Considere três casas e considere o problema de instalação do fornecimento de eletricidade, gás e água para cada uma delas. É possível fazer essa instalação sem que as linhas de fornecimento se interceptem? O diagrama do grafo mostrado na Figura 2.14 representa essa situação, em que três dos vértices representam as casas (C1, C2 e C3), e os outros três, E, G e A, representam as fontes existentes de eletricidade, gás e água, respectivamente. Uma aresta une dois vértices apenas se um dos vértices representa uma casa e o outro, uma das três fontes (água, eletricidade ou gás).

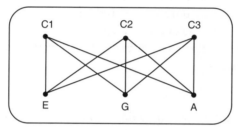

Figura 2.14
Grafo de fornecimento de eletricidade (E), gás (G) e água (A), para três casas, C1, C2 e C3.

Uma vez modelado, o problema consiste em determinar se o grafo pode ser desenhado de maneira tal que duas arestas quaisquer não se interceptam. Para a situação modelada pelo grafo da Figura 2.14, o redesenho do grafo de maneira que duas arestas quaisquer não se interceptem é impossível; esse assunto é tratado em grafos planos, no Capítulo 10.

EXEMPLO 2.11

Considere seis emissoras de rádio C1, C2, C3, C4, C5 e C6 que solicitaram canais de frequência ao Ministério das Comunicações. Se os transmissores de duas emissoras estão a menos 200 km de distância um do outro, eles não podem ter a mesma frequência, uma vez que haverá muita interferência. O Ministério deseja atribuir o menor número possível de frequências distintas, levando em consideração o problema da interferência.

Para ilustrar o problema, seja G o grafo da Figura 2.15, com vértices C1, C2, ..., C6. Nele, os vértices Ci e Cj estão unidos por uma aresta se as duas emissoras Ci e Cj têm seus transmissores a uma distância menor que 200 km. No grafo, por exemplo, a emissora C6 tem seu transmissor a uma distância menor que 200 km daqueles das emissoras C1, C2, C4 e C5.

35

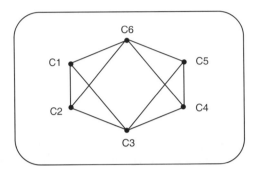

Figura 2.15
Transmissores de rádio e o correspondente grafo de interferência.

Suponha, agora, que se deseje atribuir diferentes cores aos vértices de G, de tal maneira que nunca dois vértices de mesma cor estejam unidos por uma aresta. Representando as diferentes frequências de canais por meio de diferentes cores, o ministro deseja encontrar o menor número de cores com as quais os vértices possam ser coloridos. Para o exemplo em questão, o número é três. Pode-se, por exemplo, colorir C1 e C4 de vermelho, C2 e C5 de azul e C3 e C6 de amarelo.

EXEMPLO 2.12

Uma companhia tem filiais em cada uma das cidades C1, C2, ..., C6. O valor da passagem aérea de um voo direto entre as cidades Ci e Cj é dado pela posição (i,j) na matriz a seguir. A presença do símbolo ∞ em uma posição da matriz indica a inexistência de voo direto entre as cidades representadas pela linha e pela coluna em que tal símbolo se encontra. Por exemplo, entre as cidades C2 e C5 não existe voo direto. A posição (4,2) da matriz preenchida com o valor 20 representa que a tarifa de voo da cidade C4 à cidade C2 é de \$20, e de C5 a C6, de \$55. Note que a diagonal principal da matriz é formada por elementos iguais a zero.

$$\begin{pmatrix} 0 & 50 & \infty & 40 & 25 & 10 \\ 50 & 0 & 15 & 20 & \infty & 25 \\ \infty & 15 & 0 & 10 & 20 & \infty \\ 40 & 20 & 10 & 0 & 10 & 25 \\ 25 & \infty & 20 & 10 & 0 & 55 \\ 10 & 25 & \infty & 25 & 55 & 0 \end{pmatrix}$$

A companhia está interessada no cálculo de uma tabela das tarifas mais baratas entre pares de cidades (mesmo que exista um voo direto entre duas cidades, este pode não ser a rota mais barata). Essa situação pode ser representada por um *grafo ponderado*, ou seja, um grafo com pesos associados às arestas que, no caso, representam as tarifas associadas aos voos diretos, como informados na matriz e representados no grafo mostrado na Figura 2.16.

O problema pode, então, ser resolvido usando o algoritmo de Dijkstra (apresentado no Capítulo 7). Esse tipo de problema é chamado de *problema do caminho mais curto* e tem um grande número de aplicações, nas mais variadas áreas de conhecimento.

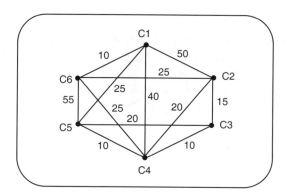

Figura 2.16
Grafo ponderado de preços de tarifas aéreas para voos diretos entre seis cidades.

CAPÍTULO 3

Conceitos iniciais de grafos

Este capítulo apresenta formalmente os principais conceitos básicos, propriedades e resultados iniciais associados a grafos.

3.1 CONCEITOS INICIAIS

Definição 3.1
Um grafo G = (V(G),E(G)) ou G = (V,E) consiste em dois conjuntos finitos:

(1) V(G), (ou V), que é o conjunto de *vértices* do grafo, o qual é um conjunto não vazio de elementos chamados *vértices* e,

(2) E(G), (ou E), que é o conjunto de *arestas* do grafo, o qual é um conjunto (que pode ser vazio) de elementos chamados *arestas*.

A cada aresta *e* em E é atribuído um par não ordenado de vértices (u,v), cada um chamado de *vértice-extremidade* de *e*. Vértices também são referenciados como pontos ou nós. É comum na literatura o uso dos termos: *ordem* (para indicar o número de vértices do grafo) e *tamanho* (para indicar o número de arestas do grafo).

EXEMPLO 3.1
Seja o grafo G = (V,E) tal que

V = {a,b,c,d,e,f,g,h,i,j} e
E = {$e_1,e_2,e_3,e_4,e_5,e_6,e_7,e_8,e_9,e_{10},e_{11},e_{12}$}

sendo os vértices-extremidade das arestas:

$e_1 \leftrightarrow$ (a,b) $e_2 \leftrightarrow$ (b,c) $e_3 \leftrightarrow$ (c,c) $e_4 \leftrightarrow$ (c,e) $e_5 \leftrightarrow$ (d,f) $e_6 \leftrightarrow$ (d,f)
$e_7 \leftrightarrow$ (c,d) $e_8 \leftrightarrow$ (c,f) $e_9 \leftrightarrow$ (e,f) $e_{10} \leftrightarrow$ (g,h) $e_{11} \leftrightarrow$ (h,h) $e_{12} \leftrightarrow$ (h,i)

A Figura 3.1 mostra a representação em diagrama do grafo G.

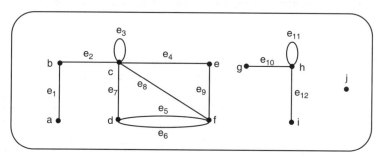

Figura 3.1
Grafo G com dez vértices e doze arestas.

Como cada aresta é definida por um par não ordenado de vértices, as arestas do grafo da Figura 3.1 poderiam, também, ser especificadas por:

$e_1 \leftrightarrow (b,a)$ $e_2 \leftrightarrow (c,b)$ $e_3 \leftrightarrow (c,c)$ $e_4 \leftrightarrow (e,c)$ $e_5 \leftrightarrow (f,d)$ $e_6 \leftrightarrow (f,d)$
$e_7 \leftrightarrow (d,c)$ $e_8 \leftrightarrow (f,c)$ $e_9 \leftrightarrow (f,e)$ $e_{10} \leftrightarrow (h,g)$ $e_{11} \leftrightarrow (h,h)$ $e_{12} \leftrightarrow (i,h)$

De acordo com a Definição 3.1, que formalmente define o conceito de grafo, é possível que o conjunto de aresta E seja vazio. Um grafo cujo conjunto de arestas é vazio é chamado de *grafo nulo*. A Figura 3.2 mostra o digrama de um grafo nulo com cinco vértices. Por outro lado, a Definição 3.1 exige que o conjunto de vértices seja não vazio, caso contrário não se tem grafo.

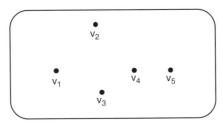

Figura 3.2
Grafo nulo (não possui arestas) com cinco vértices.

Observação 3.1 Como já comentado no Capítulo 2, a maneira como vértices e arestas são posicionados e desenhados em um grafo não é relevante. Quando um grafo é desenhado, as posições no plano em que os pontos que representam os vértices são desenhados são arbitrárias. É irrelevante se arestas são desenhadas como retas ou curvas, compridas ou curtas, grossas ou finas. É importante, entretanto, desenhar o grafo de tal maneira que o desenho promova a visualização mais simplificada possível, como evidencia a Figura 3.3, que mostra três desenhos distintos de um mesmo grafo $G = (\{v_1,v_2,v_3,v_4\},\{e_1,e_2,e_3,e_4,e_5\})$.

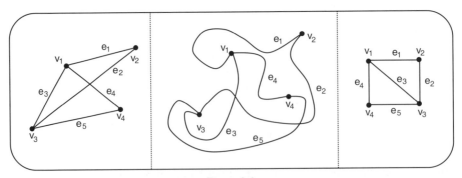

Figura 3.3
Três desenhos diferentes de um mesmo grafo.

40

Definição 3.2
Seja G = (V,E) um grafo.

(a) Se duas (ou mais) arestas de G têm os mesmos vértices-extremidade, essas arestas são chamadas de *arestas paralelas* (por exemplo, as arestas e_5 e e_6 do grafo da Figura 3.1).

(b) Um vértice de G que não é extremidade de nenhuma aresta é chamado *isolado* (por exemplo, o vértice j do grafo da Figura 3.1). Nesse livro será considerado isolado, também, aquele vértice do grafo que for vértice-extremidade apenas de *loops* (que é o caso do vértice v_9 na Figura 3.7).

(c) Dois *vértices* que estão unidos por uma aresta são chamados de *adjacentes* ou *vizinhos* (ver Figura 3.4). (Por exemplo, os vértices a e b do grafo da Figura 3.1, entre outros.)

(d) Duas *arestas* distintas e_i e e_j são *adjacentes* se elas têm um vértice em comum (ver Figura 3.4). Por exemplo, arestas e_1 e e_2 no grafo da Figura 3.1.

(e) O conjunto de todos os vizinhos de um vértice fixo v de G é chamado de *conjunto vizinhança* de v e é notado por N(v). No grafo da Figura 3.1, por exemplo, N(f) = {c,d,e}.

(f) Um grafo é chamado *simples* se não tem *loops* e não tem arestas paralelas (por exemplo, o grafo mostrado na Figura 3.5).

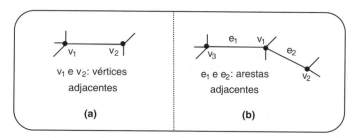

Figura 3.4
Exemplos: **(a)** vértices adjacentes: v_1 e v_2 e **(b)** vértices adjacentes: v_1 e v_2; v_1 e v_3. Arestas adjacentes: e_1 e e_2.

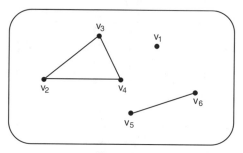

Figura 3.5
Grafo simples: não tem *loops* e não tem arestas paralelas.

Capítulo 3

Definição 3.3

Seja G = (V,E) um grafo.

(a) Diz-se que uma aresta *e* é *incidente* no vértice *v* se *v* for um vértice-extremidade de *e*. Nesse caso, diz-se também que *v* é incidente em *e*.

(b) Duas *arestas* que são incidentes em um mesmo vértice são *adjacentes* (arestas e_1 e e_2 na Figura 3.3(b) são incidentes no vértice v_1 e, consequentemente, são adjacentes).

(c) O *grau de um vértice v*, notado por d(v), é o número de arestas de G que são incidentes em *v*, contando cada *loop* duas vezes. É, pois, o número de vezes que *v* é vértice-extremidade de uma aresta. Um vértice de grau 0 é um *vértice isolado*, e um vértice de grau 1 é um *vértice final*.

(d) Um vértice de um grafo é um *vértice par* ou *ímpar* se o seu grau for um número par ou ímpar, respectivamente.

(e) A *sequência de graus de um grafo* consiste na sequência dos graus de seus vértices, escritos em ordem crescente, com repetições, se for o caso.

(f) O número dado por $\delta(G) = \min\{d(v) \mid v \in V\}$ é chamado de *grau mínimo* de G. O número dado por $\Delta(G) = \max\{d(v) \mid v \in V\}$ é chamado *grau máximo* de G.

(g) O número dado pela fórmula (3.1) é o *grau* médio do grafo G.

$$d(G) = \frac{1}{|V|} \sum_{v \in V} d(v) \qquad (3.1)$$

EXEMPLO 3.2

Cada um dos três grafos mostrados na Figura 3.6 tem por sequência de graus associada, respectivamente: (1,1,2,2,2) (grafo I), (1,1,2,2,2) (grafo II) e (1,2,3,4,8) (grafo III).

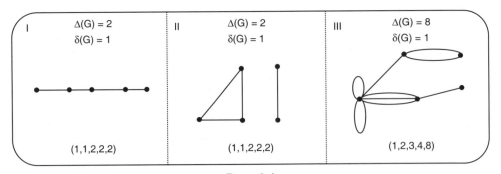

Figura 3.6

Os grafos em I e II têm dois vértices finais e três vértices de grau 2. O grafo em III tem 1 vértice final, 1 de grau 2, 1 de grau 3, 1 de grau 4 e 1 de grau 8.

EXEMPLO 3.3

(a) Considere o grafo G = (V,E) mostrado na Figura 3.7.

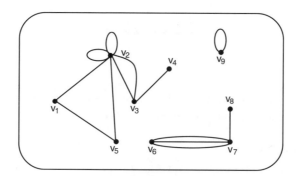

Figura 3.7
Grafo G com nove vértices e treze arestas; $\Delta(G) = 8$ e $\delta(G) = 1$.

Em tal grafo:
- os vértices v_1 e v_2 são adjacentes.
- os vértices v_1 e v_3 não são adjacentes.
- as arestas (v_1,v_2) e (v_2,v_3) são adjacentes.
- as arestas (v_1,v_2) e (v_3,v_4) não são adjacentes.
- a aresta (v_3,v_4) é incidente nos vértices v_3 e v_4; os vértices v_3 e v_4 são incidentes com a aresta (v_3,v_4).
- os graus dos vários vértices são: $d(v_1) = 2$, $d(v_2) = 8$, $d(v_3) = 3$, $d(v_4) = 1$, $d(v_5) = 2$, $d(v_6) = 3$, $d(v_7) = 4$, $d(v_8) = 1$ e $d(v_9) = 2$.
- o vértice v_9 é um vértice isolado com grau 2.

(b) Considere o grafo G = (V,E) mostrado na Figura 3.8. O grafo G é definido por cinco vértices e oito arestas, e tem-se: $d(v_1) = 3$, $d(v_2) = 4$, $d(v_3) = 4$, $d(v_4) = 3$, $d(v_5) = 2$. Note que $d(v_1) + d(v_2) + d(v_3) + d(v_4) + d(v_5) = 3 + 4 + 4 + 3 + 2 = 16 = 2 \times 8 = 2 \times$ número de arestas do grafo. Esse resultado não é coincidência e é estabelecido pelo Teorema 3.1.

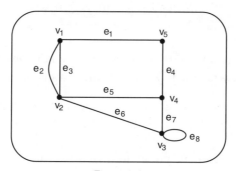

Figura 3.8
Grafo com cinco vértices e oito arestas.

Teorema 3.1
Para um grafo G = (V,E), tal que V = {$v_1, v_2, ..., v_n$} (|V| = n) e E = {$e_1, e_2, ..., e_m$} (|E| = m), tem-se:

$$\sum_{i=1}^{n} d(v_i) = 2 \times m \tag{3.2}$$

Prova:
Uma vez que cada aresta contribui com dois graus, a soma dos graus de todos os vértices em G é igual a duas vezes o número de arestas em G♦.

Corolário do Teorema 3.1
Para um grafo G = (V,E), tal que V = {$v_1, v_2, ..., v_n$} (|V| = n) e E = {$e_1, e_2, ..., e_m$} (|E| = m), a desigualdade mostrada em (3.3) é válida.

$$\delta(G) \leq d(G) \leq \Delta(G) \tag{3.3}$$

Teorema 3.2
Em um grafo G = (V,E), tal que V = {$v_1, v_2, ..., v_n$} e |E| = |{$e_1, e_2, ..., e_m$}| = m, o número de vértices ímpares é sempre par.

Prova:
O conjunto total de vértices V de G pode ser escrito como V = P ∪ I, tal que P é o conjunto dos vértices pares e I, o conjunto dos vértices ímpares. Com base no resultado estabelecido pelo Teorema 3.1, pode-se escrever que:

$$2 \times m = \sum_{v \in V} d(v) = \sum_{u \in P} d(u) + \sum_{w \in I} d(w)$$

Assim, tem-se

$$\sum_{w \in I} d(w) = 2 \times m - \sum_{u \in P} d(u)$$

A diferença anterior é um número par, uma vez que é a diferença de dois números pares. Como cada um dos termos na soma $\sum_{w \in I} d(w)$ é ímpar (uma vez que cada um deles é o grau de um vértice ímpar), e como essa soma é par, deve existir um número par desses termos (uma vez que uma soma de um número ímpar de números ímpares é sempre ímpar)♦.

Note que nem sempre é fato que um grafo deve ter um número ímpar de vértices pares. Considere, por exemplo, o grafo da Figura 3.9(a), que tem um número par (quatro) de vértices pares (vértices de grau 2) e aquele da Figura 3.9(b) que tem um número ímpar de vértices pares.

Conceitos iniciais de grafos

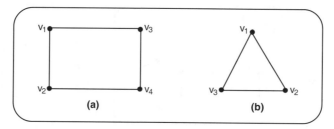

Figura 3.9
(a) Grafo com um número par (4) de vértices pares ($d(v_1) = d(v_2) = d(v_3) = d(v_4) = 2$)
e (b) Grafo com um número ímpar (3) de vértices pares ($d(v_1) = d(v_2) = d(v_3) = 2$).

EXEMPLO 3.4
Se um grafo $G = (V,E)$ tem vértices com graus:

(a) 2, 2, 2, 3, 3, 3, 4, 4, 5, 6, de acordo com o Teorema 3.1, o número de arestas de G é:

$$e = (1/2)(2 + 2 + 2 + 3 + 3 + 3 + 4 + 4 + 5 + 6) = 17$$

(b) Já se for especificado que um determinado grafo tem 11 vértices com graus 2, 2, 2, 3, 3, 3, 4, 4, 5, 5, 6, como $2 + 2 + 2 + 3 + 3 + 3 + 4 + 4 + 5 + 5 + 6 = 39$ (ímpar), pode-se dizer que não existe um tal grafo.

Definição 3.4
Seja o grafo $G = (V,E)$. Se para algum inteiro positivo k, $d(v) = k$ para todo vértice $v \in V$, então G é chamado de *k-regular*. Um *grafo regular* é um grafo que é k-regular para algum k.

Observação 3.2
(a) Em Teoria dos Grafos, os chamados *grafos cúbicos* (3-regulares) são particularmente importantes. Note que o grafo nulo $G = (V, \emptyset)$ é um grafo regular de grau 0.

(b) Em grafos regulares, $\Delta(G) = \delta(G)$.

(c) Um grafo k-regular com n vértices tem $(n \times k)/2$ arestas.

EXEMPLO 3.5
Cada um dos dois grafos mostrados na Figura 3.9 é 2-regular. A Figura 3.10 mostra o único grafo 1-regular, dois grafos 2-regular e 2 grafos 3-regular.

45

Capítulo 3

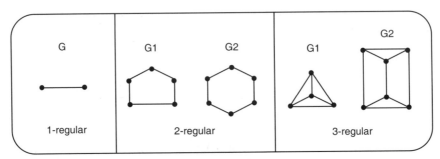

Figura 3.10
Grafos regulares.

3.2 ISOMORFISMO ENTRE GRAFOS

Frequentemente, acontece de dois grafos terem a mesma estrutura e diferirem apenas na maneira como seus vértices e arestas são rotulados ou, então, apenas na maneira como são representados geometricamente. Para muitos propósitos, esses dois grafos são essencialmente o mesmo grafo. A Definição 3.5 trata formalmente essa situação.

Definição 3.5

Dois grafos G1 = (V1,E1) e G2 = (V2,E2) são *isomorfos* se:

(1) existir uma função total f bijetora, do conjunto de vértices de G1 no conjunto de vértices de G2 (f:V1 → V2),

(2) existir uma função total g bijetora, do conjunto de arestas de G1 no conjunto de arestas de G2 (g:E1 → E2),

tal que uma aresta e é incidente a v_1 e v_2 em G1 se e somente se a aresta g(e) for incidente a f(v_1) e f(v_2) em G2. O par de funções f e g é chamado de isomorfismo entre grafos G1 e G2.

Parafraseando a Definição 3.5, diz-se que o grafo G1 = (V1,E1) é *isomorfo* ao grafo G2 = (V2,E2) se existem uma correspondência entre os conjuntos de vértices V1 e V2 e uma correspondência entre os conjuntos de arestas E1 e E2 de tal maneira que, se e_k for uma aresta com vértices-extremidade u_i e u_j em G1 (ou seja, $e_k = (u_i, u_j)$), então a correspondente aresta e_m em G2 (*i.e.*, g(e_k) = e_m) deve ter como vértices-extremidade os vértices v_p e v_q em G2 associados, por meio de f, aos vértices u_i e u_j, respectivamente. Se os vértices u_i e u_j forem adjacentes em G1, os vértices f(u_i) = v_p e f(u_j) = v_q devem ser adjacentes em G2, ou seja, $e_m = (v_p, v_q)$.

EXEMPLO 3.6

Os grafos G1 e G2 mostrados na Figura 3.11 são isomorfos.

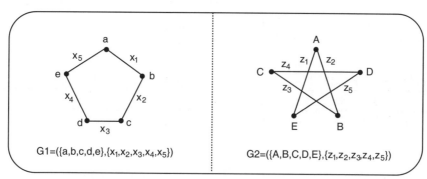

Figura 3.11
Os grafos G1 e G2 são isomorfos.

Para os grafos G1 e G2 da Figura 3.11, um isomorfismo pode ser estabelecido como as funções bijetoras f e g definidas a seguir em (1a) e (1b), respectivamente, que preservam a relação de adjacência entre os vértices.

(1a) f:{a,b,c,d,e} → {A,B,C,D,E} tal que:

x	a	b	c	d	e
f(x)	A	B	C	D	E

$x_1 \leftrightarrow$ (a,b). $g(x_1)$ deve ter como imagem a aresta que une f(a) a f(b), que é a aresta (A,B) $\leftrightarrow z_2$
$x_2 \leftrightarrow$ (b,c). $g(x_2)$ deve ter como imagem a aresta que une f(b) a f(c), que é a aresta (B,C) $\leftrightarrow z_3$
$x_3 \leftrightarrow$ (c,d). $g(x_3)$ deve ter como imagem a aresta que une f(c) a f(d), que é a aresta (C,D) $\leftrightarrow z_4$
$x_4 \leftrightarrow$ (d,e). $g(x_4)$ deve ter como imagem a aresta que une f(d) a f(e), que é a aresta (D,E) $\leftrightarrow z_5$
$x_5 \leftrightarrow$ (e,a). $g(x_5)$ deve ter como imagem a aresta que une f(e) a f(a), que é a aresta (E,A) $\leftrightarrow z_1$

A função g portanto é definida como:
(1b) g:{x_1,x_2,x_3,x_4,x_5} → {z_1,z_2,z_3,z_4,z_5}

x	x_1	x_2	x_3	x_4	x_5
g(x)	z_2	z_3	z_4	z_5	z_1

Note que outros pares de funções f e g poderiam também comprovar o isomorfismo entre G1 e G2; por exemplo, os pares f_1-g_1 descrito no item (2), f_2-g_2 descrito no item (3) e f_3-g_3 descrito no item (4) a seguir.

Capítulo 3

(2)

$f_1:\{a,b,c,d,e\} \to \{A,B,C,D,E\}$

x	a	b	c	d	e
$f_1(x)$	A	E	D	C	B

$g_1:\{x_1,x_2,x_3,x_4,x_5\} \to \{z_1,z_2,z_3,z_4,z_5\}$

x	x_1	x_2	x_3	x_4	x_5
$g_1(x)$	z_1	z_5	z_4	z_3	z_2

(3)

$f_2:\{a,b,c,d,e\} \to \{A,B,C,D,E\}$

x	a	b	c	d	e
$f_1(x)$	D	E	A	B	C

$g_2:\{x_1,x_2,x_3,x_4,x_5\} \to \{z_1,z_2,z_3,z_4,z_5\}$

x	x_1	x_2	x_3	x_4	x_5
$g_2(x)$	z_5	z_1	z_2	z_3	z_4

(4)

$f_3:\{a,b,c,d,e\} \to \{A,B,C,D,E\}$

x	a	b	c	d	e
$f_3(x)$	D	C	B	A	E

$g_3:\{x_1,x_2,x_3,x_4,x_5\} \to \{z_1,z_2,z_3,z_4,z_5\}$

x	x_1	x_2	x_3	x_4	x_5
$g_3(x)$	z_4	z_3	z_2	z_1	z_5

EXEMPLO 3.7

Os grafos G1 e G2 mostrados na Figura 3.12 são isomorfos.

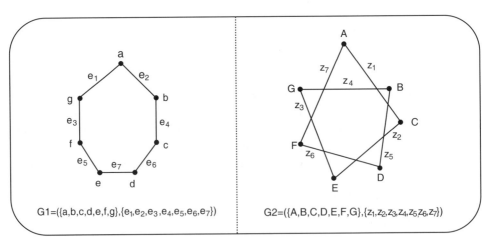

Figura 3.12
Grafos G1 e G2 são isomorfos.

Dois possíveis pares de funções que evidenciam o isomorfismo são o par f_1-g_1, descrito no item (1), e o par f_2-g_2, descrito no item (2).

(1)

f_1:{a,b,c,d,e,f,g} → {A,B,C,D,E,F,G}						
x	a	b	c	d	e	f	g
$f_1(x)$	A	C	E	G	B	D	F

g_1:{$e_1,e_2,e_3,e_4,e_5,e_6,e_7$} → {$z_1,z_2,z_3,z_4,z_5,z_6,z_7$}						
x	e_1	e_2	e_3	e_4	e_5	e_6	e_7
$g_1(x)$	z_7	z_1	z_6	z_2	z_5	z_3	z_4

(2)

f_2:{a,b,c,d,e,f,g} → {A,B,C,D,E,F,G}						
x	a	b	c	d	e	f	g
$f_2(x)$	B	D	F	A	C	E	G

g_2:{$e_1,e_2,e_3,e_4,e_5,e_6,e_7$} → {$z_1,z_2,z_3,z_4,z_5,z_6,z_7$}						
x	e_1	e_2	e_3	e_4	e_5	e_6	e_7
$g_2(x)$	z_4	z_5	z_3	z_6	z_2	z_7	z_1

EXEMPLO 3.8

Os grafos G1 e G2 mostrados na Figura 3.13 são isomorfos, como evidencia o par de funções f-g:

f: → {1,2,3,4,5,6,7,8,9,10} → {A,B,C,D,E,F,G,H,I,J}									
x	1	2	3	4	5	6	7	8	9	10
f(x)	D	B	A	C	E	F	G	I	J	H

g: →{$e_1,e_2,e_3,e_4,e_5,e_6,e_7,e_8,e_9,e_{10},e_{11},e_{12},e_{13},e_{14},e_{15}$} → {$z_1,z_2,z_3,z_4,z_5,z_6,z_7,z_8,z_9,z_{10},z_{11},z_{12},z_{13},z_{14},z_{15}$}
x	e_1	e_2	e_3	e_4	e_5	e_6	e_7	e_8	e_9	e_{10}	e_{11}	e_{12}	e_{13}	e_{14}	e_{15}
g(x)	z_5	z_7	z_1	z_6	z_4	z_2	z_3	z_8	z_9	z_{10}	z_{15}	z_{13}	z_{11}	z_{14}	z_{12}

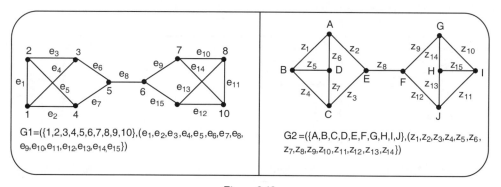

Figura 3.13
Grafos G1 e G2 são isomorfos.

EXEMPLO 3.9

A Figura 3.14 mostra cinco exemplos (I, II, III, IV, V) de pares de grafos isomorfos.

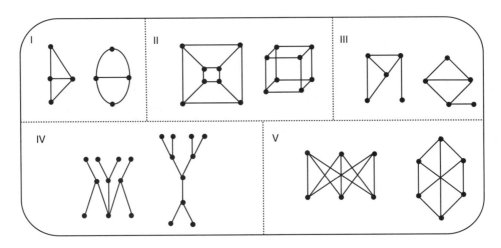

Figura 3.14
Cada uma das partes (I, II, III, IV e V) contém dois grafos que são isomorfos entre si.

EXEMPLO 3.10

A Figura 3.15 mostra dois pares de grafos não isomorfos.

Na Figura 3.15 (I), os 4 vértices com grau 4 estão assinalados com uma flecha. No grafo G1 cada vértice de grau 4 é adjacente a apenas 1 vértice de grau 4 (e a 3 outros de grau 3). Já em G2, cada vértice de grau 4 é adjacente a 2 vértices de grau 4 (e a 2 outros de grau 3). Assim, os dois grafos em questão não são isomorfos.

Na Figura 3.15 (II) o único vértice com grau 3 tanto em G1 quanto em G2 está assinalado com uma flecha. Note que em G1 o vértice de grau 3 é adjacente a 2 vértices de grau 1 e 1 de grau 2. Já em G2, o vértice de grau 3 é adjacente a 1 vértice de grau 1 e 2 vértices de grau 2. Esse fato torna impossível a definição das duas funções bijetoras que caracterizariam o isomorfismo entre os dois grafos.

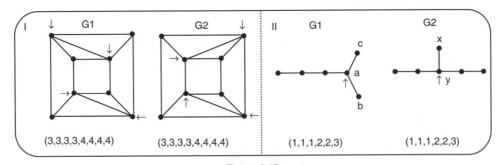

Figura 3.15
Os grafos G1 e G2 em I e em II não são isomorfos entre si.

EXEMPLO 3.11
A Figura 3.16 mostra dois grafos, G1 e G2, que não são isomorfos.

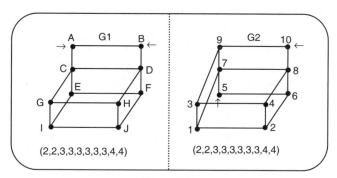

Figura 3.16
Os grafos G1 e G2 não são isomorfos. Vértices de grau 2 assinalados com flecha.

Muito embora os grafos G1 e G2 da Figura 3.16 possuam o mesmo número de vértices e o mesmo número de arestas, o padrão da relação de adjacência entre vértices em G1 é distinto daquele em G2. Note que em G1 cada um dos 2 vértices de grau 2 é adjacente a 1 vértice de grau 2 e a 1 vértice de grau 4. Já em G2, cada um dos 2 vértices de grau 2 é adjacente a 1 vértice de grau 3 e a 1 vértice de grau 4.

Com base na definição de isomorfismo entre grafos (Definição 3.5), para que sejam isomorfos, dois grafos devem ter:
(1) o mesmo número de vértices,
(2) o mesmo número de arestas,
(3) um número igual de vértices com um determinado grau.

Essas condições, entretanto, não são suficientes. Considere os dois pares de grafos do Exemplo 3.10 e o par de grafos do Exemplo 3.11. Os grafos de cada um dos pares exibem o mesmo número de vértices, o mesmo número de arestas e o mesmo número de vértices com um determinado grau (*i.e.*, têm a mesma sequência de graus) e, no entanto, tais pares não são compostos por grafos isomorfos.

Considere, por exemplo, os grafos G1 e G2 mostrados na Figura 3.15 (II). Eles satisfazem todas as três condições e, entretanto, não são isomorfos. O fato de não serem isomorfos pode ser evidenciado considerando a seguinte argumentação: se os grafos fossem isomorfos, o vértice a de G1 deveria corresponder ao vértice y de G2, uma vez que são os únicos dois vértices com grau três. No grafo G2, no entanto, existe apenas um vértice de grau 1 adjacente a y, que é o vértice x, enquanto no grafo G1 existem dois, b e c.

Observação 3.3 A busca por um critério simples e eficiente para a detecção de isomorfismo é ainda um problema não resolvido em TG. Existem, entretanto, vários algoritmos que se propõem à detecção automática de isomorfismo.

Capítulo 3

O problema de determinar se dois grafos são isomorfos vai se tornando mais difícil à medida que o número de vértices e o número de arestas no grafo aumentam. Por exemplo, enquanto existem apenas 4 grafos simples não isomorfos com três vértices e 11 com quatro vértices, existem 1044 grafos simples não isomorfos com sete vértices.

Observação 3.4 Se for definida uma relação R em um conjunto de grafos pela regra: <G1,G2> ∈ R se G1 e G2 forem isomorfos, R é uma relação de equivalência. Cada classe de equivalência consiste no conjunto de grafos isomorfos entre si.

EXEMPLO 3.12
O que se segue é uma ilustração da Observação 3.4. Seja C = {G1,G2,G3,G4,G5,G6,G7,G8} um conjunto no qual cada elemento representa um grafo. A Figura 3.17 mostra o conjunto C com os oito grafos contido nele.

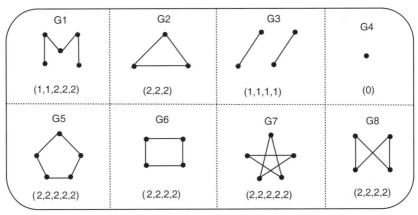

Figura 3.17
Conjunto C = {G1, G2, G3, G4, G5, G6, G7, G8} contendo oito grafos.

Considere o produto cartesiano C × C = {<G1,G1>, <G1,G2>, <G1,G3>, <G1,G4>, <G1,G5>, <G1,G6>, <G1,G7>, <G1,G8>,...,<G8,G1>, <G8,G2>, <G8,G3>, <G8,G4>, <G8,G5>, <G8,G6>, <G8,G7>, <G8,G8>}.

Como visto no Capítulo 1, uma relação de equivalência definida em um conjunto induz uma partição no conjunto, em classes de equivalência. Por exemplo, a relação $R_1 \subseteq C \times C$ definida como "<x,y> ∈ R_1 ↔ x e y têm o mesmo número de vértices" é o conjunto:

{<G1,G1>, <G2,G2>, <G3,G3>, <G4,G4>, <G5,G5>, <G6,G6>, <G7,G7>, <G8,G8>, <G1,G5>, <G5,G1>, <G1,G7>, <G7,G1>, <G5,G7>, <G7,G5>, <G3,G6>, <G6,G3>, <G3,G8>, <G8,G3>, <G6,G8>, <G8,G6>}

Como pode ser facilmente verificado, R_1 é uma relação de equivalência e, como tal, induz uma partição no conjunto de grafos C, como mostra a Figura 3.18.

Conceitos iniciais de grafos

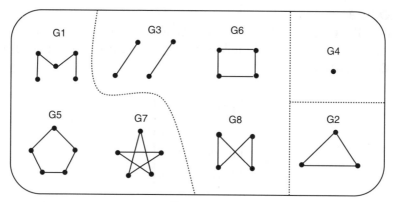

Figura 3.18
Partição induzida no conjunto C pela relação R_1 ("têm o mesmo número de vértices"), com quatro classes de equivalência: {G1,G5,G7}, {G3,G6,G8}, {G4}, {G2}.

Por outro lado, se a relação (chamada aqui R_2) definida em C é como a estabelecida pela Observação 3.4, ou seja, x R_2 y ↔ x e y são isomorfos, C × C ⊇ R_2 = { <G1,G1>, <G2,G2>, <G3,G3>, <G4,G4>, <G5,G5>, <G6,G6>, <G7,G7>, <G8,G8>, <G5,G7>, <G7,G5>, <G6,G8>, <G8,G6>} é uma relação de equivalência e induz uma partição de C em 6 classes de equivalência, como mostra a Figura 3.19.

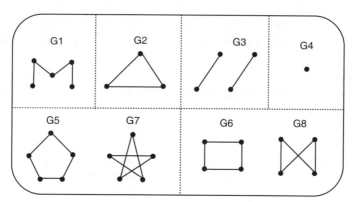

Figura 3.19
Partição induzida em C pela relação R_2 (isomorfismo), constituída pelas 6 classes de equivalência: {G1}, {G2}, {G3}, {G4}, {G5,G7}, {G6,G8}.

Teorema 3.3
Dois grafos simples G1 e G2 são isomorfos se e somente se para alguma ordenação de seus vértices suas matrizes de adjacência (ver Definição 5.1) são iguais.

53

EXEMPLO 3.13

Para os grafos G1 e G2 mostrados na Figura 3.11, a matriz de adjacência de G1 (relativa à ordenação: a, b, c, d, e) e a matriz de adjacência de G2 (relativa à ordenação: A, B, C, D, E) são iguais. Essa matriz é:

$$\begin{pmatrix} 0 & 1 & 0 & 0 & 1 \\ 1 & 0 & 1 & 0 & 0 \\ 0 & 1 & 0 & 1 & 0 \\ 0 & 0 & 1 & 0 & 1 \\ 1 & 0 & 0 & 1 & 0 \end{pmatrix}$$

A determinação do isomorfismo (ou não) entre dois grafos é um problema relevante. Embora todo algoritmo conhecido para verificar se dois grafos são isomorfos requeira tempo fatorial ou exponencial, no pior caso, existem algoritmos que podem determinar se um par de grafos é isomorfo em tempo linear, na média dos casos.

O que se segue é uma maneira de mostrar que dois grafos simples, G1 e G2, são não isomorfos: encontrar uma propriedade de G1 que G2 não tem, mas que G2 teria, se G1 e G2 fossem isomorfos. Tal propriedade é chamada *invariante*. Mais precisamente:

Definição 3.6

Uma propriedade P é um *invariante* se sempre que G1 e G2 forem grafos isomorfos e G1 tiver a propriedade P, G2 também a terá.

Com base na Definição 3.6, se os grafos G1 e G2 são isomorfos, então existem funções bijetoras entre os vértices (e entre as arestas) de G1 e G2. Assim, se G1 e G2 são isomorfos, G1 e G2 têm o mesmo número de arestas e o mesmo número de vértices. Portanto, se n e m são inteiros não negativos, as propriedades "*tem n vértices*" e "*tem m arestas*" são invariantes.

EXEMPLO 3.14

Os grafos G1 e G2 mostrados na Figura 3.20 são não isomorfos, uma vez que o invariante "tem o mesmo número de arestas" não é verificado.

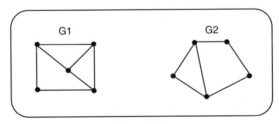

Figura 3.20

G1 tem 7 arestas, G2 tem 6 arestas e "tem m arestas" é um invariante. Portanto, G1 e G2 não são isomorfos.

Observação 3.5 Sejam G1 e G2 dois grafos. A propriedade "os grafos têm o mesmo número de vértices com grau k (k > 0, inteiro)" é um invariante.

Suponha que G1 e G2 sejam isomorfos e f: $V_{G1} \to V_{G2}$ e g: $E_{G1} \to E_{G2}$ sejam as duas funções bijetoras entre conjuntos de vértices de G1 em G2 e entre conjuntos de arestas de G1 em G2, respectivamente.

Seja v um vértice de G1, de grau k. Então existem k arestas $e_1, e_2, ..., e_k$ incidentes a v. Pela definição de grafos isomorfos, $g(e_1), g(e_2), ..., g(e_k)$ são incidentes a f(v). Como g é injetora (ou seja, elementos diferentes, imagens diferentes), grau(f(v)) ≥ k. Note que poderiam existir mais do que k arestas incidentes ao vértice f(v) em G2. O que segue mostra que existem exatamente k.

Seja E uma aresta incidente a f(v) em G2, como mostra a Figura 3.21. Desde que g é sobrejetora, existe uma aresta, e*, em G1, tal que g(e*) = E. Desde que E é incidente a f(v) em G2, pela definição, e* é incidente a v em G1. Uma vez que $e_1, e_2, ..., e_k$ são as únicas arestas em G incidentes a v, e* = e_i, para algum i ∈ {1,2, ..., k}. Portanto, $g(e_i)$ = g(e*) = E, ou seja, grau(f(v)) = k, de maneira que G2 tem um vértice, isto é, vértice f(v), de grau k.

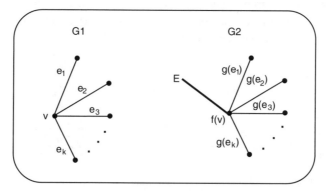

Figura 3.21

Se G1 e G2 são isomorfos, a aresta E de G2 deve coincidir com alguma aresta $g(e_i)$, i = 1, ..., k.

EXEMPLO 3.15

Os grafos G1 e G2 da Figura 3.22 são não isomorfos.

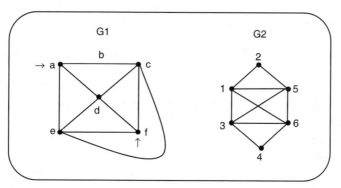

Figura 3.22

Apesar de G1 e G2 terem o mesmo número de vértices e arestas, G1 tem vértices de grau 3 (vértices a e f, apontados pelas flechas) e G2 não tem vértices de grau 3. G1 e G2 não são isomorfos.

55

Capítulo 3

Observação 3.6 Um outro invariante útil é o que estabelece que "grafos isomorfos têm o mesmo número de ciclos de um determinado comprimento."

Seria fácil verificar se um par de grafos é isomorfo se fosse possível encontrar um número pequeno de invariantes facilmente verificáveis que apenas grafos que fossem isomorfos compartilhassem. Infelizmente ninguém ainda foi bem-sucedido na identificação de tal conjunto de invariantes.

3.3 GRAFO COMPLETO E GRAFO R-PARTIDO

Definição 3.7
Um grafo *completo* de ordem n, notado por K_n, é um grafo que tem n vértices e exatamente uma aresta conectando cada um dos possíveis pares de vértices distintos.

A Figura 3.23 mostra os grafos completos de K_1 até K_6.

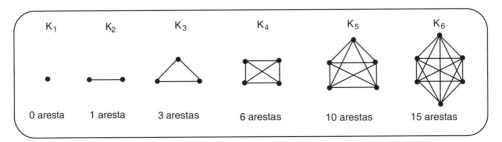

Figura 3.23
Grafos completos K_1, K_2, K_3, K_4, K_5 e K_6.

Observação 3.7 Obviamente, grafos completos são grafos simples, ou seja, não têm arestas paralelas ou *loops*. Uma vez que existem $\binom{n}{2}$ possíveis pares de n vértices, o grafo completo K_n tem exatamente $\frac{n \times (n-1)}{2}$ arestas. Tal número pode também ser deduzido utilizando o Teorema 3.1, que estabelece que a soma dos graus de um grafo é igual a duas vezes o seu número de arestas. Em um grafo completo com n vértices, o grau de cada um dos n vértices é igual a n − 1, uma vez que cada vértice tem uma aresta unindo-o a qualquer outro vértice do grafo. A soma de n parcelas em que cada uma é n − 1, produz n × (n − 1). Utilizando o estabelecido pelo teorema, tem-se que n × (n − 1) é igual a 2 × número de arestas, de onde se conclui que o número de arestas de um grafo completo com n vértices é (n × (n − 1))/2.

Observação 3.8 Note que todo grafo completo com n vértices, é um grafo (n − 1)-regular.

Definição 3.8
Seja G = (V,E) um grafo. Se o conjunto de vértices V de G puder ser particionado em dois subconjuntos não vazios, X e Y (X ∪ Y = V e X ∩ Y = ∅) de tal maneira que cada aresta de G tenha uma extremidade em X e a outra em Y, então G é chamado de *bipartido*. A partição V = X ∪ Y é chamada de *bipartição* de G.

Observação 3.9 A Definição 3.8 estabelece que, se *e* for uma aresta em um grafo *bipartido*, então *e* é incidente a um vértice em X e a um vértice em Y. A definição não estabelece que, se v_1 for um vértice em X e v_2 for um vértice em Y, então existe uma aresta entre v_1 e v_2. A Definição 3.9 generaliza a Definição 3.8 considerando grafos *r-partidos*.

Note que em um grafo bipartido os vértices que pertencem ao conjunto X (ou ao conjunto Y) não podem ser adjacentes entre si, isto é, não podem existir arestas que unam vértices em X a vértices em X (ou que unam vértices em Y a vértices em Y). A Figura 2.24 mostra um exemplo simples de um grafo bipartido.

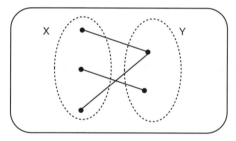

Figura 3.24
Um grafo bipartido.

A Figura 3.25 mostra um grafo que não é bipartido, uma vez que o conjunto de vértices não pode ser particionado em dois subconjuntos não vazios disjuntos, de maneira que as arestas apenas conectem vértices de um subconjunto a vértices do outro subconjunto.

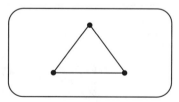

Figura 3.25
Grafo não bipartido.

Definição 3.9
Considere o número inteiro r ≥ 2. O grafo G = (V,E) é chamado um *grafo r-partido* se V admite uma partição em r blocos (ver Definição 1.17) tal que toda aresta de G tem seus

vértices-extremidade em blocos diferentes – vértices em um mesmo bloco da partição não podem ser adjacentes.

EXEMPLO 3.16
A Figura 3.26 mostra dois grafos 3-partidos.

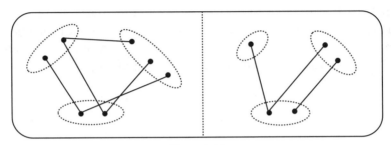

Figura 3.26
Dois grafos 3-partidos.

EXEMPLO 3.17
A Figura 3.27 mostra à esquerda (em I e II) dois grafos bipartidos G1 e G2, cujas respectivas bipartições ficam visualmente óbvias quando redesenhados como os grafos à direita (em I e II, respectivamente).

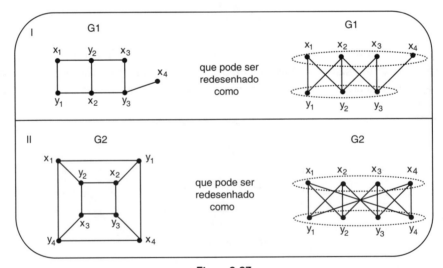

Figura 3.27
Os grafos G1 e G2 em I e II, respectivamente, são exemplos de grafos bipartidos.

Definição 3.10
Um *grafo bipartido completo* é um grafo simples bipartido G, com a bipartição V = X ∪ Y, no qual todo vértice em X está unido a todo vértice em Y. Se |X| = m e |Y| = n então tal grafo é denotado por $K_{m,n}$. Para padronizar, assume-se que m ≤ n. Note que $K_{n,n}$ é um grafo regular de grau n.

EXEMPLO 3.18
A Figura 3.28 mostra os diagramas de $K_{m,n}$, para m = 1, 2, 3 e n = m, m + 1, m + 2.

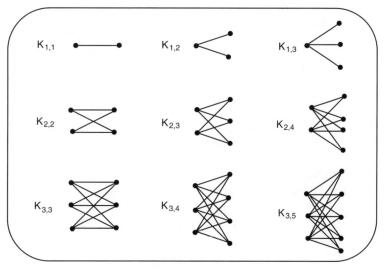

Figura 3.28
$K_{m,n}$, para m = 1, 2, 3 e n = m, m + 1, m + 2.

Qualquer grafo bipartido completo, com uma bipartição em dois conjuntos com m e n vértices, respectivamente, é isomorfo a $K_{m,n}$. Uma vez que cada um dos m vértices do conjunto X de $K_{m,n}$ é adjacente a cada um dos n vértices do conjunto Y de $K_{m,n}$, o grafo $K_{m,n}$ tem m × n arestas. Existe uma ambiguidade no uso da palavra *completo*, visto que um grafo bipartido completo geralmente não é completo. O único grafo bipartido completo que é efetivamente completo é o $K_{1,1}$.

EXEMPLO 3.19
A Figura 3.29 mostra mais de uma maneira de se desenhar grafos bipartidos completos.

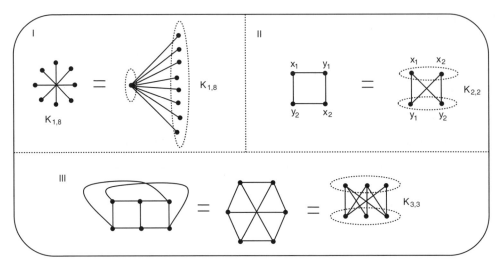

Figura 3.29

Em I, II e III são mostrados, respectivamente, três grafos bipartidos completos, em que a bipartição está evidenciada.

Observação 3.10 A seguir é mostrado como abordar um grafo, usando como exemplo o grafo da Figura 3.30(a), para verificar se é bipartido (ou não). Entre parênteses, na figura, está a ordem na qual os vértices foram examinados (qualquer outra ordem poderia ter sido adotada).

Para o grafo mostrado em (a) ser bipartido, cada aresta tem que estar unindo vértices pertencentes a conjuntos disjuntos. Suponha, então, que $v_4 \in X$. Como existe a aresta (v_4,v_3), o vértice v_3 tem que pertencer a Y. Como existe a aresta (v_3,v_2) e $v_3 \in Y$, então v_2 tem que pertencer a X. Dado que existe a aresta (v_2,v_1), o vértice v_1 tem que pertencer a Y. Como existe a aresta (v_1,v_6), o vértice v_6 tem que pertencer a X. A existência da aresta (v_6,v_5) faz com que o vértice v_5 tenha que pertencer a Y. Como a última aresta a ser considerada é (v_5,v_4) e como $v_5 \in Y$ e $v_4 \in X$, o grafo em questão é bipartido e pode ser redesenhado como aquele mostrado na Figura 3.31.

O mesmo não acontece com o grafo mostrado na Figura 3.30(b). Considerando a ordem dada, ao final do processo os vértices v_4 e v_5 (em negrito na figura), que definem uma aresta, pertencem ao conjunto X, caracterizando o grafo em (b) como não bipartido.

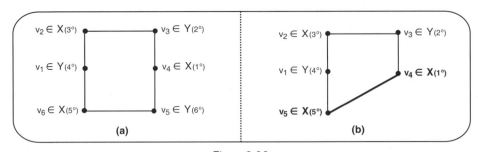

Figura 3.30

(a) Grafo bipartido e **(b)** Grafo não bipartido (considerando a ordem dada, os vértices v_5 e v_6, que definem uma aresta, pertencem a X, evidência de que o grafo é não bipartido).

Conceitos iniciais de grafos

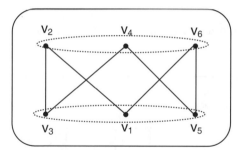

Figura 3.31
Grafo da Figura 3.30 redesenhado de maneira a evidenciar a bipartição.

O Teorema 4.2, apresentado no Capítulo 4, caracteriza grafos bipartidos em função do comprimento dos ciclos que possuem.

3.4 SUBGRAFO, SUPERGRAFO E GRAFO *SPANNING*

Definição 3.11
Sejam dois grafos $G1 = (V1, E1)$ e $G2 = (V2, E2)$. Diz-se que o grafo $G2$ *é subgrafo de* $G1$ (notado por $G2 \subseteq G1$), se $V2 \subseteq V1$ e $E2 \subseteq E1$, e para toda aresta $e \in E2$, se e for incidente a v_1 e v_2, então $v_1, v_2 \in V2$. Nesse caso diz-se também que $G1$ *é supergrafo de* $G2$. Se $G2 \subseteq G1$ e $G2 \neq G1$, $G2$ é chamado de *subgrafo próprio*.

EXEMPLO 3.20
A Figura 3.32 mostra um grafo e alguns de seus possíveis subgrafos.

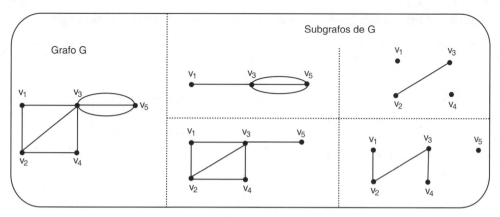

Figura 3.32
Um grafo G e quatro possíveis subgrafos.

EXEMPLO 3.21

A Figura 3.33 mostra um grafo G e um seu subgrafo G1. Mostra também o grafo G2 que não é subgrafo de G.

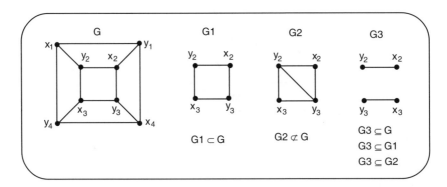

Figura 3.33
O grafo G1 é subgrafo do grafo G, mas o grafo G2 não é subgrafo de G. O grafo G3 é subgrafo de G1, e, portanto, é também subgrafo de G.

Note que:

(1) Todo grafo é seu próprio subgrafo.

(2) Um subgrafo de um subgrafo de G é um subgrafo de G (ver grafo G3 na Figura 3.33).

(3) Um único vértice em um grafo G é subgrafo de G.

(4) Uma única aresta de G, junto com os seus vértices-extremidade, é também um subgrafo de G.

EXEMPLO 3.22

A Figura 3.34 mostra um grafo G e quatro possíveis subgrafos (G1, G2, G3 e G4).

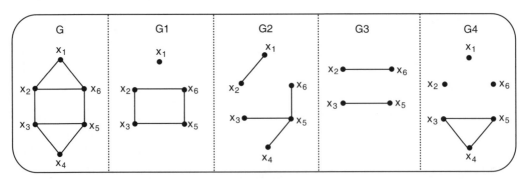

Figura 3.34
Grafo G com seis vértices e oito arestas. Os grafos G1, G2, G3 e G4 são todos subgrafos de G. Particularmente, G3 é também subgrafo de G1.

Definição 3.12
G1 = (V1,E1) é um *subgrafo spanning* de G = (V,E) se G1 for um subgrafo de G, tal que V1 = V, ou seja, G1 e G têm exatamente o mesmo conjunto de vértices.

EXEMPLO 3.23
(a) Os grafos G1 e G3 na Figura 3.33 são subgrafos *spanning* de G2.

(b) Os grafos G2 e G4 na Figura 3.34 são subgrafos *spanning* de G.

Os tipos mais simples de subgrafos de um grafo G são aqueles obtidos por meio da eliminação de um vértice ou uma aresta de G, como definido a seguir. Existe também a possibilidade da indução de subgrafos de G, a partir de subconjuntos de vértices (ou arestas) de G, o que é formalizado nas Definição 3.18 e Definição 3.19, respectivamente.

Definição 3.13
Seja o grafo G = (V,E) tal que $|V| \geq 2$. Para qualquer vértice $v \in V$, G−v denota o subgrafo de G cujo conjunto de vértices é V−{v} e cujas arestas são todas as de G que não são incidentes com v. O grafo G−v é obtido a partir de G removendo v e todas as arestas de G que têm v como extremidade. O grafo G−v é chamado de *subgrafo com vértice eliminado*.

EXEMPLO 3.24
A Figura 3.35 mostra um grafo G e o seu subgrafo com vértice eliminado G−v_3.

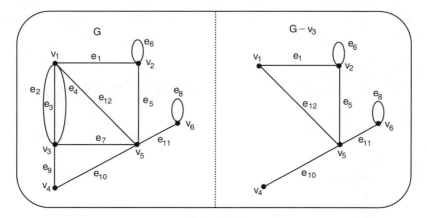

Figura 3.35
Grafo G e o subgrafo com vértice eliminado G−v_3.

Definição 3.14
Seja o grafo G = (V,E) e seja $e \in E$. Então G−e denota o subgrafo de G que tem V como conjunto de vértices e E−{e} como conjunto de arestas. O grafo G−e é obtido a partir de G removendo a aresta e (mas não seus vértices-extremidade). O grafo G−e é chamado de *subgrafo com aresta eliminada*.

EXEMPLO 3.25
A Figura 3.36 mostra um grafo G e o seu subgrafo com aresta eliminada G−e_{12}.

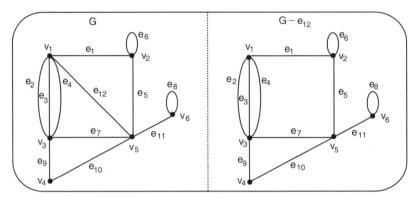

Figura 3.36
Grafo G e o subgrafo com aresta eliminada G−e_{12}.

A Definição 3.13 e a Definição 3.14 podem ser estendidas para contemplar a construção de subgrafos por meio da eliminação de vários vértices e de várias arestas, como estabelecem a Definição 3.15 e Definição 3.16, respectivamente.

Definição 3.15
Seja G = (V,E) e considere U ⊂ V. G−U denota o subgrafo de G com conjunto vértice V−U cujas arestas são todas aquelas de G que não são incidentes com nenhum vértice em U. G−U é chamado de *subgrafo com vértices eliminados*.

EXEMPLO 3.26
A Figura 3.37 mostra um grafo G e o seu subgrafo com vértices eliminados G−U, em que U = {v_1,v_2}.

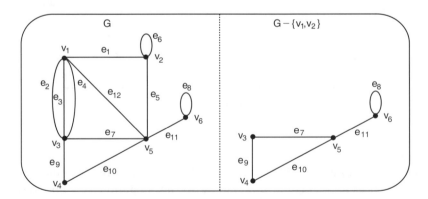

Figura 3.37
Grafo G e o subgrafo com vértices eliminados G−{v_1,v_2}.

Definição 3.16
Seja G = (V,E) um grafo e seja F ⊆ E. Então G–F denota o subgrafo de G que tem como conjunto de vértices o conjunto V e como conjunto de arestas o conjunto E–F, obtido eliminando todas as arestas que estão em F, mas não seus vértices-extremidade. O grafo G–F é chamado de *subgrafo com arestas eliminadas*.

EXEMPLO 3.27
A Figura 3.38 mostra um grafo G e o seu subgrafo com arestas eliminadas G–F, em que F = {$e_1,e_3,e_5,e_7,e_8,e_{11}$}.

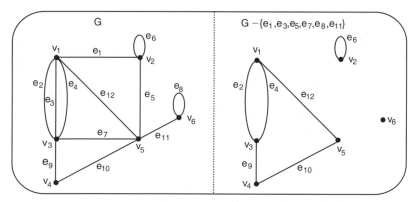

Figura 3.38
Grafo G e o subgrafo com arestas eliminadas G–F, em que F = {$e_1,e_3,e_5,e_7,e_8,e_{11}$}.

Definição 3.17
Por meio da eliminação de todos os *loops* e, de cada conjunto de arestas paralelas, da eliminação de todas, menos de uma, obtém-se um subgrafo *spanning* de G chamado *grafo básico simples* de G.

EXEMPLO 3.28
A Figura 3.39 mostra um grafo G e o grafo básico simples de G.

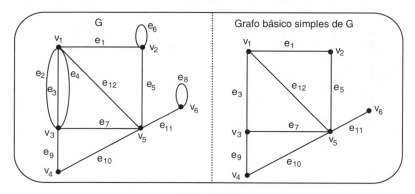

Figura 3.39
Grafo G e o grafo básico simples de G.

Definição 3.18
Seja G = (V,E) um grafo e seja $\emptyset \neq U \subseteq V$. O *subgrafo de G induzido por U* (G[U]) é o grafo que tem como conjunto de vértices o conjunto U e como conjunto de arestas aquelas arestas de G que têm ambos os vértices-extremidade em U.

EXEMPLO 3.29
A Figura 3.40 mostra um grafo G e o subgrafo de G induzido por U={v_2,v_4,v_5,v_6}.

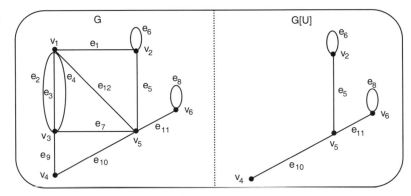

Figura 3.40
Grafo G e o subgrafo de G induzido por U = {v_2,v_4,v_5,v_6}.

Definição 3.19
Seja G = (V,E) um grafo e seja $\emptyset \neq F \subseteq E$. O *subgrafo de G induzido por F* (G[F]) é o grafo que tem como conjunto de vértices os vértices-extremidade das arestas em F e cujo conjunto de arestas é F.

EXEMPLO 3.30
A Figura 3.41 mostra um grafo G e o subgrafo de G induzido por F={e_3,e_5,e_6,e_8}.

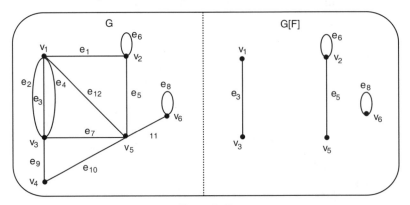

Figura 3.41
Grafo G e o subgrafo de G induzido por F = {e_3,e_5,e_6,e_8}.

Conceitos iniciais de grafos

Definição 3.20
Seja G = (V, E) um grafo. Dois subgrafos G1 e G2 de G são *disjuntos* se eles não têm vértices em comum. Se não tiverem arestas em comum, são chamados *arestas disjuntos*.

EXEMPLO 3.31
A Figura 3.42 mostra um grafo G e os subgrafos disjuntos G1 e G2 de G.

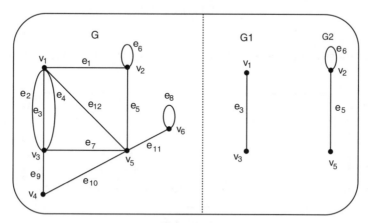

Figura 3.42
Grafo G e dois subgrafos disjuntos de G.

EXEMPLO 3.32
A Figura 3.43 mostra um grafo G e seus subgrafos arestas disjuntos G1 e G2.

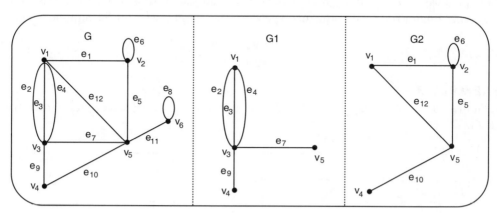

Figura 3.43
Grafo G e dois subgrafos arestas disjuntos de G.

Se dois subgrafos G1 e G2 são disjuntos, então eles devem ser também arestas disjuntos, caso contrário existiria uma aresta *e* de G tanto em G1 quanto em G2 e, consequentemente, os vértices-extremidade de *e* estariam também em ambos, G1 e G2.

Definição 3.21

Seja G = (V,E) um grafo. Dados dois subgrafos G1 = (V1,E1) e G2 = (V2,E2) de G, a *união* G1 ∪ G2 é o subgrafo de G definido pelo par (V3,E3), cujo conjunto de vértices contém todos os vértices que estão em G1 ou G2 (ou ambos) e cujo conjunto de arestas contém todas as arestas que estão em G1 ou G2 (ou ambos). Simbolicamente,

$$V3 = V1 \cup V2$$
$$E3 = E1 \cup E2$$

EXEMPLO 3.33

A Figura 3.44 mostra um grafo G, dois de seus subgrafos, G1 e G2, e o subgrafo união G1 ∪ G2.

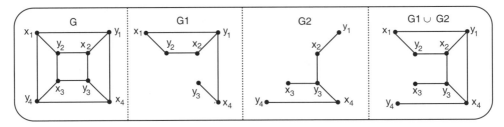

Figura 3.44
O subgrafo união G1 ∪ G2.

Definição 3.22

Seja G = (V,E) um grafo. Sejam G1 = (V1,E1) e G2 = (V2,E2) dois subgrafos de G com pelo menos um vértice em comum (*i.e.*, V1 ∩ V2 ≠ ∅). A *interseção* G1∩G2 é o subgrafo de G dado pelo par (V3,E3), cujo conjunto de vértices é formado pelos vértices comuns a G1 e G2 e cujo conjunto de arestas é formado pelas arestas comuns a G1 ou G2. Simbolicamente,

$$V3 = V1 \cap V2$$
$$E3 = E1 \cap E2$$

EXEMPLO 3.34

A Figura 3.45 mostra um grafo G, dois de seus subgrafos, G1 e G2, e o subgrafo interseção G1 ∩ G2.

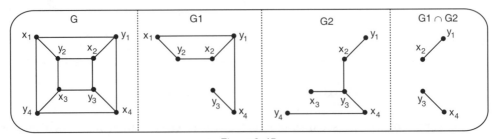

Figura 3.45
O subgrafo interseção G1 ∩ G2.

Conceitos iniciais de grafos

Definição 3.23
Seja G = (V,E) um grafo. Sejam G1 = (V1,E1) e G2 = (V2,E2) dois subgrafos de G. A *soma* de G1 e G2, notada por G1 ⊕ G2, é um subgrafo de G representado pelo par (V3,E3), que tem como conjunto de vértices os vértices de G1 e de G2 e como conjunto de arestas as arestas de G1 ou de G2, mas não aquelas que compareçam em ambos. Simbolicamente,

$$V3 = V1 \cup V2$$
$$E3 = (E1 \cup E2) - (E1 \cap E2)$$

EXEMPLO 3.35
A Figura 3.46 mostra um grafo G, dois de seus subgrafos, G1 e G2, e o subgrafo soma G1 ⊕ G2.

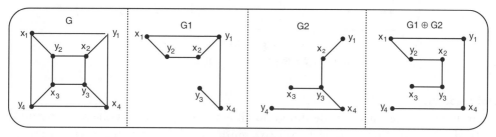

Figura 3.46
O subgrafo soma G1 ⊕ G2.

Definição 3.24
O *complemento* do grafo simples G = (V,E), notado por $\overline{G}$ = (V,F), é o grafo simples cujo conjunto de vértices é o mesmo de G e cujo conjunto de arestas é composto por todas as arestas que não compareçam em E, ou seja, existe uma aresta entre dois vértices u e v de V se e somente se não existe aresta entre u e v em G.

Observação 3.11 O complemento de um grafo simples com n vértices G = (V,E), então, pode ser obtido a partir do grafo completo K_n, por meio da eliminação de todas as arestas que compareçam em H.

EXEMPLO 3.36
A Figura 3.47 mostra dois grafos, H e G, e seus respectivos complementos.

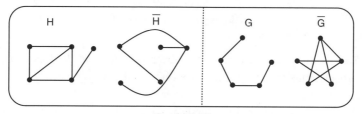

Figura 3.47
Grafos H e G e seus respectivos complementos.

Definição 3.25

Diz-se que um grafo G foi decomposto em dois subgrafos G1 e G2 se G1 ∪ G2 = G e se G1 ∩ G2 = grafo nulo.

EXEMPLO 3.37

A Figura 3.48 mostra a decomposição de um grafo.

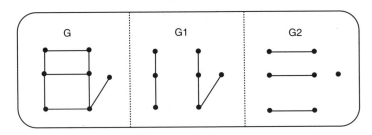

Figura 3.48
Decomposição do grafo G nos subgrafos G1 e G2.

Definição 3.26

Sejam u e v vértices distintos de um grafo G. Um novo grafo G1 pode ser construído a partir de G por *fusão de dois vértices*; isso significa a substituição desses vértices por um único novo vértice x tal que toda aresta que era incidente a u ou a v em G se torna incidente a x em G1.

EXEMPLO 3.38

A Figura 3.49 mostra uma fusão de vértices em um grafo.

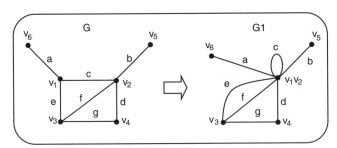

Figura 3.49
Fusão dos vértices v_1 e v_2 no grafo G.

Observação 3.12 Como pode ser facilmente observado, a fusão de dois vértices não altera o número de arestas, mas reduz o número de vértices do grafo de um.

É óbvio que as operações de união, interseção e soma definidas anteriormente são comutativas, ou seja:

$$G1 \cup G2 = G2 \cup G1$$
$$G1 \cap G2 = G2 \cap G1$$
$$G1 \oplus G2 = G2 \oplus G1$$

Se G1 e G2 são aresta-disjuntos, então G1 ∩ G2 é um grafo nulo e G1 ⊕ G2 = G1 ∪ G2. Se G1 e G2 são vértice-disjuntos, então G1 ∩ G2 = ∅. Para qualquer grafo G, G ∪ G = G ∩ G = G e G ⊕ G = grafo nulo.

Embora as operações de união, interseção e soma tenham sido definidas para pares de grafos, essas definições podem ser estendidas de maneira óbvia para incluir um número finito de grafos.

Observação 3.13 Algumas vezes o isomorfismo entre dois grafos G1 e G2 pode ser convenientemente verificado usando o complemento de G1 e de G2. Dois grafos G1 e G2 são isomorfos se e somente se seus complementos $\overline{G1}$ e $\overline{G2}$ são isomorfos.

EXEMPLO 3.39

Considere os quatro grafos G1, G2, G3 e G4 mostrados na Figura 3.50 e seus respectivos complementos mostrados na Figura 3.51.

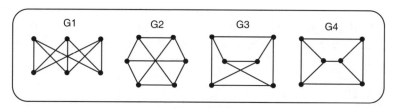

Figura 3.50
Quatro grafos, G1, G2, G3 e G4.

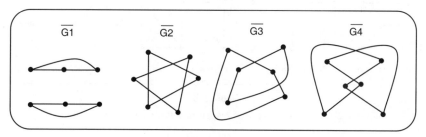

Figura 3.51
Complementos dos grafos, G1, G2, G3 e G4 da Figura 3.50.

Cada um dos grafos $\overline{G1}$, $\overline{G2}$, $\overline{G3}$ consiste em dois ciclos disjuntos de tamanho três, não conectados. Já $\overline{G4}$ é um ciclo com seis arestas e é conectado. Portanto, os grafos G1, G2 e G3 são isomorfos entre si e nenhum deles é isomorfo a G4.

Capítulo 3

Observação 3.14 Note que o complemento de um grafo bipartido não necessariamente é um grafo bipartido, como pode ser observado com os grafos bipartidos G1, G2 e G3 da Figura 3.50 e seus respectivos complementos (grafos não bipartidos) mostrados na Figura 3.51. As bipartições de G2 e G3 são evidenciadas na Figura 3.52.

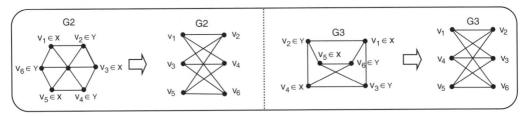

Figura 3.52
Evidenciando a bipartição dos grafos G2 e G3 da Figura 3.50.

3.5 CLIQUE, CONJUNTO INDEPENDENTE DE VÉRTICES (E DE ARESTAS) E COBERTURA DE VÉRTICES

Definição 3.27
Para qualquer grafo G, um subgrafo completo de G é chamado de *clique* de G. O número de vértices do maior clique de G é chamado *número clique de G* e é notado por *nclique*(G). Algumas vezes usa-se a palavra clique para denominar apenas o conjunto de vértices do subgrafo completo de um grafo G.

EXEMPLO 3.40
Considere os quatro grafos G1, G2, G3 e G4 mostrados na Figura 3.53.

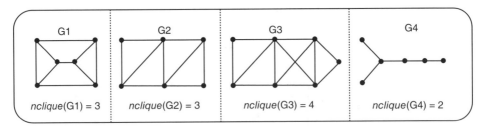

Figura 3.53
Grafos G1, G2, G3 e G4 e seus respectivos números-clique (*nclique*).

(1) G1 tem 6 cliques com 1 vértice (*i.e.*, os vértices de G1), 9 cliques com 2 vértices (*i.e.*, as arestas de G1) e 2 cliques com 3 vértices.

(2) G2 tem 6 cliques com 1 vértice, 9 cliques com 2 vértices e 4 cliques com 3 vértices.

(3) G3 tem 7 cliques com 1 vértices, 12 cliques com 2 vértices, 5 cliques com 3 vértices e 1 clique com 4 vértices.

(4) G4 tem 6 cliques com 1 vértice e 5 cliques com 2 vértices.

Conceitos iniciais de grafos

Definição 3.28
Seja o grafo simples básico G = (V,E).

(1) Um subconjunto de vértices X é chamado de *conjunto independente de vértices* (ou estável) se nenhum par de vértices em X é adjacente um ao outro.

(2) Um subconjunto de vértices MX é chamado de *maior conjunto independente de vértices* se não existir um conjunto independente de vértices X' em G tal que |X'| > |MX|. O número de vértices em MX é o número de independência (ou número de estabilidade interna), notado por $\alpha(G)$.

(3) Um subconjunto de arestas Y é chamado de *conjunto independente de arestas* (ou estável) se nenhum par de arestas em Y é tal que uma seja adjacente à outra.

(4) Um subconjunto de arestas MY é chamado de *maior conjunto independente de arestas* (ou estável) se não existir um conjunto independente de arestas Y' em G tal que |Y'| > |MY|.

EXEMPLO 3.41
No grafo G mostrado na Figura 3.54,

(a) os conjuntos de vértices $\{v_1, v_4\}$, $\{v_2, v_4\}$, $\{v_2, v_5\}$ e $\{v_3, v_5\}$ são conjuntos independentes de vértices e

(b) os conjuntos de arestas $\{e_1, e_3\}$, $\{e_1, e_4\}$, $\{e_2, e_4\}$, $\{e_2, e_5\}$, $\{e_2, e_6\}$, $\{e_3, e_5\}$ são conjuntos independentes de arestas.

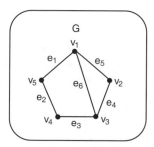

Figura 3.54
O grafo G tem quatro conjuntos independentes de vértices e seis conjuntos independentes de arestas.

EXEMPLO 3.42
No grafo G mostrado na Figura 3.55,

(a) conjuntos independentes de vértices: $\{v_1,v_4\}$, $\{v_1,v_5\}$, $\{v_1,v_6\}$, $\{v_1,v_7\}$, $\{v_2,v_6\}$, $\{v_2,v_7\}$, $\{v_3,v_5\}$, $\{v_3,v_7\}$, $\{v_4,v_5\}$, $\{v_4,v_6\}$, $\{v_5,v_6\}$, $\{v_1,v_4,v_5\}$, $\{v_1,v_4,v_6\}$, $\{v_1,v_5,v_6\}$, $\{v_4,v_5,v_6\}$, $\{v_1,v_4,v_5,v_6\}$. O conjunto $\{v_1,v_4,v_5,v_6\}$ é o maior conjunto independente de vértices e, portanto, o número de independência de vértices do grafo, *i.e.*, $\alpha(G) = 4$.

(b) conjuntos independentes de arestas: $\{e_1,e_5\}$, $\{e_1,e_7\}$, $\{e_1,e_8\}$, $\{e_1,e_9\}$, $\{e_1,e_{10}\}$, $\{e_2,e_4\}$, $\{e_2,e_6\}$, $\{e_2,e_7\}$, $\{e_2,e_9\}$, $\{e_2,e_{10}\}$, $\{e_3,e_7\}$, $\{e_3,e_9\}$, $\{e_3,e_{10}\}$, $\{e_4,e_8\}$, $\{e_4,e_9\}$, $\{e_4,e_{10}\}$, $\{e_5,e_6\}$, $\{e_5,e_9\}$, $\{e_5,e_{10}\}$,

Capítulo 3

{e_6,e_7}, {e_6,e_8}, {e_6,e_{10}}, {e_7,e_8}, {e_8,e_9}, {e_1,e_5,e_9}, {e_1,e_5,e_{10}}, {e_1,e_7,e_8}, {e_1,e_8,e_9}, {e_2,e_4,e_9}, {e_2,e_4,e_{10}}, {e_2,e_6,e_7}, {e_2,e_6,e_{10}}, {e_4,e_8,e_9}, {e_5,e_6,e_{10}}, {e_6,e_7,e_8}.

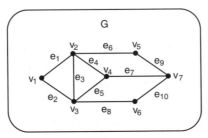

Figura 3.55
O grafo G tem 16 conjuntos independentes de vértices e 35 conjuntos independentes de arestas.

Definição 3.29
Seja o grafo simples básico G = (V, E). Uma *cobertura de vértices* de G é um subconjunto de vértices V1 ⊆ V tal que se $(v_i,v_j) \in E$ então ou $v_i \in V1$ ou $v_j \in V1$ (ou ambos). Diz-se, então, que o conjunto V1 cobre as arestas de G.

Observação 3.15 A Definição 3.29 pode ser parafraseada dizendo que, dado o grafo G = (V,E), o conjunto de vértices V1 ⊆ V é uma cobertura de vértices de G se toda aresta de E é incidente a pelo menos um vértice de V1.

Definição 3.30
Seja o grafo simples básico G = (V,E). Uma *cobertura de vértices* VM de G é uma *cobertura de vértices mínima* se não existe uma cobertura de vértices V1 tal que |V1| < |VM|. O número de vértices em uma cobertura de vértices mínima é chamado de *número de cobertura de vértices*, notado por $\tau(G)$.

EXEMPLO 3.43
(a) Na Figura 3.56 são mostradas três coberturas de um grafo G, sendo cobertura$_2$ e cobertura$_3$ mínimas. Portanto, $\tau(G) = 3$.

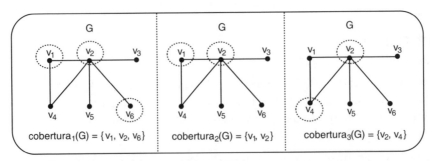

Figura 3.56
Grafo G e três coberturas de G, sendo cobertura$_2$ e cobertura$_3$ mínimas.

(b) Para o grafo G mostrado na Figura 3.55, o conjunto $\{v_2, v_3, v_7\}$ é uma cobertura de vértices mínima e, portanto, $\tau(G) = 3$.

Definição 3.31
Seja o grafo simples básico G = (V,E). Um subconjunto de vértices $D \subseteq V$ é um *conjunto dominante de vértices* se todo vértice $v \notin D$ for adjacente a pelo menos um vértice em D.

Definição 3.32
Seja o grafo simples básico G = (V,E). Um subconjunto de vértices $DM \subseteq V$ é um *conjunto dominante de vértices mínimo* se nenhum conjunto dominante de vértices D1 for tal que |D1| < |DM|. O número de vértices em um conjunto dominante de vértices mínimo é chamado de *número de dominação de vértices*, notado por $\sigma(G)$.

EXEMPLO 3.44
Para o grafo G mostrado na Figura 3.55, tem-se:

(a) o conjunto $\{v_2, v_3, v_4\}$ é um conjunto dominante de vértices que não é independente.

(b) o conjunto $\{v_1, v_5\}$ é um conjunto independente que não é um conjunto dominante de vértices e

(c) o conjunto $\{v_1, v_7\}$ é um conjunto independente e, também, um conjunto dominante de vértices.

CAPÍTULO 4

Passeios, trilhas e caminhos

Muitos problemas em TG estão relacionados com a possibilidade de se chegar a um vértice do grafo a partir de outro, seguindo uma sequência de arestas. Em TG existem inúmeros resultados relacionados especificamente com esse tipo de problema. A seguir, são apresentados e discutidos alguns deles.

4.1 CONCEITOS INICIAIS

Definição 4.1
Um *passeio* em um grafo é uma sequência finita

$$W = v_0 e_1 v_1 e_2 v_2 ... v_{k-1} e_k v_k$$

cujos elementos são, alternativamente, vértices e arestas tal que, para $1 \leq i \leq k$, a aresta e_i tem vértices-extremidade v_{i-1} e v_i. Assim, cada aresta e_i é imediatamente precedida e sucedida pelos dois vértices com os quais é incidente. Diz-se que o passeio W é um passeio v_0–v_k ou um passeio de v_0 até v_k. O vértice v_0 é chamado de *origem* do passeio W, e o vértice v_k é chamado *término* de W. Note que v_0 e v_k não precisam ser distintos. Os vértices $v_1,...,v_{k-1}$ são chamados *vértices internos*.

Definição 4.2
Considere o grafo G = (V,E) e um passeio em G dado pela sequência $W = v_0 e_1 v_1 e_2 v_2 ... v_{k-1} e_k v_k$. O inteiro k, que é o número de arestas do passeio, é chamado *comprimento* de W.

Note que em um passeio podem acontecer repetições de vértices e arestas. Em um grafo simples, o passeio $v_0 e_1 v_1 e_2 v_2 ... v_{k-1} e_k v_k$ é determinado pela sequência $v_0 v_1 v_2 ... v_{k-1} v_k$ de seus vértices, uma vez que para cada par $v_{i-1} v_i$ existe apenas uma única aresta com vértices-extremidade determinados pelo par. De fato, mesmo em grafos que não são simples, um passeio frequentemente é denotado pela sequência de vértices:

$$v_0 v_1 v_2 ... v_{k-1} v_k$$

em que vértices consecutivos são adjacentes. Quando isso é feito, entende-se que a discussão é válida para todo passeio com aquela sequência de vértices.

Definição 4.3
Um *passeio trivial* em um grafo G é um passeio com nenhuma aresta.

Dado um grafo G = (V,E), para qualquer vértice $v \in V$, o passeio $W = v$ é um passeio trivial e tem comprimento 0.

Definição 4.4
Seja G = (V,E) um grafo. Dados dois vértices $u \in V$, $v \in V$ em G, um passeio u–v é *fechado* se u = v e *aberto* de u ≠ v.

Definição 4.5
Seja G = (V,E) um grafo e considere o passeio $W = v_0 e_1 v_1 e_2 v_2 ... v_{k-1} e_k v_k$. Se as arestas $e_1, e_2, ..., e_k$ de W são distintas, então W é chamado *trilha*. Uma trilha que começa e termina no mesmo vértice v é chamada *trilha fechada ou circuito*, caso contrário, é uma *trilha aberta*.

Definição 4.6

Seja G = (V,E) um grafo e considere a trilha W = $v_0e_1v_1e_2v_2...v_{k-1}e_kv_k$. Se os vértices $v_0, v_1, ..., v_k$ de W são distintos, então W é chamado *caminho*. Em um caminho, entretanto, é permitido que o primeiro e o último vértices possam ser os mesmos. Um caminho que começa e termina no mesmo vértice é chamado *caminho fechado* ou *ciclo*. Um caminho que não é fechado é chamado *caminho aberto*.

Um caminho com n vértices é usualmente notado por P_n. Note que P_n tem comprimento n−1. A Tabela 4.1 resume as definições anteriores.

Tabela 4.1 Características de passeios, trilhas e caminhos

	vértice inicial u vértice final v	u ≠ v	u = v
PASSEIO Nenhuma restrição com relação ao número de vezes que um vértice ou aresta pode aparecer.		Passeio aberto	Passeio fechado
TRILHA Nenhuma aresta pode aparecer mais do que uma vez.		Trilha aberta	Trilha fechada ou circuito
CAMINHO Nenhum vértice pode aparecer mais do que uma vez, com a possível exceção de que u e v podem ser o mesmo vértice.		Caminho aberto	Caminho fechado ou ciclo

Pode-se dizer, então, que:

(1) Uma trilha é um passeio no qual nenhuma aresta é repetida.

(2) Um caminho é um passeio no qual nenhum vértice é repetido. Consequentemente, em um caminho nenhuma aresta pode ser repetida, o que garante que todo caminho é uma trilha.

(4) Nem sempre toda trilha é um caminho.

(5) Por definição, todo caminho é um passeio.

EXEMPLO 4.1

Considere o grafo G = (V,E) mostrado na Figura 4.1.

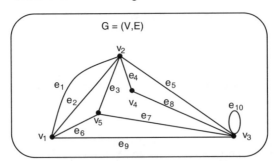

Figura 4.1
Grafo G = (V,E) em que V = {v_1,v_2,v_3,v_4,v_5} e E = {$e_1,e_2,e_3,e_4,e_5,e_6,e_7,e_8,e_9,e_{10}$}.

Com relação ao grafo da Figura 4.1, pode-se dizer que:

(1) W1 = $v_1e_1v_2e_5v_3e_{10}v_3e_5v_2e_3v_5$ é um passeio aberto de tamanho 5 de v_1 a v_5.
(2) W2 = $v_1e_1v_2e_1v_1e_1v_2$ é um passeio aberto de tamanho 3 de v_1 a v_2.
(3) W3 = $v_1v_5v_2v_4v_3v_1$ é um passeio fechado de tamanho 5.
(4) W4 = $v_2v_4v_3v_5v_1$ é um caminho de comprimento 4.
(5) W1 e W2 não são trilhas.
(6) W3 é uma trilha fechada.
(7) W3 é um ciclo.

EXEMPLO 4.2
Considere o grafo simples G = (V,E) mostrado na Figura 4.2.

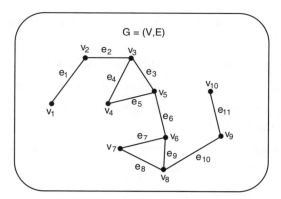

Figura 4.2
Grafo simples G = (V,E) em que V = $\{v_1,v_2,v_3,v_4,v_5,v_6,v_7,v_8,v_9,v_{10}\}$ e
E = $\{e_1,e_2,e_3,e_4,e_5,e_6,e_7,e_8,e_9,e_{10},e_{11}\}$.

Com relação ao grafo da Figura 4.2, pode-se dizer que:

(1) W1 = $v_1e_1v_2e_2v_3e_3v_5e_5v_4e_4v_3e_3v_5e_6v_6e_7v_7e_8v_8e_9v_6e_7v_7e_8v_8e_{10}v_9e_{11}v_{10}$ é um passeio aberto de tamanho 14 de v_1 a v_{10}.
(2) W2 = $v_3e_4v_4e_4v_3e_4v_4e_5v_5$ é um passeio aberto de tamanho 4 de v_3 a v_5.
(3) W3 = $v_3e_3v_5$ é um passeio aberto, uma trilha aberta e um caminho aberto de tamanho 1 de v_3 a v_5.

EXEMPLO 4.3
Considere o grafo G = (V,E) mostrado na Figura 4.3.

Capítulo 4

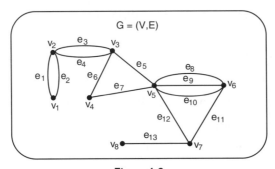

Figura 4.3
Grafo G = (V,E), em que V = {$v_1,v_2,v_3,v_4,v_5,v_6,v_7,v_8$} e
E = {$e_1,e_2,e_3,e_4,e_5,e_6,e_7,e_8,e_9,e_{10},e_{11},e_{12},e_{13}$}.

Com relação ao grafo da Figura 4.3, pode-se dizer que:

(1) $W1 = v_1e_1v_2e_2v_1e_1v_2e_3v_3e_5v_5e_7v_4e_6v_3e_5v_5e_9v_6e_8v_5e_{10}v_6e_{11}v_7e_{13}v_8$ é um passeio aberto de tamanho 13 de v_1 a v_8.

(2) $W2 = v_1e_1v_2e_3v_3e_5v_5e_7v_4e_6v_3e_4v_2e_2v_1$ é uma trilha fechada de tamanho 7 de v_1 a v_1.

(3) $W3 = v_4e_7v_5e_8v_6e_9v_5e_{10}v_6e_{11}v_7e_{13}v_8$ é uma trilha aberta de tamanho 6 de v_4 a v_8.

(4) $W4 = v_1e_1v_2e_4v_3e_6v_4e_7v_5e_8v_6e_9v_5e_{10}v_6e_{11}v_7e_{13}v_8$ é um passeio de tamanho 9 de v_1 a v_8, que é trilha, mas não é caminho.

(5) $W5 = v_2e_4v_3e_6v_4e_7v_5e_8v_6e_{11}v_7$ é um caminho de tamanho 5 de v_2 a v_7.

EXEMPLO 4.4
Considere o grafo G = (V,E) mostrado na Figura 4.4.

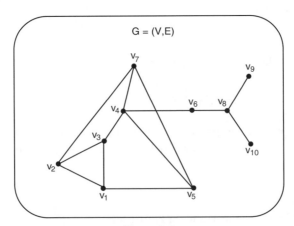

Figura 4.4
Grafo G = (V,E), em que V = {$v_1,v_2,v_3,v_4,v_5,v_6,v_7,v_8,v_9,v_{10}$}.

Alguns exemplos de passeios, trilhas, caminhos e ciclos em G.

(1) Passeios: $v_1v_3v_2v_1v_3v_2$; $v_7v_4v_5v_7v_4v_6$

(2) Trilhas: $v_2v_1v_5v_7v_2v_3v_4$; $v_1v_3v_2v_1v_5v_4$

(3) Caminhos: $v_1v_3v_4v_6v_8$; $v_1v_3v_2v_7v_4v_6$

(4) Ciclos: $v_5v_2v_1v_7v_5$; $v_4v_5v_1v_2v_3v_4$

EXEMPLO 4.5
Considere o grafo G = (V,E) mostrado na Figura 4.5.

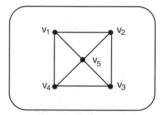

Figura 4.5
Grafo G = (V,E).

São ciclos em G as seguintes sequências: $v_1v_2v_3v_4v_1$ e $v_1v_2v_5v_1$. Já a sequência $v_1v_2v_5v_3v_4v_5v_1$ não é um ciclo porque v_5 ocorre duas vezes como um vértice interno; essa sequência é uma trilha fechada.

Dado um par de arestas paralelas e_1 e e_2 com vértices-extremidade distintos v_1 e v_2, pode-se construir o ciclo $v_1e_1v_2e_2v_1$ de comprimento 2. Por outro lado, duas arestas de qualquer ciclo de comprimento 2 são um par de arestas paralelas.

Teorema 4.1
Dados dois vértices u e v de um grafo G, todo passeio u–v contém um caminho u–v, ou seja, dado qualquer passeio

$$W = ue_1v_1e_2v_2...v_{k-1}e_kv$$

após algumas eliminações de vértices e arestas, se necessário, pode-se encontrar uma sub-sequência P de W, a qual é um caminho u–v.

Prova:

(1) Se u = v, isto é, se W é fechado, então P = u é o caminho trivial.

(2) Suponha que u ≠ v, ou seja, que W é aberto, e considere a renomeação de W como:
$$u = u_0, u_1, u_2, ..., u_{k-1}, u_k = v$$

(**2.1**) Se nenhum dos vértices de G ocorre em W mais do que uma vez, então W já é o caminho u–v procurado e, consequentemente, considera-se P = W.

(**2.2**) Suponha agora que existam vértices de G que ocorrem em W duas vezes ou mais. Então, existem índices i, j distintos, com i < j (suponha), tal que $u_i = u_j$. Se os vértices u_i, u_{i+1},..., u_{j-1} (e as arestas que os sucedem) são eliminados de W, obtém-se um passeio u–v, W1, que tem um número menor de vértices que W. Se não existir repetição de vértices em W1, então W1 é o caminho u–v procurado e faz-se P = W1, o que encerra a prova.

(**2.3**) Se esse não for o caso, então o procedimento de eliminação realizado anteriormente é repetido, até se obter um passeio u–v que seja um caminho, como procurado ♦

A prova do Teorema 4.1 é ilustrada considerando o grafo mostrado na Figura 4.1 do Exemplo 4.1 e o passeio:

$$W = v_1 e_1 v_2 e_5 v_3 e_{10} v_3 e_5 v_2 e_3 v_5$$

como mostrado na Figura 4.6 e reescrito considerando a renomeação

$$u = u_0 = v_1, u_1 = v_2, u_2 = v_3, u_3 = v_3, u_4 = v_2, u_5 = v_5 = v$$

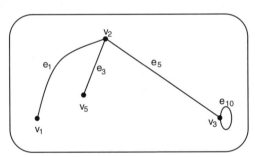

Figura 4.6
O passeio W do grafo G = (V,E) da Figura 4.1.

Uma vez que $u_1 = u_4$, o procedimento de eliminação remove de W vértices e arestas desde u_1 (inclusive) até que a aresta imediatamente anterior a u_4 seja eliminada, dando origem ao passeio:

$$W1 = v_1 e_1 v_2 e_3 v_5$$

mostrado na Figura 4.7, que é o caminho de v_1 a v_5 procurado.

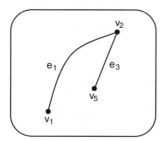

Figura 4.7
Passeio W1 do grafo G = (V,E) da Figura 4.1, que é o caminho procurado.

O Teorema 4.2, enunciado a seguir, caracteriza grafos bipartidos usando o conceito de ciclo.

Teorema 4.2
Seja G um grafo não vazio com pelo menos dois vértices. G é bipartido se e somente se cada ciclo de G tiver comprimento par.

4.2 CONECTIVIDADE EM GRAFOS

Definição 4.7
Seja G = (V,E) um grafo. Diz-se que o *vértice u está conectado ao vértice v* em G se existir um caminho de u a v em G.

Pode-se dizer que:

(1) Se u está conectado a v, então v está conectado a u (pelo caminho inverso).

(2) Qualquer vértice u está conectado a si próprio pelo caminho trivial P = u.

(3) Se u está conectado a v e v está conectado a w, então u está conectado a w. Suponha que o caminho u–v seja P1 = $ue_1...e_kv$ e que o caminho v–w seja P2 = $vf_1...f_tw$. Então, compondo os dois caminhos juntos na maneira óbvia, obtém-se o passeio

$$W = ue_1...e_kvf_1...f_tw$$

e, pelo Teorema 4.1, W contém o caminho u–w requerido. O Exemplo 4.6 ilustra essa situação.

EXEMPLO 4.6
Considere o grafo G = (V,E) mostrado na Figura 4.8.

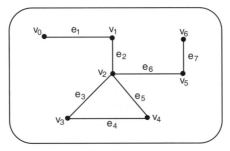

Figura 4.8
Grafo G = (V,E).

Considere os caminhos P1 e P2 em G, dados, respectivamente, pelas sequências:

$$P1 = v_0 e_1 v_1 e_2 v_2 e_3 v_3$$
$$P2 = v_3 e_4 v_4 e_5 v_2 e_6 v_5 e_7 v_6$$

Compondo P1 e P2 obtém-se o passeio $W = v_0 e_1 v_1 e_2 v_2 e_3 v_3 e_4 v_4 e_5 v_2 e_6 v_5 e_7 v_6$, do qual, pelo Teorema 4.2, o caminho $P = v_0 e_1 v_1 e_2 v_2 e_6 v_5 e_7 v_6$ pode ser extraído.

Definição 4.8
Seja G = (V,E) um grafo. Diz-se que G é *conexo* se quaisquer dois de seus vértices estão conectados. Um grafo que não é conexo é chamado *desconexo*.

Em um grafo conexo, é sempre possível ir de qualquer vértice do grafo a qualquer outro, seguindo as arestas do grafo.

EXEMPLO 4.7
Os grafos mostrados nas Figuras 4.1–4.8 são conexos; o grafo da Figura 4.9 é desconexo.

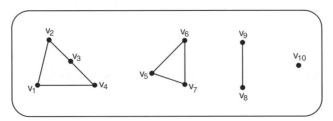

Figura 4.9
Grafo desconexo com dez vértices e oito arestas.

Um grafo desconexo é constituído de dois ou mais subgrafos conexos disjuntos. O grafo da Figura 4.9, por exemplo, é constituído de quatro subgrafos conexos, como evidencia a Figura 4.10.

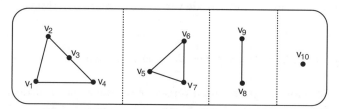

Figura 4.10
Grafo desconexo constituído de quatro subgrafos conexos.

Subgrafos conexos podem ser descritos como subgrafos que não podem ser expandidos mantendo, ao mesmo tempo, a sua conexidade. Essa ideia é definida formalmente a seguir.

Definição 4.9
Seja $G = (V,E)$ um grafo. Dado qualquer vértice u de G, seja $C(u)$ o conjunto de todos os vértices de G que estão conectados a u. O subgrafo de G induzido por $C(u)$ é chamado de *componente conexo* contendo u ou simplesmente de *componente* contendo u.

Portanto, *um subgrafo H de G é um componente conexo de G* se:

- H for conexo e
- se não existir subgrafo conexo H1 de G que seja "maior" que H, isto é, se não existir H1 que tenha H como subgrafo e que, também, contenha alguns vértices ou arestas que não estão em H.

O número de componentes conexos de um grafo G é notado por $\omega(G)$. Naturalmente, um grafo G é conexo se $\omega(G) = 1$.

EXEMPLO 4.8
Os quatro subgrafos da Figura 4.10 são os quatro componentes conexos do grafo da Figura 4.9.

EXEMPLO 4.9
O grafo da Figura 4.11 (a) tem dois componentes conexos, mostrados na Figura 4.11 (b).

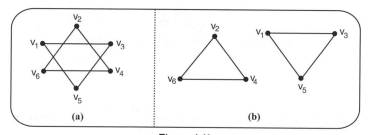

Figura 4.11
(a) Grafo G. (b) Os dois componentes conexos de G.

Parece razoável supor que se um grafo tem poucas arestas, em comparação com o seu número de vértices, então ele não pode ser conexo. Um grafo com oito vértices e apenas duas arestas, por exemplo, não pode ser conexo. O Teorema 4.3 estabelece um resultado útil envolvendo conectividade, número de vértices e número de arestas.

Teorema 4.3
Qualquer grafo conexo G, com n vértices, deve ter pelo menos n−1 arestas.

Observação 4.1 Se G for um grafo com n vértices e se houver garantia de que G é um grafo conexo, então o Teorema 4.3 garante que G tem, pelo menos, n−1 arestas. Note, entretanto, que nada impede que o grafo tenha mais do que n−1 arestas.

EXEMPLO 4.10
Se for garantido que o grafo G, com cinco vértices, é conexo, então G deve ter pelo menos quatro arestas, como mostra a Figura 4.12. Nada impede, entretanto, que G tenha mais arestas, como mostra a Figura 4.13.

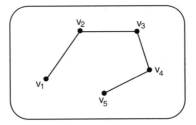

Figura 4.12
Um grafo conexo com cinco vértices deve ter pelo menos quatro arestas.

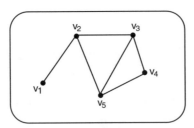

Figura 4.13
Grafo conexo com cinco vértices e seis arestas.

Teorema 4.4
Se um grafo simples com n vértices tem mais do que $\binom{n-1}{2}$ arestas, então deve ser conexo.

EXEMPLO 4.11

A seguir, é explorado qual o menor número de arestas que um grafo simples com cinco vértices deve ter, para garantir sua conexidade. Pelo Teorema 4.3, o número mínimo de arestas que um grafo G com n vértices deve ter, para que possa ser cogitado como conexo, é n−1.

No caso específico do exemplo, seriam necessárias quatro arestas. Se as quatro arestas fossem dispostas como na Figura 4.14 (a), o grafo seria conexo. Se elas fossem dispostas como em (b), entretanto, o grafo não seria conexo. Considere, então, a introdução de uma quinta aresta, e_5. Se e_5 fosse introduzida como mostrado em (c), o grafo resultante seria conexo. Se fosse introduzida como mostrado em (d), entretanto, o grafo resultante não seria conexo. Considere, então, a introdução de uma sexta aresta, e_6. Dependendo de onde será introduzida, o grafo resultante poderá ser o mostrado em (e), que é conexo, ou o mostrado em (f), que não é conexo. Considere, a seguir, a introdução de uma sétima aresta, e_7. A aresta e_7 pode ser introduzida em quatro posições, como mostram (g), (h), (i) e (j) da Figura 4.14. Qualquer que seja a posição em que seja introduzida, o resultado final é um grafo conexo. Se um grafo simples G com cinco vértices tiver sete arestas, ele é conexo (ou seja, se tiver mais do que $C_{4,2} = 6$ arestas, como estabelece o Teorema 4.4, é conexo).

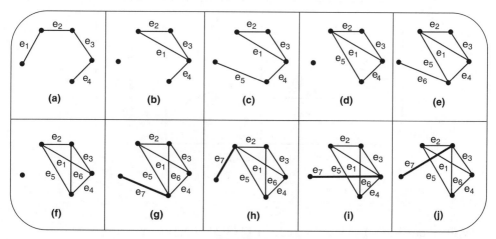

Figura 4.14
Número de arestas necessárias (i.e., 7), para garantir que um grafo simples com 5 vértices seja conexo.

Observação 4.2 Note que, para garantir que um grafo com n vértices seja conexo, é preciso tornar um seu subgrafo com n − 1 vértices um grafo completo e, então, introduzir uma nova aresta. Um grafo completo com n − 1 vértices tem $\binom{n-1}{2}$ arestas (ver Observação 3.7 do Capítulo 3). Por essa razão, um grafo simples G, com um número de arestas maior ou igual a $\binom{n-1}{2} + 1$ é conexo.

O Teorema 4.5 generaliza os Teoremas 4.3 e 4.4.

Teorema 4.5
Seja G um grafo simples com n vértices, m arestas e k componentes. Então o número m de arestas de G deve satisfazer às desigualdades:

$$n - k \leq m \leq \binom{n-k+1}{2}$$

Observação 4.3 Se um grafo G = (V,E) tal que $|V|$ = n tem k componentes conexos, então o maior número de vértices que um dos componentes pode ter é n−k+1.

EXEMPLO 4.12
Os limites estabelecidos pelo Teorema 4.5 são considerados para o grafo mostrado na Figura 4.15, que tem 10 vértices, 7 arestas e três 3 componentes conexos.

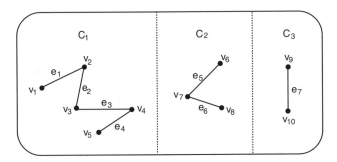

Figura 4.15
Grafo com 3 componentes conexos.

G = (V,E) tal que V = V1 ∪ V2 ∪ V3 e E = E1 ∪ E2 ∪ E3; $|V|$ = n = $n_1 + n_2 + n_3$.

C1 = (V1,E1) = ($\{v_1,v_2,v_3,v_4,v_5\},\{e_1,e_2,e_3,e_4\}$); $|V1|$ = n_1 = 5.

C2 = (V2,E2) = ($\{v_6,v_7,v_8\},\{e_5,e_6\}$); $|V2|$ = n_2 = 3.

C3 = (V3,E3) = ($\{v_9,v_{10}\},\{e_7\}$); $|V3|$ = n_3 = 2.

Como, por definição, cada componente conexo é conexo, cada um deles tem pelo menos n_i − 1 arestas (n_i = número de vértices do componente C_i, para i = 1, 2, 3). O número de arestas do grafo considerado, portanto, deve ser pelo menos: (n_1 − 1) + (n_2 − 1) + (n_3 − 1) = ($n_1 + n_2 + n_3$) − 3 = n − 3, ou seja, n − número de componentes conexos.

Para discutir o limite superior do número de arestas, considere o grafo mostrado na Figura 4.16, com 7 vértices, 4 arestas e 3 componentes conexos.

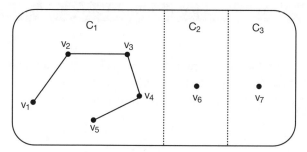

Figura 4.16
Grafo simples com 7 vértices, 4 arestas e 3 componentes conexos.

Quantas arestas mais podem ser incluídas em G e ainda manter o fato de que G é simples e tem três componentes conexos? Como pode ser visualizado na Figura 4.17, mais 6 arestas podem ainda ser incluídas no grafo (linhas tracejadas), totalizando assim 10 arestas, e o grafo continua simples com 3 componentes.

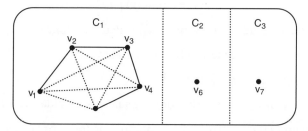

Figura 4.17
Grafo simples com 7 vértices, 10 arestas e 3 componentes conexos.

Se, em vez de 6, forem introduzidas 7 arestas, ou o grafo deixa de ser simples ou deixa de ter 3 componentes conexos, como pode ser visto na Figura 4.18 (a) e (b), respectivamente.

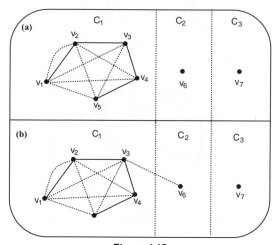

Figura 4.18
(a) Grafo resultante não simples, com a introdução da sétima aresta. (b) Grafo resultante com duas componentes, com a introdução da sétima aresta.

Capítulo 4

4.3 CONCEITOS SUBJACENTES À CONECTIVIDADE EM GRAFOS

Definição 4.10
Seja G = (V,E) um grafo. Para quaisquer dois vértices u e v conectados por um caminho em G, a *distância entre u e v*, denotada por d(u,v), é definida como o comprimento do caminho mais curto entre u e v. Se não existe caminho entre u e v, define-se a distância d(u,v) = ∞.

Definição 4.11
Seja G = (V,E) um grafo conectado.

(1) Para cada v ∈ V, a *excentricidade* de v, denotada por exc(v) é definida como:

$$exc(v) = \max\{d(u,v) \mid u \in V, u \neq v\}$$

(2) O *raio* de G, denotado por raio(G), é definido por:

$$raio(G) = \min\{e(v) \mid v \in V\}$$

(3) O *diâmetro* de G, denotado por diâmetro(G), é definido como:

$$di\hat{a}metro(G) = \max\{e(v) \mid v \in V\}.$$

Assim, diâmetro(G) = max{d(u,v) | u,v ∈ V}.

(4) Um vértice v ∈ V é um *vértice central* de G se sua excentricidade for igual ao raio de G.

(5) O *centro de um grafo* (i.e., centro(G)) é o conjunto de todos os vértices centrais de G.

EXEMPLO 4.13

Segue a determinação do raio, do diâmetro e do centro de cada um dos grafos (a) G_1 (Figura 4.19 e Tabela 4.2), (b) G_2 (Figura 4.20 e Tabela 4.3), (c) G_3 (Figura 4.21 e Tabela 4.4), (d) G_4 (Figura 4.22 e Tabela 4.5) e (e) G_5 (Figura 4.23 e Tabela 4.6).

(a)

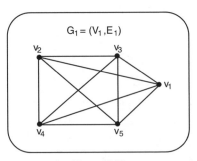

Figura 4.19
Grafo $G_1 = (V_1, E_1)$ (grafo completo K_5).

Passeios, trilhas e caminhos

Tabela 4.2 Excentricidades, raio, diâmetro, vértices centrais e centro (grafo G_1, Figura 4.19)

$exc(v_1) =$	$\max\{1,1,1,1\} = 1$
$exc(v_2) =$	$\max\{1,1,1,1\} = 1$
$exc(v_3) =$	$\max\{1,1,1,1\} = 1$
$exc(v_4) =$	$\max\{1,1,1,1\} = 1$
$exc(v_5) =$	$\max\{1,1,1,1\} = 1$
raio(G_1) =	$\min\{exc(v_1),exc(v_2),exc(v_3),exc(v_4),exc(v_5)\} = \min\{1,1,1,1,1\} = 1$
diâmetro(G_1) =	$\max\{exc(v_1),exc(v_2),exc(v_3),exc(v_4),exc(v_5)\} = \max\{1,1,1,1,1\} = 1$
vértices centrais =	v_1, v_2, v_3, v_4, v_5
centro(G_1) =	$\{v_1, v_2, v_3, v_4, v_5\}$

(b)

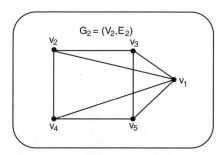

Figura 4.20
Grafo $G_2 = (V_2, E_2)$.

Tabela 4.3 Excentricidades, raio, diâmetro, vértices centrais e centro (grafo G_2, Figura 4.20)

$exc(v_1) =$	$\max\{1,1,1,1\} = 1$
$exc(v_2) =$	$\max\{1,1,1,2\} = 2$
$exc(v_3) =$	$\max\{1,1,2,1\} = 2$
$exc(v_4) =$	$\max\{1,1,2,1\} = 2$
$exc(v_5) =$	$\max\{1,2,1,1\} = 2$
raio(G_2) =	$\min\{exc(v_1),exc(v_2),exc(v_3),exc(v_4),exc(v_5)\} = \min\{1,2,2,2,2\} = 1$
diâmetro(G_2) =	$\max\{exc(v_1),exc(v_2),exc(v_3),exc(v_4),exc(v_5)\} = \max\{1,2,2,2,2\} = 2$
vértices centrais =	v_1
centro(G_2) =	$\{v_1\}$

(c)

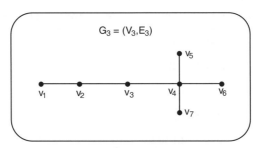

Figura 4.21
Grafo $G_3 = (V_3, E_3)$.

Tabela 4.4 Excentricidades, raio, diâmetro, vértices centrais e centro (grafo G_3, Figura 4.21)

$exc(v_1) =$	$\max\{1,2,3,4,4,4\} = 4$
$exc(v_2) =$	$\max\{1,1,2,3,3,3\} = 3$
$exc(v_3) =$	$\max\{2,1,1,2,2,2\} = 2$
$exc(v_4) =$	$\max\{3,2,1,1,1,1\} = 3$
$exc(v_5) =$	$\max\{4,3,2,1,2,2\} = 4$
$exc(v_6) =$	$\max\{4,3,2,1,2,2\} = 4$
$exc(v_7) =$	$\max\{4,3,2,1,2,2\} = 4$
raio(G_3) =	$\min\{exc(v_1),exc(v_2),exc(v_3),exc(v_4),exc(v_5),exc(v_6),exc(v_7)\} = \min\{4,3,2,3,4,4,4\} = 2$
diâmetro(G_3) =	$\max\{exc(v_1),exc(v_2),exc(v_3),exc(v_4),exc(v_5),exc(v_6),exc(v_7)\} = \max\{4,3,2,3,4,4,4\} = 4$
vértices centrais =	v_3
centro(G_3) =	$\{v_3\}$

(d)

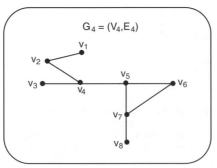

Figura 4.22
Grafo $G_4 = (V_4, E_4)$.

Tabela 4.5 Excentricidades, raio, diâmetro, vértices centrais e centro (grafo G_4, Figura 4.22)

$exc(v_1) =$	$max\{1,3,2,3,4,4,5\} = 5$
$exc(v_2) =$	$max\{1,2,1,2,3,3,4\} = 4$
$exc(v_3) =$	$max\{3,2,1,2,3,3,4\} = 4$
$exc(v_4) =$	$max\{2,1,1,1,2,2,3\} = 3$
$exc(v_5) =$	$max\{3,2,2,1,1,1,2\} = 3$
$exc(v_6) =$	$max\{4,3,3,2,1,1,2\} = 4$
$exc(v_7) =$	$max\{4,3,3,2,1,1,1\} = 4$
$exc(v_8) =$	$max\{5,4,4,3,2,2,1\} = 5$
$raio(G_4) =$	$min\{exc(v_1),exc(v_2),exc(v_3),exc(v_4),exc(v_5),exc(v_6),exc(v_7)\} = min\{5,4,4,3,3,4,4,5\} = 3$
$diâmetro(G_4) =$	$max\{exc(v_1),exc(v_2),exc(v_3),exc(v_4),exc(v_5),exc(v_6),exc(v_7)\} = max\{5,4,4,3,3,4,4,5\} = 5$
vértice(s) centrais =	v_4, v_5
$centro(G_4) =$	$\{v_4, v_5\}$

(e)

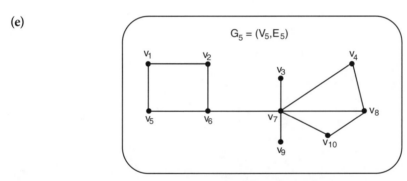

Figura 4.23
Grafo $G_5 = (V_5, E_5)$.

Tabela 4.6 Cálculo das excentricidades, raio, diâmetro, vértices centrais e centro (grafo G_5, Figura 4.23)

$exc(v_1) =$	$max\{1,4,4,1,2,3,4,4,4\} = 4$
$exc(v_2) =$	$max\{1,3,3,2,1,2,3,3,3\} = 3$
$exc(v_3) =$	$max\{4,3,2,3,2,1,2,2,2\} = 4$
$exc(v_4) =$	$max\{4,3,2,3,2,1,1,2,2\} = 4$
$exc(v_5) =$	$max\{1,2,3,3,1,2,3,3,3\} = 3$
$exc(v_6) =$	$max\{2,1,2,2,1,1,2,2,2\} = 2$

(*continua*)

Tabela 4.6 Cálculo das excentricidades, raio, diâmetro, vértices centrais e centro (grafo G_5, Figura 4.23) (*Continuação*)

$exc(v_7) =$	$\max\{3,2,1,1,2,1,1,1,1\} = 3$
$exc(v_8) =$	$\max\{4,3,2,1,3,2,1,2,1\} = 4$
$exc(v_9) =$	$\max\{4,3,2,2,3,2,1,2,2\} = 4$
$exc(v_{10}) =$	$\max\{4,3,2,2,3,2,1,1,2\} = 4$
$raio(G_5) =$	$\min\{exc(v_1),exc(v_2),exc(v_3),exc(v_4),exc(v_5),exc(v_6), exc(v_7),exc(v_8), exc(v_9),exc(v_{10})\} = \min\{4,3,4,4,3,2,3,4,4,4\} = 2$
$diâmetro(G_5) =$	$\max\{exc(v_1),exc(v_2),exc(v_3),exc(v_4),exc(v_5),exc(v_6),exc(v_7),exc(v_8), exc(v_9),exc(v_{10})\} = \max\{4,3,4,4,3,2,3,4,4,4\} = 4$
vértice(s) centrais =	v_6
$centro(G_5) =$	$\{v_6\}$

CAPÍTULO 5
Representação matricial de grafos

Existem muitas maneiras de representar grafos, com o objetivo de tratá-los computacionalmente. Duas maneiras distintas para a representação de um grafo em computador são particularmente relevantes, a saber, via *matriz de adjacência* e via *matriz de incidência* do grafo.

Capítulo 5

Definição 5.1
Seja $G = (V,E)$ um grafo com n vértices nomeados de $v_1, v_2, ..., v_n$. A *matriz de adjacência de G*, com relação a essa particular nomeação dos n vértices de G, é a matriz quadrada n × n, $A(G) = (a_{ij})$, em que a posição (i,j) na matriz – a_{ij} – é o número de arestas que unem o vértice v_i ao vértice v_j.

EXEMPLO 5.1
Considere o grafo G da Figura 5.1, cujos vértices são nomeados v_1, v_2, v_3 e v_4, como mostra a figura.

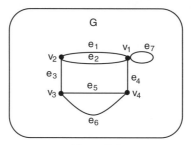

Figura 5.1
Grafo G com quatro vértices e sete arestas.

A matriz de adjacência de G é:

$$A(G) = \begin{pmatrix} 1 & 2 & 0 & 1 \\ 2 & 0 & 1 & 0 \\ 0 & 1 & 0 & 2 \\ 1 & 0 & 2 & 0 \end{pmatrix}$$

Note que em $A(G)$, $a_{ij} = a_{ji}$, ou seja, $A(G)$ é sempre uma matriz simétrica. Se o grafo G não tiver *loops*, todos os elementos da diagonal principal de $A(G)$ serão iguais a 0. Se o grafo G não tiver arestas paralelas, então todos os elementos de $A(G)$ serão 0 ou 1, como no Exemplo 5.2.

EXEMPLO 5.2
Considere o grafo G da Figura 5.2, cujos vértices são nomeados v_1, v_2, v_3 e v_4, que não tem *loops* e tampouco arestas paralelas.

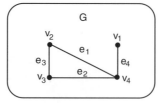

Figura 5.2
Grafo G com quatro vértices, sem *loops* e sem arestas paralelas.

A matriz de adjacência de G é:

$$A(G) = \begin{pmatrix} 0 & 0 & 0 & 1 \\ 0 & 0 & 1 & 1 \\ 0 & 1 & 0 & 1 \\ 1 & 1 & 1 & 0 \end{pmatrix}$$

Dada uma matriz simétrica $A = (a_{ij})$ de dimensão $n \times n$, com elementos inteiros não negativos, essa matriz pode ser associada a um grafo G, que tenha A por matriz de adjacência, simplesmente definindo G com n vértices, nomeados 1 a n e unindo o vértice i ao vértice j por a_{ij} arestas. O Exemplo 5.3 mostra essa situação.

EXEMPLO 5.3
Considere a matriz simétrica A a seguir.

$$A = \begin{pmatrix} 1 & 2 & 1 \\ 2 & 0 & 0 \\ 1 & 0 & 0 \end{pmatrix}$$

O grafo G associado à matriz A está mostrado na Figura 5.3.

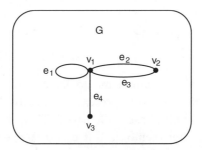

Figura 5.3
Grafo G associado à matriz A. G foi criado de maneira que A(G)=A.

Considere a matriz A e o grafo G a ela associado, como mostrado na Figura 5.3. Considere também a multiplicação de matrizes a seguir.

$$B = A \times A = A^2 = \begin{pmatrix} 6 & 2 & 1 \\ 2 & 4 & 2 \\ 1 & 2 & 1 \end{pmatrix}$$

Cada elemento b_{ij} da matriz B representa o número de passeios de comprimento 2 do vértice i ao vértice j. Por exemplo, $b_{11} = 6$ significa que existem 6 passeios de comprimento 2 do vértice v_1 ao vértice v_1. São eles: $v_1e_1v_1e_1v_1$, $v_1e_2v_2e_2v_1$, $v_1e_3v_2e_3v_1$, $v_1e_2v_2e_3v_1$, $v_1e_3v_2e_2v_1$, $v_1e_4v_3e_4v_1$. Como $b_{21} = b_{12} = 2$, os dois passeios de comprimento 2 de v_1 a v_2 são: $v_1e_1v_1e_2v_2$, $v_1e_1v_1e_3v_2$. Considere ainda os produtos de matrizes a seguir:

$$C = A^3 = A^2 \times A = \begin{pmatrix} 6 & 2 & 1 \\ 2 & 4 & 2 \\ 1 & 2 & 1 \end{pmatrix} \times \begin{pmatrix} 1 & 2 & 1 \\ 2 & 0 & 0 \\ 1 & 0 & 0 \end{pmatrix} = \begin{pmatrix} 11 & 12 & 6 \\ 12 & 4 & 2 \\ 6 & 2 & 1 \end{pmatrix}$$

Os elementos da matriz C representam o número de passeios de comprimento 3 de qualquer vértice do grafo a qualquer outro vértice do grafo. Por exemplo, como $c_{13} = 6$, existem 6 passeios de comprimento 3 de v_1 a v_3 em G. São eles:

$v_1e_1v_1e_1v_1e_4v_3$, $v_1e_2v_2e_2v_1e_4v_3$, $v_1e_3v_2e_3v_1e_4v_3$, $v_1e_2v_2e_3v_1e_4v_3$, $v_1e_3v_2e_2v_1e_4v_3$, $v_1e_4v_3e_4v_1e_4v_3$.

$$D = A^4 = A^3 \times A = \begin{pmatrix} 11 & 12 & 6 \\ 12 & 4 & 2 \\ 6 & 2 & 1 \end{pmatrix} \times \begin{pmatrix} 1 & 2 & 1 \\ 2 & 0 & 0 \\ 1 & 0 & 0 \end{pmatrix} = \begin{pmatrix} 41 & 22 & 11 \\ 22 & 24 & 12 \\ 11 & 12 & 6 \end{pmatrix}$$

Os elementos da matriz D representam o número de passeios de comprimento 4 de qualquer vértice do grafo a qualquer outro vértice do grafo. Por exemplo, como $d_{13} = 11$, existem 11 passeios de comprimento 4, de v_1 a v_3, em G. São eles:

$v_1e_1v_1e_1v_1e_1v_1e_4v_3$	$v_1e_1v_1e_2v_2e_2v_1e_4v_3$	$v_1e_1v_1e_3v_2e_3v_1e_4v_3$	$v_1e_1v_1e_2v_2e_3v_1e_4v_3$
$v_1e_1v_1e_3v_2e_2v_1e_4v_3$	$v_1e_2v_2e_2v_1e_1v_1e_4v_3$	$v_1e_3v_2e_3v_1e_1v_1e_4v_3$	$v_1e_2v_2e_3v_1e_1v_1e_4v_3$
$v_1e_3v_2e_2v_1e_1v_1e_4v_3$	$v_1e_4v_3e_4v_1e_1v_1e_4v_3$	$v_1e_1v_1e_4v_3e_4v_1e_4v_3$	

Note como um elemento qualquer da matriz D é formado. O elemento d_{13}, por exemplo, é obtido como $d_{13} = \sum_{t=1}^{3} c_{it} \times a_{tj} = c_{11} \times a_{13} + c_{12} \times a_{23} + c_{13} \times a_{33}$. O elemento c_{11} representa o número de passeios de v_1 para v_1 de comprimento 3, o c_{12} representa o número de passeios de v_1 para v_2 de comprimento 3 e o c_{13} representa o número de passeios de v_1 para v_3 de comprimento 3. Por meio da multiplicação da matriz C pela matriz A, cada passeio de i a j (1 e 3, respectivamente) de comprimento (k–1) (três, no caso) é estendido com o acréscimo da aresta (se existir) que une o vértice final do passeio de comprimento (k–1) ao vértice j considerado. Esse resultado é estabelecido e formalizado pelo Teorema 5.1.

Teorema 5.1
Seja G um grafo com n vértices $v_1, v_2, ..., v_n$ e seja A a matriz de adjacência de G relativa a essa nomeação de vértices. Seja k qualquer inteiro positivo e seja A^k o produto de A por A k vezes. O elemento que ocupa a posição (i,j) de A^k representa o número de diferentes passeios v_i–v_j em G de comprimento k.

Prova:
A prova é feita por indução sobre k.

Para k = 1, o teorema estabelece que o elemento (i,j) de $A^1 = A$ é o número de diferentes passeios v_i–v_j em G de comprimento 1. Isso é fato pela própria definição de matriz adjacência, uma vez que um passeio de comprimento 1 de v_i a v_j é precisamente uma aresta de v_i a v_j.

Supõe-se, agora, que o resultado seja verdadeiro para A^{k-1}, em que k é algum inteiro maior que 1. O objetivo é provar que o resultado é verdadeiro para A^k.

Nomeando $A^{k-1} = (b_{ij})$, assume-se como verdade que b_{ij} é o número de diferentes passeios de comprimento k–1 de v_i a v_j. Deseja-se provar que, se $A^k = (c_{ij})$, então c_{ij} é o número de diferentes passeios de comprimento k de v_i a v_j.

Seja $A = (a_{ij})$. Uma vez que $A^k = A^{k-1} \times A$, usando a definição de multiplicação de matrizes, tem-se:

$$c_{ij} = \sum_{t=1}^{n} ((i,t)\text{–ésimo elemento de } A^{k-1}) \times ((t,j)\text{–ésimo elemento de } A) = \sum_{t=1}^{n} b_{it} a_{tj}$$

Agora, todo passeio v_i–v_j de comprimento k consiste em um passeio v_i–v_t de comprimento k–1, em que v_t é adjacente a v_j, seguido por uma aresta $v_t v_j$. Uma vez que existem b_{it} de tais passeios de comprimento k–1 e a_{tj} de tais arestas para cada vértice v_t, o número total de todos os passeios v_i–v_j é:

$$\sum_{t=1}^{n} b_{it} a_{tj}$$

Uma vez que esse valor é c_{ij}, estabelece-se, então, o resultado para A^k. Assim, assumindo que o resultado é verdadeiro para k–1, foi provado que é verdadeiro para k e, portanto, por indução, a prova está finalizada ♦.

O resultado do Teorema 5.1 pode ser usado para determinar se um grafo é conectado ou não, o que é estabelecido pelo Teorema 5.2.

Teorema 5.2

Seja G um grafo com n vértices $v_1, v_2, ..., v_n$ e seja A sua matriz de adjacência com relação à dada nomeação de vértices. Seja $B = (b_{ij})$ a matriz:

$$B = A + A^2 + ... + A^{n-1}$$

G é um grafo conectado se e somente se para todo par de vértices distintos i, j o elemento $b_{ij} \neq 0$, isto é, se e somente se B tiver elementos distintos de zero fora de sua diagonal principal.

Prova:
Seja $a_{ij}^{(k)}$ usado para representar o elemento na posição (i,j) da matriz A^k, para k = 1, ..., n–1. Então

$$b_{ij} = a_{ij}^{(1)} + a_{ij}^{(2)} + ... + a_{ij}^{(n-1)}$$

Pelo Teorema 5.1, entretanto, $a_{ij}^{(k)}$ denota o número de passeios distintos de comprimento k de v_i a v_j e, assim,

Capítulo 5

b_{ij} = (número de diferentes passeios v_i–v_j de comprimento 1) +
(número de diferentes passeios v_i–v_j de comprimento 2) +
.... +
(número de diferentes passeios v_i–v_j de comprimento n–1)

ou seja, b_{ij} é o número de diferentes passeios v_i–v_j de comprimento menor que n.

1) Suponha que G seja conectado. Para todo par de índices distintos i, j existe um caminho de v_i a v_j. Uma vez que G tem apenas n vértices, esse caminho passa por, no máximo, n vértices e tem comprimento menor do que n, ou seja, existe pelo menos 1 caminho de v_i a v_j de comprimento menor que n. Portanto, $b_{ij} \neq 0$ como exigido.

2) Suponha agora que para cada par de índices distintos i e j, $b_{ij} \neq 0$. Então existe pelo menos um passeio (de comprimento menor que n) de v_i a v_j. Em particular, v_i é conectado a v_j. Portanto G é um grafo conectado, como exigido, uma vez que i e j são um par arbitrário de índices distintos ♦.

EXEMPLO 5.4

Esse exemplo ilustra o uso do Teorema 5.2 para determinar se um determinado grafo G é conectado ou não, usando sua matriz de adjacência A(G), dada por:

$$A = \begin{pmatrix} 0 & 1 & 0 & 0 & 0 & 0 \\ 1 & 0 & 1 & 0 & 0 & 0 \\ 0 & 1 & 0 & 1 & 0 & 0 \\ 0 & 0 & 1 & 0 & 1 & 0 \\ 0 & 0 & 0 & 1 & 0 & 1 \\ 0 & 0 & 0 & 0 & 1 & 0 \end{pmatrix}$$

Nesse caso, n = 6, de maneira que, para usar o resultado estabelecido pelo teorema, é preciso calcular B = A + A^2 + A^3 + A^4 + A^5. Então:

$$A^2 = \begin{pmatrix} 1 & 0 & 1 & 0 & 0 & 0 \\ 0 & 2 & 0 & 1 & 0 & 0 \\ 1 & 0 & 2 & 0 & 1 & 0 \\ 0 & 1 & 0 & 2 & 0 & 1 \\ 0 & 0 & 1 & 0 & 2 & 0 \\ 0 & 0 & 0 & 1 & 0 & 1 \end{pmatrix} \quad e\ A + A^2 = \begin{pmatrix} 1 & 1 & 1 & 0 & 0 & 0 \\ 1 & 2 & 1 & 1 & 0 & 0 \\ 1 & 1 & 2 & 1 & 1 & 0 \\ 0 & 1 & 1 & 2 & 1 & 1 \\ 0 & 0 & 1 & 1 & 2 & 1 \\ 0 & 0 & 0 & 1 & 1 & 1 \end{pmatrix}$$

$$A^3 = \begin{pmatrix} 0 & 2 & 0 & 1 & 0 & 0 \\ 2 & 0 & 3 & 0 & 1 & 0 \\ 0 & 3 & 0 & 3 & 0 & 1 \\ 1 & 0 & 3 & 0 & 3 & 0 \\ 0 & 1 & 0 & 3 & 0 & 2 \\ 0 & 0 & 1 & 0 & 2 & 0 \end{pmatrix} \quad e\ A + A^2 + A^3 = \begin{pmatrix} 1 & 3 & 1 & 1 & 0 & 0 \\ 3 & 2 & 4 & 1 & 1 & 0 \\ 1 & 4 & 2 & 4 & 1 & 1 \\ 1 & 1 & 4 & 2 & 4 & 1 \\ 0 & 1 & 1 & 4 & 2 & 3 \\ 0 & 0 & 1 & 1 & 3 & 1 \end{pmatrix}$$

$$A^4 = \begin{pmatrix} 2 & 0 & 3 & 0 & 1 & 0 \\ 0 & 5 & 0 & 4 & 0 & 1 \\ 3 & 0 & 6 & 0 & 4 & 0 \\ 0 & 4 & 0 & 6 & 0 & 3 \\ 1 & 0 & 4 & 0 & 5 & 0 \\ 0 & 1 & 0 & 3 & 0 & 2 \end{pmatrix} \text{ e } A + A^2 + A^3 + A^4 = \begin{pmatrix} 3 & 3 & 4 & 1 & 1 & 0 \\ 3 & 7 & 4 & 5 & 1 & 1 \\ 4 & 4 & 8 & 4 & 5 & 1 \\ 1 & 5 & 4 & 8 & 4 & 4 \\ 1 & 1 & 5 & 4 & 7 & 3 \\ 0 & 1 & 1 & 4 & 3 & 3 \end{pmatrix}$$

$$A^5 = \begin{pmatrix} 0 & 5 & 0 & 4 & 0 & 1 \\ 5 & 0 & 9 & 0 & 5 & 0 \\ 0 & 9 & 0 & 10 & 0 & 4 \\ 4 & 0 & 10 & 0 & 9 & 0 \\ 0 & 5 & 0 & 9 & 0 & 5 \\ 1 & 0 & 4 & 0 & 5 & 0 \end{pmatrix} \text{ e } B = A + A^2 + A^3 + A^4 + A^5 = \begin{pmatrix} 3 & 8 & 4 & 5 & 1 & 1 \\ 8 & 7 & 13 & 5 & 6 & 1 \\ 4 & 13 & 8 & 14 & 5 & 5 \\ 5 & 5 & 14 & 8 & 13 & 4 \\ 1 & 6 & 5 & 13 & 7 & 8 \\ 1 & 1 & 5 & 4 & 8 & 3 \end{pmatrix}$$

Uma vez que essa última matriz, B, tem todos os elementos (que não pertencem à sua diagonal principal) diferentes de zero, conclui-se que o grafo é conectado. A Figura 5.4 mostra uma representação gráfica do grafo.

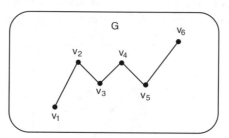

Figura 5.4
Grafo conectado.

Frequentemente não é necessário calcular o produto de matrizes até A^{n-1}. Por exemplo, para o grafo com matriz de adjacência A,

$$A = \begin{pmatrix} 0 & 1 & 1 & 1 & 1 & 1 \\ 1 & 0 & 1 & 0 & 0 & 0 \\ 1 & 1 & 0 & 1 & 0 & 0 \\ 1 & 0 & 1 & 0 & 1 & 0 \\ 1 & 0 & 0 & 1 & 0 & 1 \\ 1 & 0 & 0 & 0 & 1 & 0 \end{pmatrix} \text{ tem-se } A^2 = \begin{pmatrix} 5 & 1 & 2 & 2 & 2 & 1 \\ 1 & 2 & 1 & 2 & 1 & 1 \\ 2 & 1 & 3 & 1 & 2 & 1 \\ 2 & 2 & 1 & 3 & 1 & 2 \\ 2 & 1 & 2 & 1 & 3 & 1 \\ 1 & 1 & 1 & 2 & 1 & 1 \end{pmatrix}$$

e, portanto, pelo Teorema 5.2, uma vez que todo elemento de A^2 é diferente de zero, existe pelo menos um passeio de comprimento 2 de todo vértice do grafo a todo outro vértice do grafo e, portanto, G é conectado.

EXEMPLO 5.5
Considere um grafo G cuja matriz de adjacência A(G) dada por:

$$A = \begin{pmatrix} 0 & 1 & 0 & 0 & 0 \\ 1 & 0 & 0 & 0 & 1 \\ 0 & 0 & 0 & 1 & 0 \\ 0 & 0 & 1 & 0 & 0 \\ 0 & 1 & 0 & 0 & 0 \end{pmatrix}$$

A matriz $B = A + A^2 + A^3 + A^4$ é:

$$\begin{pmatrix} 3 & 3 & 0 & 0 & 3 \\ 3 & 6 & 0 & 0 & 3 \\ 0 & 0 & 2 & 2 & 0 \\ 0 & 0 & 2 & 2 & 0 \\ 3 & 3 & 0 & 0 & 3 \end{pmatrix}$$

Uma vez que B tem elementos iguais a zero em posições diferentes daquelas da diagonal principal, G não é conectado. A Figura 5.5 mostra uma representação gráfica do grafo G.

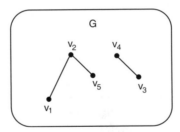

Figura 5.5
Grafo não conectado.

Definição 5.2

Seja $G = (V,E)$ um grafo com n vértices nomeados $v_1, v_2, ..., v_n$ e m arestas, nomeadas $e_1, e_2, ..., e_m$. A *matriz de incidência de G*, com relação a essa particular nomeação de vértices e de arestas de G é a matriz n × m $M(G) = (m_{ij})$, em que m_{ij} é o número de vezes que o vértice v_i é incidente com a aresta e_j, ou seja,

$$m_{ij} = \begin{cases} 0 \text{ se } v_i \text{ não for uma extremidade de } e_j \\ 1 \text{ se } v_i \text{ for uma extremidade de uma aresta não-loop } e_j \\ 2 \text{ se } v_i \text{ for uma extremidade de um loop } e_j \end{cases}$$

Representação matricial de grafos

A Figura 5.6 mostra o diagrama geral da matriz de incidência de um grafo com n vértices e m arestas. O número de linhas da matriz de incidência é igual ao número de vértices do grafo, e o seu número de colunas é igual ao número de arestas do grafo. Note também que, como cada coluna representa uma aresta, a soma dos elementos em cada coluna da matriz deve totalizar 2.

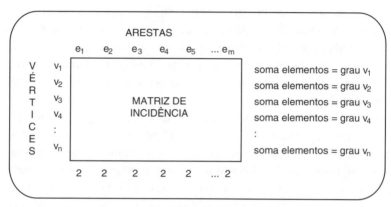

Figura 5.6
Esquema geral da matriz de incidência (n × m) de um grafo com n vértices e m arestas.

EXEMPLO 5.6
Considere o grafo G da Figura 5.1, representado novamente na Figura 5.7.

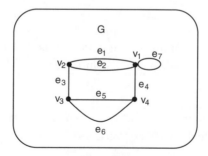

Figura 5.7
Grafo G com quatro vértices e sete arestas.

Como o grafo em questão tem quatro vértices e sete arestas, sua matriz de incidência é uma matriz de ordem 4 × 7. Com relação à nomeação de vértices e arestas mostrada na Figura 5.7, a matriz de incidência do grafo é:

103

Capítulo 5

$$M(G) = \begin{pmatrix} 1 & 1 & 0 & 1 & 0 & 0 & 2 \\ 1 & 1 & 1 & 0 & 0 & 0 & 0 \\ 0 & 0 & 1 & 0 & 1 & 1 & 0 \\ 0 & 0 & 0 & 1 & 1 & 1 & 0 \end{pmatrix} \begin{cases} \text{grau de } v_1 = 5 \\ \text{grau de } v_2 = 3 \\ \text{grau de } v_3 = 3 \\ \text{grau de } v_4 = 3 \end{cases}$$

Note que a soma dos elementos na i-ésima linha de M(G) dá o grau do vértice v_i, enquanto a soma dos elementos de cada coluna é 2, uma vez que essa soma corresponde às duas extremidades da aresta que a coluna representa.

A seguir, é abordado o uso da matriz de adjacência do grafo, combinado com a ideia de fusão de vértices, para a definição de um algoritmo que determina o número de componentes conexos de um grafo.

O processo de fusão de dois vértices distintos de um grafo, produzindo um novo vértice, foi definido no Capítulo 3, Definição 3.26. O processo de fusão, quando aplicado a vértices adjacentes u e v, não altera o número de componentes conexos do grafo – o componente contendo u (e v) em G é alterado para o componente contendo o vértice fundido x em G1, ao passo que todos os outros componentes de G permanecem inalterados. O processo de fusão discutido a seguir e o Algoritmo 5.1, que implementa esse processo, foram extraídos de Clark & Holton (1998).

Se v_i for fundido com seu vizinho v_j para formar o novo vértice w, então, uma vez que cada aresta da forma v_iv_k ou da forma v_jv_k for mudada para uma da forma wv_k, segue que na matriz de adjacência do novo grafo G1 os elementos na linha (e coluna) correspondendo a w são justamente a soma dos elementos correspondentes dados por v_i e v_j na matriz de adjacência de G. A matriz de adjacência, após a fusão de dois vértices adjacentes u e v, é obtida pelo seguinte processo de dois passos:

Passo 1.
Trocar a linha de u pela soma da linha de u com a linha de v e (simetricamente) trocar a coluna de u pela soma da coluna de u com a coluna de v.

Passo 2.
Eliminar a linha e coluna correspondente a v. A matriz resultante é a matriz de adjacência do novo grafo G1, resultante da fusão dos vértices u e v de G.

EXEMPLO 5.7
A Figura 5.8 mostra o processo de fusão de dois vértices (u e v) de um grafo G, resultando um novo grafo G1, no qual o vértice x representa a fusão de u e v.

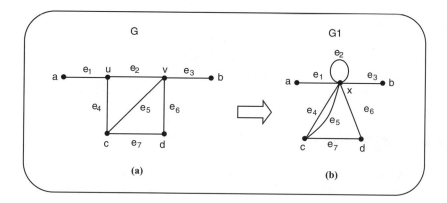

Figura 5.8
(a) Grafo G. (b) Grafo G1 obtido a partir de G, pela fusão dos vértices u e v no vértice x.

Considere que o grafo G mostrado na Figura 5.8 (a) tem os seis vértices nomeados como a sequência a, u, b, v, c, d. Sua matriz de adjacência é:

$$\begin{pmatrix} 0 & 1 & 0 & 0 & 0 & 0 \\ 1 & 0 & 0 & 1 & 1 & 0 \\ 0 & 0 & 0 & 1 & 0 & 0 \\ 0 & 1 & 1 & 0 & 1 & 1 \\ 0 & 1 & 0 & 1 & 0 & 1 \\ 0 & 0 & 0 & 1 & 1 & 0 \end{pmatrix}$$

Uma vez que u e v são o segundo e quarto vértices, respectivamente, na lista de vértices, o passo 1 do processo de fusão de dois vértices gera a seguinte matriz:

$$\begin{pmatrix} 0 & 1 & 0 & 0 & 0 & 0 \\ 1 & 1 & 1 & 1 & 2 & 1 \\ 0 & 1 & 0 & 1 & 0 & 0 \\ 0 & 1 & 1 & 0 & 1 & 1 \\ 0 & 2 & 0 & 1 & 0 & 1 \\ 0 & 1 & 0 & 1 & 1 & 0 \end{pmatrix}$$

O passo 2 deleta a quarta linha e quarta coluna (correspondentes à v) da matriz anterior, resultando na matriz:

105

Capítulo 5

$$\begin{pmatrix} 0 & 1 & 0 & 0 & 0 \\ 1 & 1 & 1 & 2 & 1 \\ 0 & 1 & 0 & 0 & 0 \\ 0 & 2 & 0 & 0 & 1 \\ 0 & 1 & 0 & 1 & 0 \end{pmatrix}$$

que é a matriz de adjacência do grafo G1 (Figura 5.8 (b)).

O Teorema 5.2 estabelece uma maneira de determinar se um grafo G, com n vértices, é conexo. Supondo que a matriz de adjacência do grafo seja A, o processo consiste em determinar a matriz $B = A + A^2 + ... + A^{n-1}$ e verificar se todos os elementos que não pertencem à diagonal principal de B são diferentes de zero.

O teorema garante que, se esse fato for verificado, o grafo é conexo. A verificação da conexidade de um grafo usando esse resultado, entretanto, pode ser bastante onerosa em termos computacionais, principalmente quando o grafo em questão tem um número razoável de vértices. O algoritmo descrito em Algoritmo 5.1 é uma maneira mais eficiente de determinar se um grafo é conexo ou não e fornece, ao seu término, quantos componentes conexos o grafo possui.

Observação 5.1 É fácil ver que o grafo simples básico de um grafo G tem exatamente o mesmo número de componentes conexos que G e tem a vantagem de ter todos os elementos de sua matriz de adjacência 0 ou 1. Por essa razão, a cada iteração do Algoritmo 5.1 apresentado a seguir, o grafo resultante do processo de fusão de dois vértices adjacentes é transformado em seu grafo simples básico.

Entrada: grafo G dado por sua matriz de adjacência.

Saída: número de componentes conexos de G.

Passo 1. Substitua G por seu grafo simples básico. Para obter a matriz de adjacência do grafo simples básico, substitua todos os elementos diferentes de zero que não estão na diagonal principal por 1 e faça todos os elementos da diagonal principal iguais a 0. O grafo simples básico de G é também referenciado como G.

Passo 2. Faça a fusão do vértice v_1 com o primeiro dos vértices v_2, ..., v_n com o qual ele é adjacente, para obter o novo grafo, também denotado G, no qual o novo vértice é também denotado v_1.

Passo 3. Execute o Passo 1 no novo grafo G.

Passo 4. Execute os Passos 2 e 3 repetidamente com v_1 e os vértices dos novos grafos até v_1 não ser mais adjacente a qualquer dos outros vértices.

Passo 5. Execute os Passos 2–4 com o vértice v_2 (em vez de v_1) no último grafo e, então, em todos os vértices restantes dos grafos resultantes. O grafo final é vazio, e o número de seus vértices isolados corresponde ao número de componentes conexos do grafo inicial G.

Algoritmo 5.1

Algoritmo de fusão para a determinação da conexidade de um grafo (Clark & Holton, 1998).

EXEMPLO 5.8

O Algoritmo 5.1 é ilustrado a seguir, nas Figuras 5.9 a 5.14, começando com o grafo G com sete vértices nomeados como $v_1, v_2, ..., v_7$.

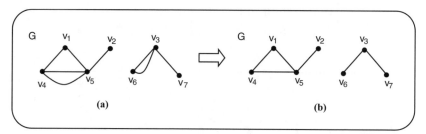

Figura 5.9
(a) Grafo G. (b) Grafo simples básico de G (Passo 1).

A transformação da matriz de adjacência de G para a matriz de adjacência de seu grafo simples básico é feita como a seguir:

$$\begin{pmatrix} 0 & 0 & 0 & 1 & 1 & 0 & 0 \\ 0 & 0 & 0 & 0 & 1 & 0 & 0 \\ 0 & 0 & 0 & 0 & 0 & 2 & 1 \\ 1 & 0 & 0 & 0 & 2 & 0 & 0 \\ 1 & 1 & 0 & 2 & 0 & 0 & 0 \\ 0 & 0 & 2 & 0 & 0 & 0 & 0 \\ 0 & 0 & 1 & 0 & 0 & 0 & 0 \end{pmatrix} \Rightarrow \begin{pmatrix} 0 & 0 & 0 & 1 & 1 & 0 & 0 \\ 0 & 0 & 0 & 0 & 1 & 0 & 0 \\ 0 & 0 & 0 & 0 & 0 & 1 & 1 \\ 1 & 0 & 0 & 0 & 1 & 0 & 0 \\ 1 & 1 & 0 & 1 & 0 & 0 & 0 \\ 0 & 0 & 1 & 0 & 0 & 0 & 0 \\ 0 & 0 & 1 & 0 & 0 & 0 & 0 \end{pmatrix}$$

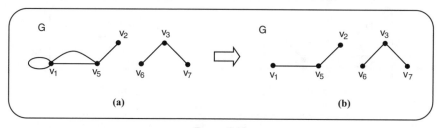

Figura 5.10
(a) Grafo G resultante da fusão de v_1 e v_4 no grafo da Figura 5.9 (b) (Passo 2).
(b) Grafo simples básico de G (Passo 1) (com renomeação refletindo a matriz obtida).

$$\begin{pmatrix} 1 & 0 & 0 & 2 & 0 & 0 \\ 0 & 0 & 0 & 1 & 0 & 0 \\ 0 & 0 & 0 & 0 & 1 & 1 \\ 2 & 1 & 0 & 0 & 0 & 0 \\ 0 & 0 & 1 & 0 & 0 & 0 \\ 0 & 0 & 1 & 0 & 0 & 0 \end{pmatrix} \Rightarrow \begin{pmatrix} 0 & 0 & 0 & 1 & 0 & 0 \\ 0 & 0 & 0 & 1 & 0 & 0 \\ 0 & 0 & 0 & 0 & 1 & 1 \\ 1 & 1 & 0 & 0 & 0 & 0 \\ 0 & 0 & 1 & 0 & 0 & 0 \\ 0 & 0 & 1 & 0 & 0 & 0 \end{pmatrix}$$

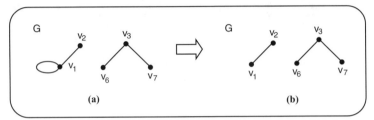

Figura 5.11
(a) Grafo G resultante da fusão de v_1 e v_5 no grafo da Figura 5.10 (b) (Passo 2).
(b) Grafo simples básico de G (Passo 1) (com renomeação refletindo a matriz obtida).

$$\begin{pmatrix} 1 & 1 & 0 & 0 & 0 \\ 1 & 0 & 0 & 0 & 0 \\ 0 & 0 & 0 & 1 & 1 \\ 0 & 0 & 1 & 0 & 0 \\ 0 & 0 & 1 & 0 & 0 \end{pmatrix} \Rightarrow \begin{pmatrix} 0 & 1 & 0 & 0 & 0 \\ 1 & 0 & 0 & 0 & 0 \\ 0 & 0 & 0 & 1 & 1 \\ 0 & 0 & 1 & 0 & 0 \\ 0 & 0 & 1 & 0 & 0 \end{pmatrix}$$

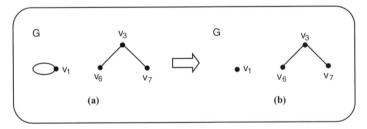

Figura 5.12
(a) Grafo G resultante da fusão de v_1 e v_2 no grafo da Figura 5.11 (b) (Passo 2).
(b) Grafo simples básico de G (Passo 1) (com renomeação refletindo a matriz obtida).

Representação matricial de grafos

$$\begin{pmatrix} 1 & 0 & 0 & 0 \\ 0 & 0 & 1 & 1 \\ 0 & 1 & 0 & 0 \\ 0 & 1 & 0 & 0 \end{pmatrix} \Rightarrow \begin{pmatrix} 0 & 0 & 0 & 0 \\ 0 & 0 & 1 & 1 \\ 0 & 1 & 0 & 0 \\ 0 & 1 & 0 & 0 \end{pmatrix}$$

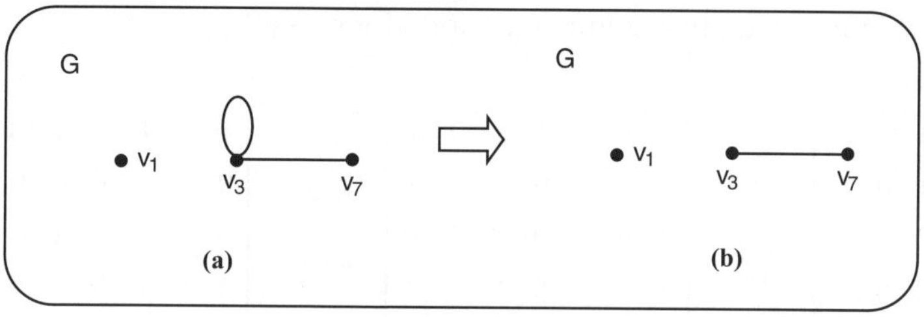

Figura 5.13
(a) Grafo G resultante da fusão de v_3 e v_6 no grafo da Figura 5.12 (b) (Passo 2).
(b) Grafo simples básico de G (Passo 1) (com renomeação refletindo a matriz obtida).

$$\begin{pmatrix} 0 & 0 & 0 \\ 0 & 1 & 1 \\ 0 & 1 & 0 \end{pmatrix} \Rightarrow \begin{pmatrix} 0 & 0 & 0 \\ 0 & 0 & 1 \\ 0 & 1 & 0 \end{pmatrix}$$

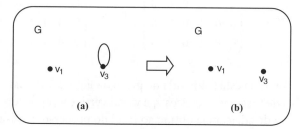

Figura 5.14
(a) Grafo G resultante da fusão de v_3 e v_7 no grafo da Figura 5.13 (b) (Passo 2).
(b) Grafo simples básico de G (Passo 1) (com renomeação refletindo a matriz obtida).

$$\begin{pmatrix} 0 & 0 \\ 0 & 1 \end{pmatrix} \Rightarrow \begin{pmatrix} 0 & 0 \\ 0 & 0 \end{pmatrix}$$

Como a matriz resultante final tem dimensão 2, conclui-se que que o grafo original G tem dois componentes conexos.

EXEMPLO 5.9

Uma versão ligeiramente modificada do Algoritmo 5.1 é ilustrada a seguir, no mesmo grafo considerado para o Exemplo 5.8. De maneira semelhante ao *trace* anterior, o algoritmo começa com a matriz adjacência do grafo inicial. A versão tratada nesse exemplo, quando da fusão, substitui a linha i pela soma da linha i + j (supondo que o vértice j seja o próximo adjacente ao vértice i), elimina a linha j e a coluna j e, então, torna a matriz resultante uma matriz simétrica modificando a coluna i (quando for o caso).

$$\begin{pmatrix} 0 & 0 & 0 & 1 & 1 & 0 & 0 \\ 0 & 0 & 0 & 0 & 1 & 0 & 0 \\ 0 & 0 & 0 & 0 & 0 & 2 & 1 \\ 1 & 0 & 0 & 0 & 2 & 0 & 0 \\ 1 & 1 & 0 & 2 & 0 & 0 & 0 \\ 0 & 0 & 2 & 0 & 0 & 0 & 0 \\ 0 & 0 & 1 & 0 & 0 & 0 & 0 \end{pmatrix} \xrightarrow{\text{grafo básico}} \begin{pmatrix} 0 & 0 & 0 & 1 & 1 & 0 & 0 \\ 0 & 0 & 0 & 0 & 1 & 0 & 0 \\ 0 & 0 & 0 & 0 & 0 & 1 & 1 \\ 1 & 0 & 0 & 0 & 1 & 0 & 0 \\ 1 & 1 & 0 & 1 & 0 & 0 & 0 \\ 0 & 0 & 1 & 0 & 0 & 0 & 0 \\ 0 & 0 & 1 & 0 & 0 & 0 & 0 \end{pmatrix} \xrightarrow[\text{em } v_1]{\text{fusão de } v_1 \text{ e } v_4} \begin{pmatrix} 1 & 0 & 0 & 1 & 2 & 0 & 0 \\ 0 & 0 & 0 & 0 & 1 & 0 & 0 \\ 0 & 0 & 0 & 0 & 0 & 1 & 1 \\ 1 & 0 & 0 & 0 & 1 & 0 & 0 \\ 1 & 1 & 0 & 1 & 0 & 0 & 0 \\ 0 & 0 & 1 & 0 & 0 & 0 & 0 \\ 0 & 0 & 1 & 0 & 0 & 0 & 0 \end{pmatrix} \xrightarrow[\text{4}^a \text{ coluna}]{\text{eliminar 4}^a \text{ linha e}}$$

$$\begin{pmatrix} 1 & 0 & 0 & 2 & 0 & 0 \\ 0 & 0 & 0 & 1 & 0 & 0 \\ 0 & 0 & 0 & 0 & 1 & 1 \\ 1 & 1 & 0 & 0 & 0 & 0 \\ 0 & 0 & 1 & 0 & 0 & 0 \\ 0 & 0 & 1 & 0 & 0 & 0 \end{pmatrix} \xrightarrow[\text{simétrica}]{\substack{\text{alterar a 1}^a \\ \text{coluna para} \\ \text{deixar a} \\ \text{matriz}}} \begin{pmatrix} 1 & 0 & 0 & 2 & 0 & 0 \\ 0 & 0 & 0 & 1 & 0 & 0 \\ 0 & 0 & 0 & 0 & 1 & 1 \\ 2 & 1 & 0 & 0 & 0 & 0 \\ 0 & 0 & 1 & 0 & 0 & 0 \\ 0 & 0 & 1 & 0 & 0 & 0 \end{pmatrix} \xrightarrow[\text{básico}]{\substack{\text{tornar o} \\ \text{grafo um} \\ \text{grafo}}} \begin{pmatrix} 0 & 0 & 0 & 1 & 0 & 0 \\ 0 & 0 & 0 & 1 & 0 & 0 \\ 0 & 0 & 0 & 0 & 1 & 1 \\ 1 & 1 & 0 & 0 & 0 & 0 \\ 0 & 0 & 1 & 0 & 0 & 0 \\ 0 & 0 & 1 & 0 & 0 & 0 \end{pmatrix}$$

A última matriz mostrada está traduzida no grafo da Figura 5.15. Esse grafo representa o resultado do processo de fusão dos vértices v_1 e v_4, no vértice v_1, aplicado ao grafo da Figura 5.9. Note que na matriz de adjacência obtida ao final do processo de fusão de dois vértices, os vértices restantes devem ser renomeados. Por exemplo, o vértice que originalmente era identificado como v_5 no grafo da Figura 5.9 passa, no grafo da Figura 5.15, a ser identificado como v_4.

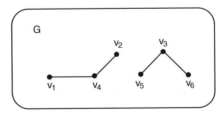

Figura 5.15
Grafo resultante do processo de fusão de vértices (v_1 e v_4) aplicado ao grafo da Figura 5.9.

Continuando com o processo de fusão de vértices adjacentes, a partir da última matriz obtida, referente ao grafo simples básico da Figura 5.15, tem-se:

$$\begin{pmatrix} 0 & 0 & 0 & 1 & 0 & 0 \\ 0 & 0 & 0 & 1 & 0 & 0 \\ 0 & 0 & 0 & 0 & 1 & 1 \\ 1 & 1 & 0 & 0 & 0 & 0 \\ 0 & 0 & 1 & 0 & 0 & 0 \\ 0 & 0 & 1 & 0 & 0 & 0 \end{pmatrix} \xrightarrow[\text{em } v_1]{\substack{\text{fusão} \\ \text{de } v_1 \text{ e} \\ v_4}} \begin{pmatrix} 1 & 1 & 0 & 1 & 0 & 0 \\ 0 & 0 & 0 & 1 & 0 & 0 \\ 0 & 0 & 0 & 0 & 1 & 1 \\ 1 & 1 & 0 & 0 & 0 & 0 \\ 0 & 0 & 1 & 0 & 0 & 0 \\ 0 & 0 & 1 & 0 & 0 & 0 \end{pmatrix} \xrightarrow[\text{4}^a \text{ coluna}]{\substack{\text{eliminar} \\ \text{4}^a \text{ linha e}}} \begin{pmatrix} 1 & 1 & 0 & 0 & 0 \\ 0 & 0 & 0 & 0 & 0 \\ 0 & 0 & 0 & 1 & 1 \\ 0 & 0 & 1 & 0 & 0 \\ 0 & 0 & 1 & 0 & 0 \end{pmatrix}$$

$$\xrightarrow[\substack{\text{simétrica}}]{\substack{\text{alterar a 1}^a \\ \text{coluna} \\ \text{para} \\ \text{deixar a} \\ \text{matriz}}} \begin{pmatrix} 1 & 1 & 0 & 0 & 0 \\ 1 & 0 & 0 & 0 & 0 \\ 0 & 0 & 0 & 1 & 1 \\ 0 & 0 & 1 & 0 & 0 \\ 0 & 0 & 1 & 0 & 0 \end{pmatrix} \xrightarrow[\text{básico}]{\substack{\text{tornar o} \\ \text{grafo um} \\ \text{grafo}}} \begin{pmatrix} 0 & 1 & 0 & 0 & 0 \\ 1 & 0 & 0 & 0 & 0 \\ 0 & 0 & 0 & 1 & 1 \\ 0 & 0 & 1 & 0 & 0 \\ 0 & 0 & 1 & 0 & 0 \end{pmatrix}$$

A última matriz obtida é a matriz do grafo básico mostrado na Figura 5.16.

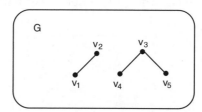

Figura 5.16
Grafo resultante do processo de fusão de vértices (v_1 e v_4) aplicado ao grafo da Figura 5.15.

Continuando com o processo de fusão de vértices adjacentes, a partir da última matriz obtida, referente ao grafo simples básico da Figura 5.16, tem-se:

$$\begin{pmatrix} 0 & 1 & 0 & 0 & 0 \\ 1 & 0 & 0 & 0 & 0 \\ 0 & 0 & 0 & 1 & 1 \\ 0 & 0 & 1 & 0 & 0 \\ 0 & 0 & 1 & 0 & 0 \end{pmatrix} \xrightarrow[\text{em } v_1]{\substack{\text{fusão} \\ \text{de } v_1 \text{ e} \\ v_2}} \begin{pmatrix} 1 & 1 & 0 & 0 & 0 \\ 1 & 0 & 0 & 0 & 0 \\ 0 & 0 & 0 & 1 & 1 \\ 0 & 0 & 1 & 0 & 0 \\ 0 & 0 & 1 & 0 & 0 \end{pmatrix} \xrightarrow[\text{(1}^a \text{ col.)}]{\substack{\text{eliminar 2}^a \\ \text{linha e 2}^a \\ \text{col. e tornar} \\ \text{matriz sim.}}} \begin{pmatrix} 1 & 0 & 0 & 0 \\ 0 & 0 & 1 & 1 \\ 0 & 1 & 0 & 0 \\ 0 & 1 & 0 & 0 \end{pmatrix} \xrightarrow[\text{básico}]{\substack{\text{tornar o} \\ \text{grafo um} \\ \text{grafo}}} \begin{pmatrix} 0 & 0 & 0 & 0 \\ 0 & 0 & 1 & 1 \\ 0 & 1 & 0 & 0 \\ 0 & 1 & 0 & 0 \end{pmatrix}$$

A última matriz obtida é a matriz do grafo simples básico mostrado na Figura 5.17.

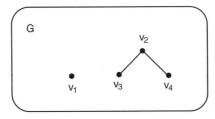

Figura 5.17
Grafo resultante do processo de fusão de vértices (v_1 e v_2) aplicado ao grafo da Figura 5.16.

Continuando com o processo de fusão de vértices adjacentes, a partir da última matriz obtida, referente ao grafo básico da Figura 5.17, tem-se:

$$\begin{pmatrix} 0 & 0 & 0 & 0 \\ 0 & 0 & 1 & 1 \\ 0 & 1 & 0 & 0 \\ 0 & 1 & 0 & 0 \end{pmatrix} \xrightarrow{\substack{\text{fusão de} \\ v_2 \text{ e } v_3 \\ \text{em } v_2}} \begin{pmatrix} 0 & 0 & 0 & 0 \\ 0 & 1 & 1 & 1 \\ 0 & 1 & 0 & 0 \\ 0 & 1 & 0 & 0 \end{pmatrix} \xrightarrow{\substack{\text{eliminar a 3}^{\text{a}} \\ \text{lin. e 3}^{\text{a}} \text{ col.,} \\ \text{tornar a matriz} \\ \text{sim. (2}^{\text{a}} \text{ col.)}}} \begin{pmatrix} 0 & 0 & 0 \\ 0 & 1 & 1 \\ 0 & 1 & 0 \end{pmatrix} \xrightarrow{\substack{\text{tornar o} \\ \text{grafo um} \\ \text{grafo básico}}} \begin{pmatrix} 0 & 0 & 0 \\ 0 & 0 & 1 \\ 0 & 1 & 0 \end{pmatrix}$$

A última matriz obtida é a matriz do grafo simples básico mostrado na Figura 5.18.

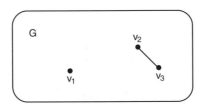

Figura 5.18
Grafo resultante do processo de fusão de vértices (v_2 e v_3) aplicado ao grafo da Figura 5.17.

Continuando com o processo de fusão de vértices adjacentes, a partir da última matriz obtida, referente ao grafo simples básico da Figura 5.18, tem-se:

$$\begin{pmatrix} 0 & 0 & 0 \\ 0 & 0 & 1 \\ 0 & 1 & 0 \end{pmatrix} \xrightarrow{\substack{\text{fusão de} \\ v_2 \text{ e } v_3 \\ \text{em } v_2}} \begin{pmatrix} 0 & 0 & 0 \\ 0 & 1 & 1 \\ 0 & 1 & 0 \end{pmatrix} \xrightarrow{\substack{\text{eliminar a 3}^{\text{a}} \\ \text{lin. e 3}^{\text{a}} \text{ col.,} \\ \text{tornar a matriz} \\ \text{sim. (2}^{\text{a}} \text{ col.)}}} \begin{pmatrix} 0 & 0 \\ 0 & 1 \end{pmatrix} \xrightarrow{\substack{\text{tornar o grafo} \\ \text{um grafo} \\ \text{básico}}} \begin{pmatrix} 0 & 0 \\ 0 & 0 \end{pmatrix}$$

A última matriz obtida é a matriz do grafo simples básico mostrado na Figura 5.19.

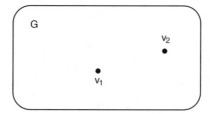

Figura 5.19
Grafo resultante do processo de fusão de vértices (v_2 e v_3) aplicado ao grafo da Figura 5.18.

A última matriz representa um grafo com dois nós isolados, o que termina o processo. Como a matriz final obtida tem ordem 2, o grafo original não é conexo e tem dois componentes conexos.

EXEMPLO 5.10
Considere novamente o processo de uso de fusão para a determinação da conexidade de um grafo. Suponha que o grafo em questão seja o mostrado na Figura 5.20.

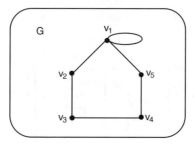

Figura 5.20
Grafo com cinco vértices e seis arestas.

As matrizes de adjacência do grafo da Figura 5.20 e de seu grafo básico são, respectivamente:

$$\begin{pmatrix} 1 & 1 & 0 & 0 & 1 \\ 1 & 0 & 1 & 0 & 0 \\ 0 & 1 & 0 & 1 & 0 \\ 0 & 0 & 1 & 0 & 1 \\ 1 & 0 & 0 & 1 & 0 \end{pmatrix} \text{ e } \begin{pmatrix} 0 & 1 & 0 & 0 & 1 \\ 1 & 0 & 1 & 0 & 0 \\ 0 & 1 & 0 & 1 & 0 \\ 0 & 0 & 1 & 0 & 1 \\ 1 & 0 & 0 & 1 & 0 \end{pmatrix}$$

Capítulo 5

Começando o Algoritmo 5.1 com a matriz de adjacência do grafo básico, tem-se:

$$\begin{pmatrix} 0 & 1 & 0 & 0 & 1 \\ 1 & 0 & 1 & 0 & 0 \\ 0 & 1 & 0 & 1 & 0 \\ 0 & 0 & 1 & 0 & 1 \\ 1 & 0 & 0 & 1 & 0 \end{pmatrix} \xrightarrow[\text{em } v_1]{\text{fusão de } v_1 \text{ e } v_2} \begin{pmatrix} 1 & 1 & 1 & 0 & 1 \\ 1 & 0 & 1 & 0 & 0 \\ 0 & 1 & 0 & 1 & 0 \\ 0 & 0 & 1 & 0 & 1 \\ 1 & 0 & 0 & 1 & 0 \end{pmatrix} \xrightarrow[\text{(1}^a\text{ c)}]{\substack{\text{del. 2}^a \text{ li e} \\ 2^a \text{ c. \&} \\ \text{tornar} \\ \text{matriz sim.}}} \begin{pmatrix} 1 & 1 & 0 & 1 \\ 1 & 0 & 1 & 0 \\ 0 & 1 & 0 & 1 \\ 1 & 0 & 1 & 0 \end{pmatrix} \xrightarrow[\text{básico}]{\text{grafo}} \begin{pmatrix} 0 & 1 & 0 & 1 \\ 1 & 0 & 1 & 0 \\ 0 & 1 & 0 & 1 \\ 1 & 0 & 1 & 0 \end{pmatrix}$$

A última matriz é a matriz de adjacência do grafo básico mostrado na Figura 5.21.

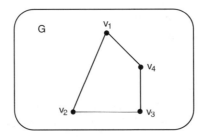

Figura 5.21
Grafo básico após fusão dos vértices v_1 e v_2 do grafo da Figura 5.20.

$$\begin{pmatrix} 0 & 1 & 0 & 1 \\ 1 & 0 & 1 & 0 \\ 0 & 1 & 0 & 1 \\ 1 & 0 & 1 & 0 \end{pmatrix} \xrightarrow[\text{em } v_1]{\text{fusão de } v_1 \text{ e } v_2} \begin{pmatrix} 1 & 1 & 1 & 1 \\ 1 & 0 & 1 & 0 \\ 0 & 1 & 0 & 1 \\ 1 & 0 & 1 & 0 \end{pmatrix} \xrightarrow[\text{(1}^a\text{ c)}]{\substack{\text{del. 2}^a \text{ li e 2}^a \\ \text{c.; tornar} \\ \text{matriz sim.}}} \begin{pmatrix} 1 & 1 & 1 \\ 1 & 0 & 1 \\ 1 & 1 & 0 \end{pmatrix} \xrightarrow[\text{básico}]{\text{grafo}} \begin{pmatrix} 0 & 1 & 1 \\ 1 & 0 & 1 \\ 1 & 1 & 0 \end{pmatrix}$$

A última matriz é a matriz de adjacência do grafo básico mostrado na Figura 5.22.

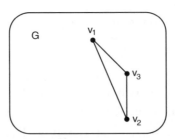

Figura 5.22
Grafo básico após fusão dos vértices v_1 e v_2 do grafo da Figura 5.21.

$$\begin{pmatrix} 0 & 1 & 1 \\ 1 & 0 & 1 \\ 1 & 1 & 0 \end{pmatrix} \xrightarrow[\text{em } v_1]{\substack{\text{fusão} \\ \text{de } v_1 \text{ e} \\ v_2}} \begin{pmatrix} 1 & 1 & 2 \\ 1 & 0 & 1 \\ 1 & 1 & 0 \end{pmatrix} \xrightarrow[\text{(1}^{\text{a}}\text{ c)}]{\substack{\text{del. } 2^{\text{a}} \text{ li e} \\ 2^{\text{a}} \text{ c. \&} \\ \text{tornar} \\ \text{matriz sim.}}} \begin{pmatrix} 1 & 2 \\ 2 & 0 \end{pmatrix} \xrightarrow{\substack{\text{grafo} \\ \text{básico}}} \begin{pmatrix} 0 & 1 \\ 1 & 0 \end{pmatrix}$$

A última matriz é a matriz de adjacência do grafo básico mostrado na Figura 5.23.

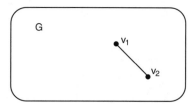

Figura 5.23
Grafo básico após fusão dos vértices v_1 e v_2 do grafo da Figura 5.22.

$$\begin{pmatrix} 0 & 1 \\ 1 & 0 \end{pmatrix} \xrightarrow[\text{v_2 em v_1}]{\text{fusão de v_1 e}} \begin{pmatrix} 1 & 1 \\ 1 & 0 \end{pmatrix} \xrightarrow[\text{(1}^{\text{a}}\text{ c)}]{\substack{\text{del. } 2^{\text{a}} \text{li e } 2^{\text{a}} \text{ c.;} \\ \text{tornar matriz sim.}}} (\,1\,) \xrightarrow{\substack{\text{grafo} \\ \text{básico}}} (\,0\,)$$

A última matriz representa um grafo com um nó isolado, mostrado na Figura 5.24, o que termina o processo. Como a matriz final obtida tem ordem 1, o grafo original é conexo, e o próprio grafo constitui seu único componente conexo.

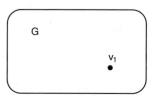

Figura 5.24
Grafo final obtido usando o Algoritmo 5.1 no grafo da Figura 5.20.

CAPÍTULO 6

Árvores, pontes e árvores *spanning*

O conceito de árvore é provavelmente o mais importante em Teoria dos Grafos, em decorrência, principalmente, de seu emprego em muitas aplicações computacionais, razão pela qual árvores são investigadas detalhadamente em qualquer material sobre grafos.

Frequentemente, em aplicações computacionais, conjuntos de dados são organizados como árvores. Um outro exemplo do uso de árvores é o referente à estrutura que representa um processo de busca binária. Em tal busca, cada interrogação tem duas possíveis respostas, sim ou não, e os dados são divididos de acordo, como mostra a Figura 6.1.

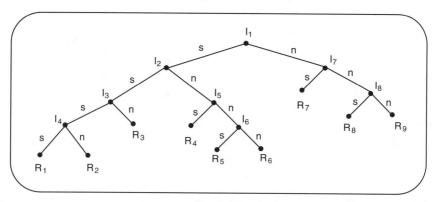

Figura 6.1
Estrutura de árvore de decisão.

6.1 ÁRVORES – PRINCIPAIS CONCEITOS E RESULTADOS

Definição 6.1
Seja $G = (V,E)$ um grafo.

(1) G é *acíclico* se G não contém ciclos.

(2) G é uma *árvore* se G for um grafo acíclico conexo.

(3) G é uma *floresta* se G for acíclico, independentemente de ser conexo ou não.

Como *loops* são ciclos de comprimento um e um par de arestas paralelas é um ciclo de comprimento dois, qualquer grafo acíclico deve ser simples.

EXEMPLO 6.1
O grafo da Figura 6.2 (a) é uma árvore, e o grafo da Figura 6.2 (b) é uma floresta, mas não é uma árvore. Note que toda árvore é também uma floresta.

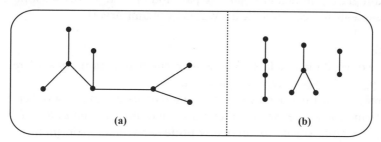

Figura 6.2
(a) Árvore. (b) Floresta.

EXEMPLO 6.2

A Figura 6.3 mostra todas as árvores com até cinco vértices, e a Figura 6.4 mostra todas as árvores com seis vértices.

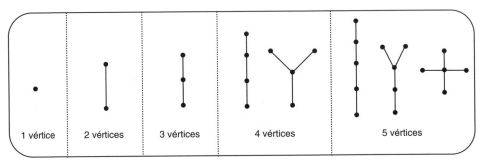

Figura 6.3
Árvores com até cinco vértices.

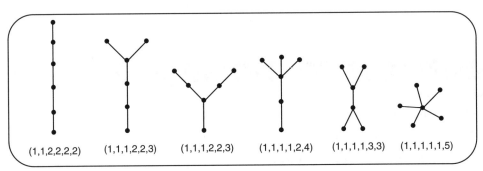

Figura 6.4
Árvores com seis vértices.

Teorema 6.1

(a) Sejam u e v vértices distintos de uma árvore T. Então existe precisamente um único caminho de u a v.

(b) Seja G um grafo sem nenhum *loop*. Se para todo par de vértices distintos u e v de G existe precisamente um caminho de u a v, então G é uma árvore.

Prova de (a):
Suponha que o resultado seja falso. Vão existir, então, dois caminhos diferentes de u a v, $P = u_0 u_1 u_2 ... u_m v$ e $P' = v_0 v_1 v_2 ... v_n v$ em que $u_0 = u = v_0$.

Existe, então, um primeiro índice k maior que zero, para o qual $u_k \neq v_k$. Seja $x = u_{k-1} = v_{k-1}$ e seja w o primeiro vértice, após x, que pertence tanto a P quanto a P' (é bem verdade que o vértice x pode ser u e o vértice w pode ser v, mas, pelo menos, existem tais vértices x e w). Então $w = u_i = v_j$ para alguns índices i e j, ambos maiores que k − 1, como mostra a Figura 6.5.

Árvores, pontes e árvores *spanning*

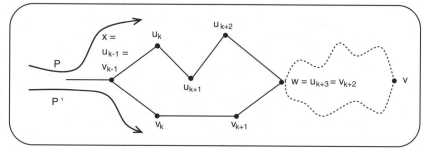

Figura 6.5
Suposição de que existam dois caminhos diferentes entre u e v e de que x é o primeiro vértice a partir do qual os dois caminhos se diferenciam, em que i = k + 3 e j = k + 2.

Isso produz um ciclo $C = xu_ku_{k+1}...u_iv_{j-1}...v_kx$, uma vez que não existem vértices "u" repetidos (dado que P é um caminho) e tampouco vértices "v" repetidos (uma vez que P' é caminho) e, pela própria definição de w, nenhum vértice u em C pode ser um vértice v. Uma vez que T é uma árvore, T não tem ciclos. Essa contradição significa que a suposição inicial deve ser falsa. Assim, existe precisamente um caminho de u a v. As Figuras 6.6, 6.7, 6.8 e 6.9 mostram diferentes configurações do caso geral, mostrado na Figura 6.5.

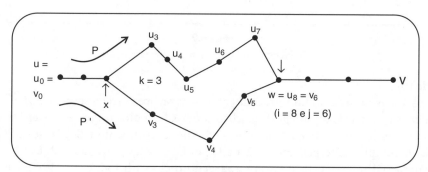

Figura 6.6
Situação (a) com k = 3, $x = u_2 = v_2$ e $w = u_8 = v_6$.

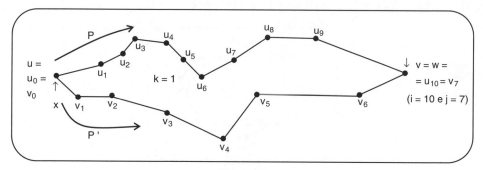

Figura 6.7
Situação (a) com k = 1, $x = u_0 = v_0$ e $w = u_{10} = v_7 = v$.

119

Capítulo 6

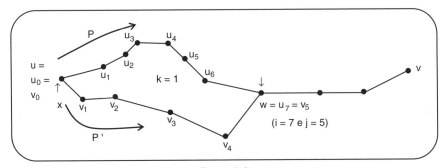

Figura 6.8
Situação (a) com $k = 1$, $x = u_0 = v_0$ e $w = u_7 = v_5$.

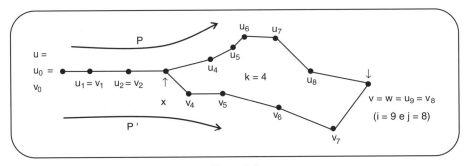

Figura 6.9
Situação (a) com $k = 4$, $x = u_3 = v_3$ e $v = w = u_9 = v_8$.

Prova de (b):
Uma vez que existe um caminho entre cada par de seus vértices, G deve ser conexo. Lembrando que G é uma árvore se G for um grafo acíclico conexo, falta provar que G não tem ciclos.

Uma vez que G não tem *loops*, G não tem ciclos de comprimento 1. Supõe-se que G tenha um ciclo de comprimento pelo menos 2, dado por $C = v_1 v_2 ... v_n v_1$, para $n \geq 2$. Desde que um ciclo é uma trilha, a aresta $v_n v_1$ não aparece no caminho $v_1 v_2 ... v_n$. Assim, $P = v_1 v_n$ e $P' = v_1 v_2 ... v_n$ são dois caminhos diferentes de v_1 a v_n (como mostra a Figura 6.10). Isso contradiz a suposição de que para todo par de vértices distintos existe um único caminho entre eles. Portanto, G não tem ciclos e é uma árvore ♦.

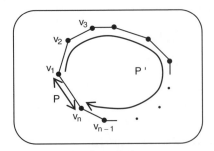

Figura 6.10
Supondo a existência de um ciclo entre um par de vértices distintos.

O próximo teorema estabelece que, com uma exceção, todas as árvores têm pelo menos duas "folhas" (vértices com grau 1).

Teorema 6.2
Seja T uma árvore com pelo menos dois vértices e seja $P = u_0u_1...u_n$ o caminho mais longo em T (isto é, não existe em T um caminho com comprimento maior que n). Então u_0 e u_n têm ambos grau 1, isto é, $d(u_0) = d(u_n) = 1$.

Prova:
Suponha que o grau de u_0, seja maior que 1, isto é, $d(u_0) > 1$, como na Figura 6.11.

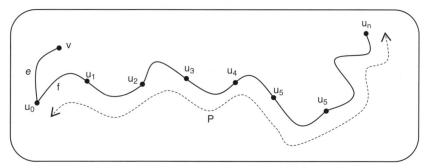

Figura 6.11
Se P é o caminho mais longo na árvore T, o vértice v (e a aresta *e*) não podem existir.

A aresta $f = u_0u_1$ contribui com 1 ao grau de u_0 e, portanto, deve existir outra aresta *e* (que não seja f) de u_0 a um vértice v de T, como mostra a Figura 6.11. Duas situações podem surgir, dependendo de o vértice v pertencer ou não ao caminho P.

(1) Se v não pertence ao caminho P, como mostra a Figura 6.11, e considerando o novo caminho formado a partir de P, $P_1 = veu_0fu_1...u_n$, que tem como primeiro vértice v e primeira aresta *e*, obtém-se um caminho de comprimento n+1 em T. Esse fato contradiz a suposição de que P é o caminho mais longo (e de comprimento n) e, portanto, tal vértice e correspondente aresta *e* que o conecta a u_0 não existem.

(2) Suponha agora que o vértice v seja um dos vértices do caminho P, ($v = u_i$, para algum i = 0, 1, ..., n). Essa suposição produz o ciclo $u_0u_1...u_iu_0$ (a última aresta sendo *e*), como mostra a Figura 6.12, para i = 3. Uma vez que T é uma árvore, T não possui ciclos e, portanto, a suposição produz uma contradição. Essa contradição final mostra que não existe tal aresta *e*. Portanto $d(u_0) = 1$, como requerido. De maneira similar demonstra-se que $d(u_n)=1$, como requerido ♦.

Capítulo 6

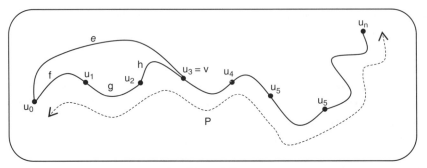

Figura 6.12
Se o vértice v for um dos vértices do caminho P (o vértice u_3, no caso), um ciclo $(u_0fu_1gu_2hu_3eu_0)$ é formado.

Corolário do Teorema 6.2
Uma árvore T com pelo menos dois vértices tem mais do que um vértice de grau 1.

Prova:
Nessa tal árvore T existe um caminho mais longo P (de comprimento maior que 0); assim, o Teorema 6.2 garante a existência de, pelo menos, dois vértices com grau 1.

Teorema 6.3
Se T é uma árvore com n vértices, então T tem precisamente n–1 arestas.

Prova: A prova vai ser feita por indução sobre n.

- n = 1 (T tem apenas 1 vértice). Com 1 vértice apenas, o único tipo de aresta que T poderia ter é um *loop*. Mas T é arvore e, portanto, não pode ter *loops*. Então T só pode ter 0 arestas, isto é, n–1 arestas, o que estabelece o resultado do teorema como verdadeiro para n = 1.
- Hipótese de indução: supõe-se que o resultado seja verdadeiro para n = k, em que k é algum inteiro positivo, ou seja, uma árvore com k vértices tem exatamente k–1 arestas.
- Prova-se então que o resultado é verdadeiro para n = k+1, ou seja, que uma árvore T com k+1 vértices tem k arestas. A ideia da prova é considerar a árvore com k+1 vértices, reduzi-la a um subgrafo com k vértices, mostrar que esse subgrafo ainda é uma árvore com k vértices e, portanto, a hipótese de indução pode ser usada. Para mostrar que a árvore com o vértice retirado ainda é uma árvore, é preciso mostrar que a retirada do vértice não provocou "quebra da estrutura" e, tampouco, ciclos.

Seja T uma árvore com k+1 vértices e seja u um vértice de grau 1 em T (a existência de tal vértice é garantida pelo Corolário do Teorema 6.2). Seja e = uv a única aresta de T que tem u como vértice-extremidade. Então, se x e y são vértices de T, ambos diferentes de u, qualquer caminho P que une x e y não passa pelo vértice u, uma vez que, se passasse, iria envolver a aresta *e* duas vezes.

Assim, o subgrafo T–u obtido a partir de T com a eliminação do vértice u (e aresta *e*) é conectado. Além disso, se C é um ciclo em T–u, então C é um ciclo em T, o que é impossível, uma vez que T é uma árvore. Assim, o subgrafo T–u é acíclico também. Portanto, T–u é uma árvore. Entretanto, T–u tem k vértices (desde que T tem k+1) e, usando a hipótese indutiva, T–u tem k–1 arestas. Uma vez que T–u tem exatamente uma aresta a menos que T (a aresta *e*), segue que T tem k arestas, como exigido. Em outras palavras, assumindo que o resultado é verdadeiro para k, mostrou-se que é verdadeiro para k+1. Assim, pelo princípio da indução matemática, o resultado é verdadeiro para todos os inteiros positivos k ♦.

Observação 6.1 Como convencionado anteriormente, se G for um grafo, $\omega(G)$ denota o número de componentes conexos de G.

Teorema 6.4
Seja G um grafo acíclico com n vértices e k componentes conexos, isto é, $\omega(G) = k$. Então G tem n–k arestas.

Prova
Sejam $C_1, C_2, ..., C_k$ os k componentes de G e supõe-se que para cada i, $1 \leq i \leq k$, o i-ésimo componente C_i tem n_i vértices. Então $n = n_1 + n_2 + ... + n_i$. Também, uma vez que cada C_i é uma árvore, pelo Teorema 6.3 cada C_i tem $n_i - 1$ arestas. Uma vez que cada aresta de G pertence precisamente a um componente de G, o número total de arestas em G é $(n_1 - 1) + (n_2 - 1) + ... + (n_k - 1)$. Assim, G tem $(n_1 + n_2 + ... + n_k) - k$ arestas, ou seja, n – k arestas, como estabelece o enunciado do teorema ♦.

6.2 PONTES

Definição 6.2
Seja G = (V,E) um grafo. Um vértice v de G é chamado de *vértice de corte* se o subgrafo G–v tiver mais componentes conexos que G.

Definição 6.3
Seja G = (V,E) um grafo. Uma aresta *e* de G é chamada de *ponte* (ou aresta de corte) se o subgrafo G–*e* tem mais componentes conexos que G.

Observação 6.2 Particularmente, se o grafo G = (V,E) é conexo, um vértice de corte é um vértice v tal que G–v é desconexo. De maneira semelhante, *e* é uma aresta de corte em G, se G–*e* for desconexo.

EXEMPLO 6.3

Seja o grafo G = (V,E) mostrado na Figura 6.13. Como pode ser verificado examinando cada um dos cinco subgrafos obtidos por meio da eliminação de cada um dos vértices de G, o único vértice de corte de G é v_2, uma vez que G–v_2 tem dois componentes conexos. Como G é conexo, a eliminação de v_2 dá origem a um subgrafo desconexo.

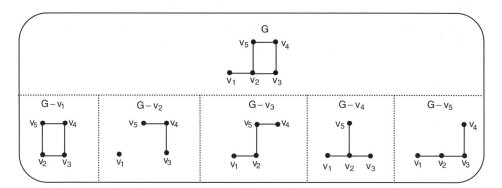

Figura 6.13
Grafo G = (V,E). O único vértice de corte de G é v_2.

EXEMPLO 6.4

Seja o grafo G = (V,E) mostrado na Figura 6.14. Como pode ser verificado examinando cada um dos cinco subgrafos, obtidos por meio da eliminação de cada uma das arestas de G, as arestas e_1 e e_2 são arestas de corte. Como G é conexo, a eliminação de e_1 ou de e_2 dá origem a grafos desconexos. A Figura 6.15 exibe um grafo com duas pontes, e a Figura 6.16 exibe um grafo com três pontes.

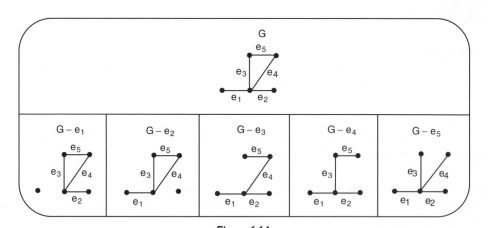

Figura 6.14
Grafo G = (V,E). Arestas e_1 e e_2 são arestas de corte (pontes) em G. Notar que $\omega(G) = 1$, $\omega(G-e_1) = 2$, $\omega(G-e_2) = 2$, $\omega(G-e_3) = 1$, $\omega(G-e_4) = 1$, $\omega(G-e_5) = 1$, $\omega(G) = 1$.

Árvores, pontes e árvores *spanning*

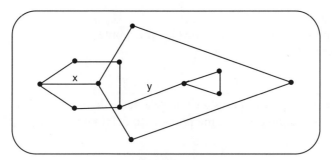

Figura 6.15
Um grafo G e duas pontes: x e y.

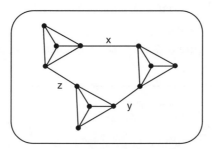

Figura 6.16
Um grafo G e três pontes: x, y e z.

O Teorema 6.5 estabelece que, com a remoção de uma aresta de um grafo, o número de componentes conexos do grafo permanece inalterado ou, então, aumenta exatamente 1.

Teorema 6.5
Seja G um grafo, seja *e* uma aresta do grafo G e seja G–*e* o subgrafo obtido pela eliminação de *e*. Então $\omega(G) \leq \omega(G-e) \leq \omega(G) + 1$.

Assim, se *e* for uma ponte em G, pelo Teorema 6.5 tem-se que $\omega(G-e) = \omega(G) + 1$, isto é, G–*e* tem um componente conexo a mais do que G. Como visto, uma ponte é uma aresta que é a única ligação entre duas partes de um grafo; sua eliminação irá provocar um grafo com mais partes disjuntas. As Figuras 6.14 e 6.15 ilustram esse resultado.

Observação 6.3 Seja o grafo G = (V,E). A prova do Teorema 6.5 mostra que uma aresta $e = (u,v)$ é uma ponte em G se e somente se *e* não for um *loop* e fornecer o único caminho em G, entre u e v. Uma outra maneira de dizer isso é por meio do resultado estabelecido pelo Teorema 6.6.

Capítulo 6

Teorema 6.6

Seja G = (V,E) um grafo. Uma aresta e de G é uma ponte se e somente se e não fizer parte de nenhum ciclo em G.

Prova

(a) Suponha que por hipótese a aresta e não seja parte de nenhum ciclo em G e se queira mostrar que, se isso acontecer, e é uma ponte (isto é, Hipótese: e não é parte de um ciclo; Tese: e é ponte).

Considere a aresta e com vértices-extremidade u e v. Suponha que e não seja uma ponte. Com base no estabelecido na Observação 6.3, se e não for uma ponte, (1) e é um *loop* ou, então, (2) existe um caminho P = $uu_1...u_nv$ de u a v, diferente da aresta e.

(a.1) Se e for um *loop* (implicando u = v), então e é um ciclo, o que vai contra a hipótese.

(a.2) Se existe tal caminho P, então C = $uu_1...u_nveu$, isto é, a concatenação de P com e é um ciclo em G, como mostra Figura 6.17 e, consequentemente, vai contra a hipótese.

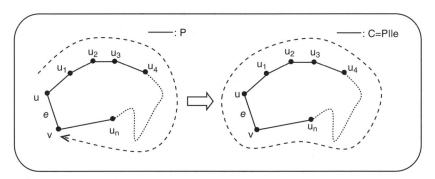

Figura 6.17
O suposto caminho P entre u e v, concatenado à aresta e, forma um ciclo C = P||e.

(b) Suponha que por hipótese a aresta e seja ponte em G, e se queira mostrar que, se isso acontece, e não é parte de um ciclo (isto é, Hipótese: e é ponte; Tese: e não é parte de um ciclo).

Considere que e seja parte de algum ciclo C = $u_0u_1...u_m$ em G. Seja e = u_iu_{i+1}. Duas situações podem acontecer, como descritas a seguir:

(b.1) Se m = 1, C = u_0u_1 e, assim, C é apenas uma aresta. Como e é parte de C, e = C, ou seja, e é um *loop*.

(b.2) Se m > 1 então P = $u_iu_{i-1}...u_0u_{m-1}...u_{i+1}$ é um caminho de u a v diferente de e (ver Figura 6.18). Assim, pelas observações da prova anterior, e não é uma ponte.

(**b.1**) e (**b.2**) mostram que, se *e* for parte de um ciclo, então *e* não é ponte.

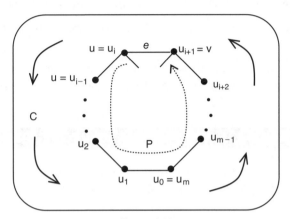

Figura 6.18
Diagrama para a prova do Teorema 6.6.

As provas (**a**) e (**b**) garantem o estabelecido no Teorema 6.6 ♦.

Pode-se, então, descrever árvores usando o conceito de ponte, como estabelece o Teorema 6.7.

Teorema 6.7
Seja G um grafo conexo. G é uma árvore se e somente se toda aresta de G é uma ponte, ou seja, se e somente se para toda aresta *e* de G o subgrafo G–*e* tem dois componentes.

Prova:

(**a**) Suponha que G seja uma árvore. Então, G é acíclico, ou seja, não tem ciclos e, portanto, nenhuma aresta de G pertence a um ciclo. Em outras palavras, se *e* é uma aresta de G então, pelo Teorema 6.6, é uma ponte, como requerido.

(**b**) Suponha agora que G seja conexo e que toda aresta *e* de G seja uma ponte. Então G não pode ter ciclos, uma vez que qualquer aresta pertencente a um ciclo não é uma ponte, pelo Teorema 6.6. Portanto, G é acíclico e é uma árvore, como requerido ♦

Teorema 6.8
Seja G um grafo com n vértices. As seguintes assertivas são equivalentes:

(**1**) G é uma árvore,

(**2**) G é um grafo acíclico com n–1 arestas,

(**3**) G é um grafo conexo com n–1 arestas;

Capítulo 6

(4) T é conexo e cada aresta é uma ponte;

(5) quaisquer dois vértices de T são conectados por exatamente um caminho;

(6) T não contém ciclos, mas a adição de qualquer nova aresta cria exatamente um ciclo.

A prova do Teorema 6.8 que pode ser encontrada em detalhes em [Wilson, 1996] consiste na prova das implicações: (1) → (2) → (3) → (4) → (5) → (6) → (1).

6.3 ÁRVORES *SPANNING* E O PROBLEMA DA ÁRVORE *SPANNING MINIMAL*

Seja G = (V,E) um grafo. Já foi visto anteriormente (Definição 3.11) que um subgrafo H = (V1,E1) de G é chamado de subgrafo *spanning* se V1 = V.

Definição 6.4
Seja G = (V,E) um grafo. Uma *árvore spanning* do grafo G é um subgrafo *spanning* de G, que é uma árvore.

Teorema 6.9
Um grafo G é conexo se e somente se tem uma árvore *spanning*.

EXEMPLO 6.5
A Figura 6.19 ilustra o Teorema 6.9.

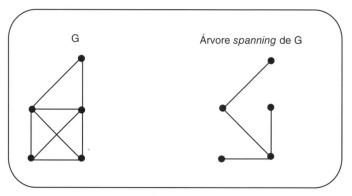

Figura 6.19
Um grafo G e uma árvore *spanning* de G.

EXEMPLO 6.6

A Figura 6.20 mostra o conjunto de todas as árvores *spanning*, inclusive as isomorfas, do grafo G.

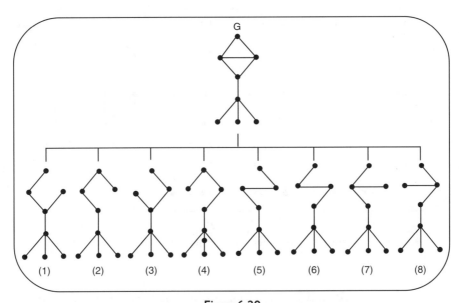

Figura 6.20
Grafo G com oito vértices e nove arestas e suas oito árvores *spanning*.

O próximo teorema (de Cayley) está sendo apresentado aqui apenas porque é um resultado relevante em Teoria dos Grafos, muito embora relativo a árvores rotuladas, assunto que não é abordado nesse livro. Uma árvore rotulada é uma árvore em que a cada um de seus n vértices, foi atribuído um único número inteiro do conjunto $\{1, 2, ..., n\}$.

Teorema 6.10 (Teorema de Cayley, 1889)

Um grafo completo K_n tem n^{n-2} árvores *spanning* diferentes.

EXEMPLO 6.7

A Figura 6.21 ilustra o Teorema 6.10.

Note que nas 16 árvores *spanning* diferentes (considerando seus rótulos) de K_4, mostradas na Figura 6.20, existem apenas duas não isomorfas. As 12 primeiras mostradas são isomorfas entre si, assim como as quatro últimas são isomorfas entre si. O grafo completo K_6 tem 1296 árvores *spanning* diferentes, mas apenas 6 não isomorfas.

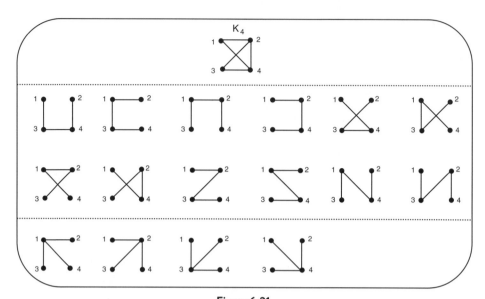

Figura 6.21
K_4 e suas 16 árvores *spanning* diferentes (considerando atribuição de rótulos).

Definição 6.5

Seja G = (V,E) um grafo, com |E| = m. G é chamado *grafo ponderado* se cada aresta $e \in E$ tem um número real associado a ela, p(*e*), chamado *peso de e*. A soma dos pesos de todas as arestas do grafo, $p(e_1) + p(e_2) + ... + p(e_m)$, é o *peso de G*, notado por p(G).

Muitos problemas de otimização podem ser modelados no problema de encontrar, em um grafo ponderado, um certo tipo de subgrafo (por exemplo, um subgrafo que tenha todos os vértices do grafo original) com um peso mínimo (ou máximo).

EXEMPLO 6.8

Suponha que um certo Departamento de Transportes tenha decidido construir um sistema ferroviário entre cinco cidades que, geograficamente, estão localizadas como mostrado na Figura 6.22 e identificadas como A, B, C, D e E.

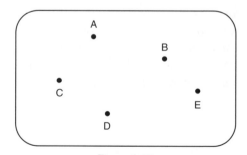

Figura 6.22
Cinco cidades que são parte do projeto ferroviário.

O primeiro passo do Departamento é determinar qual o custo de construir trilhos entre cada par das cidades consideradas. Suponha que esses custos sejam dados pelos pesos associados às arestas entre as cidades, como mostra a Figura 6.23. Note que o grafo que representa o problema é um grafo completo.

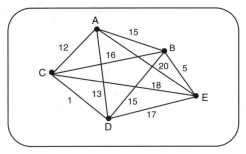

Figura 6.23
Custos associados à construção de estradas entre pares de cidades que são parte do projeto ferroviário.

O Departamento deseja economizar o máximo possível e, com certeza, não irá investir na construção de todas as conexões mostradas no grafo da Figura 6.23. Deseja, entretanto, viabilizar a movimentação de passageiros entre quaisquer dessas cidades, com possibilidade de paradas intermediárias.

O problema de determinar quais conexões o Departamento deve construir, de maneira a manter o custo mínimo, pode ser caracterizado como o problema de encontrar um subgrafo com menor peso associado, que seja conectado e que tenha o mesmo conjunto de vértices que o grafo original G. Não é difícil ver que tal subgrafo deve ser uma árvore *spanning* do grafo. Note que, se tal subgrafo tivesse um ciclo, qualquer uma das arestas desse ciclo poderia ser removida e o subgrafo resultante teria um peso menor e ainda manteria acesso a todos os vértices (essa é a razão pela qual o problema é caracterizado como o problema de encontrar a árvore *spanning* mínima e não, por exemplo, como o problema de determinar um subgrafo *spanning* mínimo).

É importante notar, entretanto, que nem toda árvore *spanning* do grafo solucionará o problema da árvore *spanning* mínima. Algumas arestas presentes em algumas das árvores *spanning* terão peso maior do que outras. Por exemplo, o custo da árvore *spanning* mostrada na Figura 6.24 é bem maior do que o da mostrada na Figura 6.25. A Figura 6.26 mostra a árvore *spanning* mínima relativa ao grafo considerado.

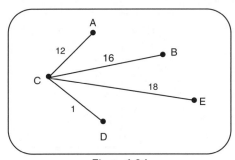

Figura 6.24
Possível árvore *spanning* do grafo da Figura 6.23, com peso total: 1 + 12 + 16 + 18 = 47.

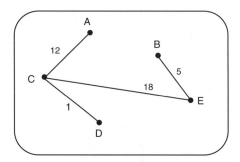

Figura 6.25
Possível árvore *spanning* do grafo da Figura 6.23, com peso total: 1 + 5 + 12 + 18 = 36.

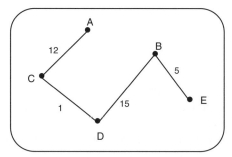

Figura 6.26
Árvore *spanning* mínima do grafo da Figura 6.23, com peso total: 1 + 5 + 12 + 15 = 33.

EXEMPLO 6.9

Extraído de Clark & Holton, 1998. Um problema semelhante ao tratado no Exemplo 6.8 é o da construção de um sistema de abastecimento de água entre seis vilarejos. O reservatório de água deve ser alocado em um dos vilarejos.

No grafo que modela o problema, na Figura 6.27, cada vértice representa um vilarejo e as arestas representam as conexões por meio de encanamentos entre os vilarejos. No grafo,

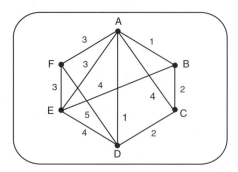

Figura 6.27
Sistema de abastecimento de água entre seis vilarejos.

a inexistência de uma aresta entre dois vértices significa a impossibilidade de construção do encanamento correspondente. Os pesos associados às arestas correspondem ao custo da construção.

A árvore *spanning* mínima associada ao grafo mostrado na Figura 6.27 é a mostrada na Figura 6.28.

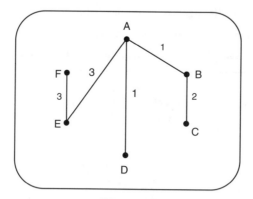

Figura 6.28
Árvore *spanning* mínima associada ao grafo da Figura 6.26.

Existem vários algoritmos para encontrar a árvore *spanning* mínima em um grafo. Dois deles, o algoritmo de Kruskal (Kruskal, 1956) e o algoritmo de Prim (Prim, 1957), são apresentados a seguir, como descritos em Clark & Holton (1998). Esses dois algoritmos são para pesos não negativos associados às arestas. Dois teoremas, apresentados e provados em Clark & Holton (1998), garantem que os algoritmos de Kruskal e de Prim constroem árvores *spanning* que são minimais.

6.3.1 ALGORITMO DE KRUSKAL

Esse algoritmo constrói a árvore *spanning* de um grafo conectado e ponderado G, iterativamente, focalizando, a cada passo, dentre as arestas disponíveis a serem escolhidas, a escolha de uma aresta (para compor a árvore) que tenha o menor peso.

Primeiro, é escolhida uma aresta de G que tenha o menor peso entre as arestas de G que não são *loops*. A seguir, novamente evitando *loops*, é escolhida dentre as arestas restantes aquela de menor peso, tomando o cuidado para que a aresta escolhida não forme um ciclo com a aresta que já compõe a árvore. Esse processo é repetido, escolhendo arestas com menores pesos entre aquelas que ainda não foram escolhidas, sempre tomando o cuidado para que nenhum ciclo seja formado com as arestas já escolhidas.

Se o grafo G tem n vértices, o processo termina após a escolha de n–1 arestas. As n–1 arestas formam um subgrafo acíclico T de G, que é a árvore *spanning* minimal de G. A descrição do algoritmo está em Algoritmo 6.1.

Capítulo 6

> *Entrada:* Grafo conectado G = ($\{v_1,v_2, ...,v_n\},\{e_1,e_2, ...,e_m\}$) e $\{p(e_1), p(e_2), ..., p(e_n)\}$
>
> *Saída:* Árvore *spanning* minimal dada por $\{v_1,v_2, ...,v_n\}$ e n–1 arestas extraídas de $\{e_1,e_2, ...,e_m\}$
>
> **Passo 1.** Escolha e_1, uma aresta de G tal que $p(e_1)$ seja o menor possível e e_1 não seja um *loop*.
>
> **Passo 2.** S as arestas $e_1, e_2, ..., e_i$ foram já escolhidas, então escolha uma aresta e_{i+1} que não tenha sido escolhida ainda, tal que
>
> (i) o subgrafo induzido $G[\{e_1, e_2, ..., e_i, e_{i+1}\}]$ seja acíclico
>
> (ii) $p(e_{i+1})$ seja o menor possível (sujeito à condição (i))
>
> **Passo 3.** Se G tem n vértices, pare após a escolha de n–1 arestas; caso contrário, repita o Passo 2.

Algoritmo 6.1

Algoritmo de Kruskal – construção da árvore *spanning* minimal em um grafo conectado ponderado G.

EXEMPLO 6.10

A Figura 6.29 mostra passo a passo o processo de construção da árvore *spanning* minimal do grafo da Figura 6.27, usando o algoritmo de Kruskal, como apresentado em Clark & Holton (1998).

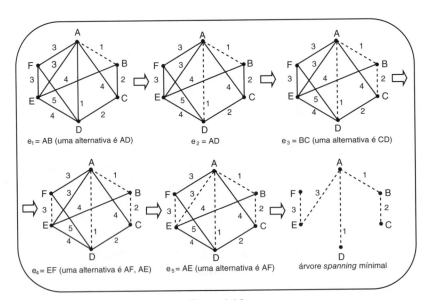

Figura 6.29

Exemplo de uso do algoritmo de Kruskal (Algoritmo 6.1), na construção de uma árvore *spanning* minimal, cujo peso final associado é 10.

A Figura 6.30 mostra o processo de construção usando diferentes escolhas de arestas das feitas na Figura 6.29. Usando como critério o peso, as arestas de G podem ser sequenciadas na seguinte ordem crescente: AB(1), AD(1), BC(2), CD(2), AF(3), AE(3), FE(3), EB(4), AC(4), ED(4), FD(5) e a construção da árvore *spanning* minimal ser realizada na sequência (1)–(5) como mostra a Figura 6.30 que, ao final, produz uma árvore com o mesmo peso (10) da árvore obtida na Figura 6.29.

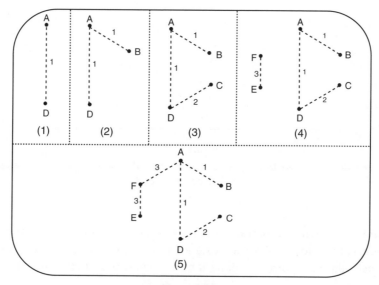

Figura 6.30
Exemplo de uso do algoritmo de Kruskal com escolha de arestas diferente da feita na Figura 6.29 e obtenção de uma árvore com peso 10.

Note que no passo (4) da construção da árvore *spanning*, mostrada na Figura 6.30, a aresta BC, embora seja a de menor peso dentre as disponíveis, não pode ser escolhida porque forma um ciclo com as arestas que já compõem a árvore.

EXEMPLO 6.11

A Figura 6.31 mostra o processo de construção da árvore *spanning* minimal usando o algoritmo de Kruskal, aplicado ao grafo mostrado na Figura 6.23 (a árvore *spanning* resultante foi já apresentada na Figura 6.26).

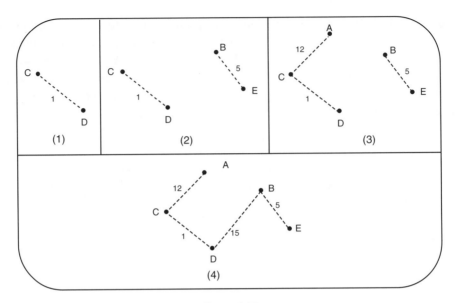

Figura 6.31
Processo de construção da árvore *spanning* minimal do grafo da Figura 6.23, usando Kruskal, cujo peso é 33.

Observando a sequência mostrada na Figura 6.31, note que em (4), em vez da aresta BD (15), poderia ter sido escolhida a aresta AB (15), o que resultaria na árvore *spanning* minimal mostrada na Figura 6.32, que tem o mesmo peso (33) daquela mostrada na Figura 6.31.

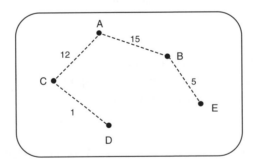

Figura 6.32
Uma outra possível árvore *spanning* minimal, com peso 33, do grafo da Figura 6.23.

6.3.2 ALGORITMO DE PRIM

Seja G um grafo conectado e ponderado. O algoritmo de Prim, assim como o de Kruskal, pressupõe que todos os pesos associados às arestas são números inteiros não negativos. Inicialmente, o algoritmo escolhe um vértice qualquer v_i de G. A seguir, é escolhida uma das arestas de G com o menor peso, que não seja um *loop* e que seja incidente a v_i. Seja essa aresta, por exemplo, $e_i = v_i v_j$. É escolhida, a seguir, uma aresta de G com menor peso que seja incidente com v_i ou com v_j, mas cujo outro vértice-extremidade não seja nem v_i e nem v_j, ou seja, escolhe-se $e_k = v_p v_k$, $p \in \{i,j\}$ e $v_k \neq v_i$, $v_k \neq v_j$.

O processo de escolha da aresta com o menor peso, tal que um de seus vértices-extremidade é um dos vértices previamente escolhidos e o outro não, é repetido até que tenham sido escolhidas n–1 arestas (considerando que o grafo tenha n vértices). Quando isso acontece, cada um dos n vértices de G foi envolvido e, por construção, o subgrafo resultante é conexo. Portanto, é uma árvore pelo Teorema 6.8 e, assim, uma árvore *spanning* de G. A descrição do algoritmo está em Algoritmo 6.2, baseada na apresentada em Clark & Holton (1998).

Entrada: Grafo conectado G = $(\{v_1, v_2, ..., v_n\}, \{e_1, e_2, ..., e_m\})$ e $\{p(e_1), p(e_2), ..., p(e_n)\}$

Saída: Árvore *spanning* minimal dada por $\{v_1, v_2, ..., v_n\}$ e n–1 arestas extraídas de $\{e_1, e_2, ..., e_m\}$

Passo 1. Escolha qualquer vértice v_1 de G.

Passo 2. Escolha uma aresta $e_1 = v_1 v_2$ de G tal que $v_1 \neq v_2$ e e_1 tem o menor peso entre as arestas de G incidentes com v_1.

Passo 3. Se as arestas $e_1, e_2, ..., e_i$ já foram escolhidas envolvendo os vértices-extremidade $v_1, v_2, ..., v_{i+1}$, escolha uma aresta $e_{i+1} = v_j v_k$, com $v_j \in \{v_1, v_2, ..., v_{i+1}\}$ e $v_k \notin \{v_1, v_2, ..., v_{i+1}\}$ tal que e_{i+1} tem o menor peso entre as arestas de G, com precisamente um vértice-extremidade em $\{v_1, v_2, ..., v_{i+1}\}$.

Passo 4. Pare após n–1 arestas terem sido escolhidas; caso contrário, repita o Passo 3.

Algoritmo 6.2
Algoritmo de Prim – construção da árvore *spanning* minimal em um grafo conectado ponderado G.

EXEMPLO 6.12

A Figura 6.33 mostra, passo a passo, o processo de construção da árvore *spanning* minimal do grafo da Figura 6.27, usando o algoritmo de Prim (com base na figura apresentada em Clark & Holton (1998)).

Capítulo 6

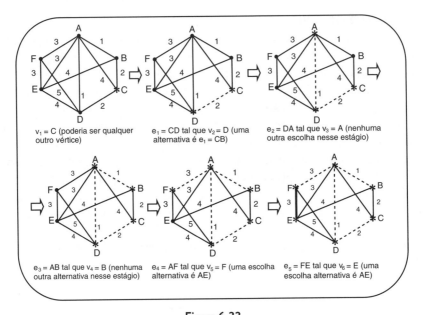

Figura 6.33
Uso do algoritmo de Prim (∗: vértice participante da *spanning* sendo construída, cujas arestas estão tracejadas).

As principais diferenças entre o algoritmo de Kruskal e de Prim são:

(1) O algoritmo de Kruskal pode construir várias subárvores "simultaneamente" (Figura 6.30 e Figura 6.31 ilustram essa situação) e, então, uni-las. O algoritmo de Prim "cresce" uma mesma subárvore a partir de um vértice inicial (ver Figura 6.35).

(2) O algoritmo de Kruskal depende da habilidade de detecção de ciclos, e o de Prim, de não escolher um vértice previamente escolhido. Essa característica torna uma implementação do algoritmo de Prim mais rápida do que uma do de Kruskal.

Os dois algoritmos vistos anteriormente geram árvores *spanning* minimais. Eles podem também ser usados para gerar árvores *spanning* maximais, ou seja, árvores que têm o maior peso possível.

Uma maneira de fazer isso é criar um novo grafo ponderado G', com os mesmos vértices e arestas do grafo dado. Cada um dos pesos p(e) em G', entretanto, é substituído por M − p(e), em que M é qualquer número maior do que qualquer dos pesos associados às arestas de G. Cada árvore *spanning* minimal de G' tem a soma de seus pesos M − p(e) no mínimo, isto é, a soma dos pesos p(e) é maximizada e, assim, a árvore *spanning* correspondente no grafo ponderado original G é uma árvore *spanning* maximal.

EXEMPLO 6.13

Considere novamente o grafo da Figura 6.27 e M = 6, uma vez que 6 é maior do que cada um dos pesos das arestas do grafo considerado. O novo grafo G', criado a partir do grafo G considerado, está mostrado na Figura 6.34.

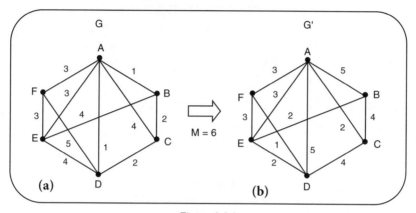

Figura 6.34
Grafo G e grafo ponderado G', construído a partir do grafo G, usando M = 6.

A Figura 6.35 mostra o processo de construção da árvore *spanning* minimal do grafo da Figura 6.34(b), usando Prim.

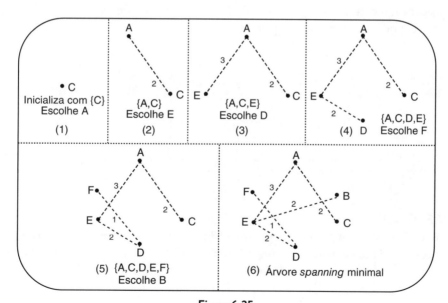

Figura 6.35
Processo de construção da árvore *spanning* minimal do grafo G' da Figura 6.34 (b), usando Prim.

A árvore *spanning* minimal do grafo G' da Figura 3.34 (b) é, então, convertida na árvore *spanning* maximal do grafo G da Figura 3.34 (a), substituindo cada p(e) por M – p(e), como mostra a Figura 6.36.

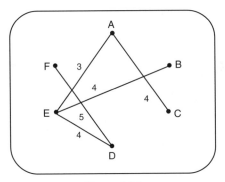

Figura 6.36
Árvore *spanning* maximal do grafo G da Figura 3.34 (a).

Como visto no Capítulo 5, uma das muitas maneiras de se representar um grafo ponderado em computador é por meio de uma matriz. Se G é um grafo com n vértices e nenhuma aresta paralela e, considerando que p_{ij} é o peso da aresta do vértice v_i ao vértice v_j, G pode ser representado como uma matriz n × n cujo elemento na posição (i,j), é p_{ij}. A inexistência de uma aresta entre vértices é representada na matriz pelo símbolo ∞.

Considerando o grafo da Figura 6.27 do Exemplo 6.9 e renomeando os vértices A = v_1, B = v_2 etc., G pode ser representado pela matriz:

$$\begin{pmatrix} \infty & 1 & 4 & 1 & 3 & 3 \\ 1 & \infty & 2 & \infty & 4 & \infty \\ 4 & 2 & \infty & 2 & \infty & \infty \\ 1 & \infty & 2 & \infty & 4 & 5 \\ 3 & 4 & \infty & 4 & \infty & 3 \\ 3 & \infty & \infty & 5 & 3 & \infty \end{pmatrix}$$

EXEMPLO 6.14

A Figura 6.37 mostra um grafo H. A Figura 6.38 mostra os passos do algoritmo de Kruskal para a geração de uma árvore *spanning* minimal de H e a Figura 6.39 mostra os passos do algoritmo de Prim para a geração de uma árvore *spanning* minimal de H.

Árvores, pontes e árvores *spanning*

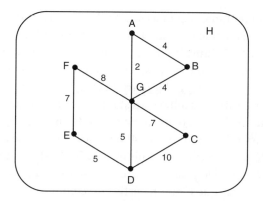

Figura 6.37
Grafo H a partir do qual será criada uma árvore *spanning* usando o algoritmo de Kruskal.

O algoritmo de Kruskal no passo (1) começa escolhendo a aresta de menor peso dentre as arestas de H que, no exemplo, é a aresta AG, de peso 2. Note na Figura 6.38 que, do passo (1) para o (2), a aresta AB poderia ter sido escolhida, em vez da aresta BG, considerando que ambas têm o mesmo peso e não existe nenhuma outra com um peso menor que 4; do passo (2) para o passo (3), como a aresta AB não pode ser escolhida agora (forma um ciclo), a aresta DE poderia ter sido escolhida em vez da escolha da aresta DG; do passo (4) para o passo (5) a aresta EF poderia ter sido escolhida em vez da CG. O último passo escolhe a aresta EF e o algoritmo termina, uma vez que escolheu (7 − 1 = 6) arestas. A árvore *spanning* minimal obtida tem peso 30.

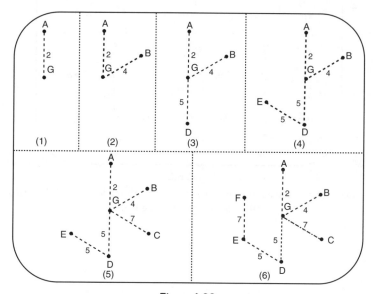

Figura 6.38
Processo de construção de uma árvore *spanning* minimal do grafo H (Figura 6.37), utilizando o algoritmo de Kruskal.

Capítulo 6

O algoritmo de Prim tem início com a escolha de um vértice que, no caso, foi o vértice D. Dentre todas as arestas incidentes em D, o algoritmo escolhe a de menor peso que, no caso, foi a aresta DG (poderia também ter sido a aresta DE). Do passo (1) para o passo (2), o algoritmo escolhe a aresta de menor peso em que um dos vértices está no conjunto {D, G} e o outro, no conjunto {A, B, C, E, F}. A aresta escolhida foi a AG, de peso 2. Do passo (2) para o passo (3) o algoritmo escolhe a aresta de menor peso dentre as arestas que têm um vértice no conjunto {A, D, G} e o outro, no conjunto {B, C, E, F}. A aresta escolhida foi a AB, de peso 4. Do passo (3) para o passo (4) o algoritmo escolhe a aresta de menor peso dentre as arestas que têm um vértice no conjunto {A, B, D, G} e o outro no conjunto {C, E, F}. A aresta escolhida é a DE. Do passo (4) para o passo (5), o algoritmo escolhe a aresta de menor peso dentre as arestas que têm um vértice no conjunto {A, B, D, E, G} e o outro no conjunto {C, F}. A aresta escolhida é a CG (note que poderia ter sido escolhida a aresta EF). Finalmente, do passo (5) para o passo (6) o algoritmo escolhe a aresta de menor peso dentre as arestas que têm um vértice no conjunto {A, B, C, D, E, G} e o outro, no conjunto {F}. A aresta escolhida é a EF e o algoritmo finaliza depois da escolha de (7 − 1 = 6) arestas, tendo construído uma árvore *spanning* minimal de peso 30.

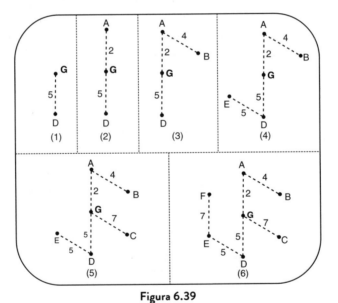

Figura 6.39
Processo de construção de uma árvore *spanning* minimal do grafo H (Figura 6.37), utilizando o algoritmo de Prim.

CAPÍTULO 7

O problema do caminho mais curto

Este capítulo apresenta e discute algoritmos relacionados com o problema do caminho mais curto, como propostos por Clark & Holton (1998) e, também, o algoritmo de Dijkstra, que determina caminhos mais curtos entre vértices de um grafo.

Capítulo 7

7.1 A TÉCNICA DA BUSCA EM LARGURA

Seja G um grafo e sejam v_1 e v_2 dois vértices específicos de G. O Algoritmo 7.1 descreve um método para encontrar o comprimento de um caminho (se existir) entre os vértices s e t, que usa o menor número de arestas. Tal caminho, se existir, é chamado de caminho mais curto de s a t. O método atribui rótulos 0, 1, 2, ... a vértices de G e é chamado Busca em Largura. Na descrição do algoritmo $\lambda(v)$, representa o rótulo do vértice v.

Entrada: Grafo G e dois vértices, s (início) e t (fim)

Saída: Comprimento do caminho mais curto (em número de arestas) entre s e t.

Passo 1. i ← 0; $\lambda(s)$ ← 0. {λ(vértice) representa um rótulo associado ao vértice}

Passo 2. Encontre todos os vértices não rotulados em G que são adjacentes a vértices rotulados i. Se não existirem tais vértices, então t não é conectado a s (por um caminho). Se existirem tais vértices, rotule-os i + 1.

Passo 3. Se t for rotulado, vá para o Passo 4, caso contrário i ← i+1 e vá para o Passo 2.

Passo 4. O comprimento do caminho mais curto de s a t é i+1. Pare e retorne i+1.

Algoritmo 7.1
Algoritmo Busca em Largura – determina o comprimento do caminho mais curto (medido como o número de arestas) entre dois vértices (s e t) de um grafo.

Observação 7.1 O algoritmo Busca em Largura, como descrito em Algoritmo 7.1, apenas enumera os vértices de um grafo e determina o tamanho do caminho mais curto entre dois vértices, se esse caminho existir.

EXEMPLO 7.1
Considere o grafo mostrado na Figura 7.1(a). O grafo mostrado na Figura 7.1(b) é o grafo mostrado em (a) com seus vértices rotulados pelo algoritmo Busca em Largura.

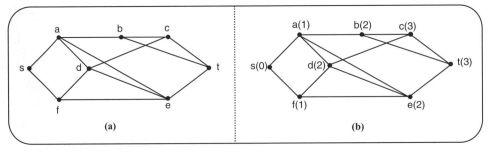

Figura 7.1
(a) Grafo G. (b) Grafo G com vértices rotulados pelo algoritmo Busca em Largura.

O problema do caminho mais curto

O algoritmo Busca em Largura começa rotulando o vértice s com 0. Como os vértices a e f são adjacentes ao vértice s, eles são rotulados com 1. Os vértices (não rotulados) que são adjacentes aos vértices rotulados 1 (isto é, aqueles adjacentes aos vértices {a,f}) são rotulados 2 ou seja, os vértices {b,d,e} recebem rótulos 2. Os vértices não rotulados adjacentes aos vértices {b,d,e}, que são os vértices {c,t}, são rotulados com 3. A Figura 7.1(b) mostra o grafo com seus vértices rotulados pelo Algoritmo 7.1. Uma vez que t (vértice final) é rotulado 3, o comprimento do caminho mais curto de s a t é 3 e o algoritmo termina.

EXEMPLO 7.2

Considere o grafo mostrado na Figura 7.2(a). O grafo mostrado na Figura 7.2(b) é o grafo mostrado em (a) com parte de seus vértices rotulados pelo algoritmo Busca em Largura. Note, entretanto, que não existe caminho de s a t no grafo considerado. Usando o Algoritmo 7.1, primeiro s é rotulado com 0. A seguir, a, b e c são rotulados com 1. Na sequência d, e, f são rotulados com 2 e, no próximo passo, g é rotulado com 3. Como não existe, nesse ponto, nenhum vértice não rotulado que seja adjacente a g (que é o único vértice rotulado 3) e t não foi rotulado ainda, não existe um caminho de s a t no grafo considerado.

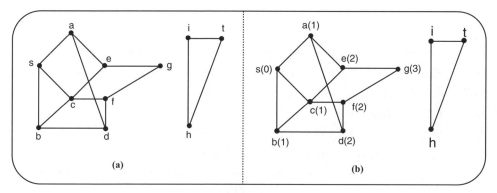

Figura 7.2
(a) Grafo G. (b) Grafo G com vértices rotulados pelo algoritmo Busca em Largura.

EXEMPLO 7.3

Considere o grafo mostrado na Figura 7.3(a). O grafo mostrado na Figura 7.3(b) é o grafo mostrado em (a) com seus vértices rotulados pelo algoritmo Busca em Largura. O comprimento do caminho mais curto entre s e t é 6.

Capítulo 7

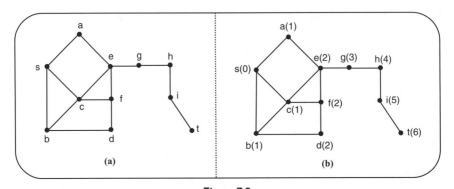

Figura 7.3
(a) Grafo G. (b) Grafo G com vértices rotulados pelo algoritmo Busca em Largura.

Se o Algoritmo 7.1 for bem-sucedido, ou seja, se o passo 4 for realizado, o algoritmo de *backtracking* descrito em Algoritmo 7.2 pode ser usado para evidenciar a sequência de vértices que compõem o caminho mais curto de s a t. Esse algoritmo usa os rótulos $\lambda(v)$ que foram criados pelo Algoritmo 7.1 e constrói o caminho $v_0, v_1, ..., v_{\lambda(v)}$ tal que $v_0 = s$ e $v_{\lambda(v)} = t$. O algoritmo começa a construção a partir do vértice destino t.

Entrada: Grafo G e dois vértices, s (início) e t (fim); valores de $\lambda(v)$ gerados pelo Algoritmo 7.1.

Saída: Caminho $v_0, v_1, ..., v_{\lambda(v)}$ tal que $v_0 = s$ e $v_{\lambda(v)} = t$.

Passo 1. Faça $i \leftarrow \lambda(t)$ e $v_i \leftarrow t$.

Passo 2. Encontre um vértice u adjacente a v_i com $\lambda(u) = i - 1$. Faça $v_{i-1} \leftarrow u$.

Passo 3. Se $i = 1$, pare; caso contrário, $i \leftarrow i - 1$ e vá para Passo 2.

Algoritmo 7.2
Algoritmo Busca em Largura (com *backtracking*).

EXEMPLO 7.4

Considere o grafo mostrado na Figura 7.1(b). Para esse grafo, os valores $\lambda(v)$, que são os rótulos criados pelo algoritmo Busca em Largura, estão mostrados na Tabela 7.1.

Tabela 7.1 Valores de λ para os vértices do grafo da Figura 7.1(a)

vértice	λ(vértice)
t	3
c	3
e	2
b	2
d	2
f	1
a	1
s	0

A seguir é apresentado um *trace* do Algoritmo 7.2.

Passo 1. i ← λ(t) e v_i ← t ⇒ i ← 3 e v_3 ← t

i	v_i
3	t

Passo 2. Encontre nó u, com λ(u) = i − 1 = 2, que seja adjacente a v_3. Existem três vértices cujos respectivos valores de λ são iguais a 2. São eles: e, b, d. Adjacentes a v_3, entretanto, apenas os vértices b, e. Suponha então que a escolha seja v_2 ← e. Como i ≠ 1, i ← i − 1 = 2.

i	v_i
3	t
2	e

Passo 2. Encontre nó u, com λ(u) = i − 1 = 1, que seja adjacente a v_2. Existem dois vértices cujos respectivos valores de λ são iguais a 1. São eles a, f, ambos adjacentes a v_2. Suponha então que a escolha seja v_1 ← f. Como i ≠ 1, i ← i − 1 = 1.

i	v_i
3	t
2	e
1	f

Passo 2. Encontre nó u, com $\lambda(u) = i - 1 = 0$, que seja adjacente a v_1. Existe apenas um vértice cujo respectivo valor de λ é 0, que é o vértice s, e que é adjacente f. Então $v_0 \leftarrow s$. Como i=1, o algoritmo para, e a sequência de vértices, do vértice inicial ao vértice final, é s, f, e, t, como mostrado na tabela a seguir.

i	v_i
3	t
2	e
1	f
0	s

EXEMPLO 7.5

Considere o grafo cujos vértices foram rotulados pelo algoritmo Busca em Largura, como mostrado na Figura 7.4. Os valores $\lambda(v)$, que são os rótulos criados pelo algoritmo Busca em Largura, estão listados em ordem decrescente de valor, na Tabela 7.2.

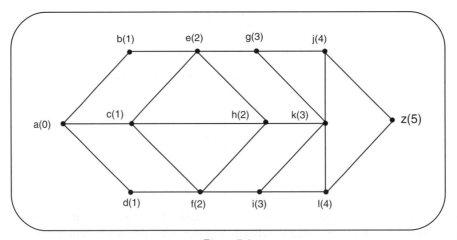

Figura 7.4
Grafo G com seus vértices rotulados pelo algoritmo Busca em Largura.

Tabela 7.2 Valores de λ para os vértices do grafo da Figura 7.4

vértice	λ(vértice)
z	5
l	4
j	4
k	3
g	3
i	3
h	2
e	2
f	2
b	1
c	1
d	1
a	0

Segue um *trace* de execução do Algoritmo 7.2, para a especificação do caminho mais curto de comprimento 5, entre o vértice a e vértice z do grafo G.

Passo 1. $i \leftarrow \lambda(z)$ e $v_i \leftarrow z \Rightarrow i \leftarrow 5$ e $v_5 \leftarrow z$

i	v_i
5	z

Passo 2. Encontre nó u, com $\lambda(u) = i - 1 = 4$, que seja adjacente a v_5. Existem dois vértices cujos respectivos valores de λ são iguais a 4 e que são adjacentes a v_5. São eles: j, l. Suponha então que a escolha seja $v_4 \leftarrow j$. Como $i \neq 1$, $i \leftarrow i - 1 = 4$.

i	v_i
5	z
4	j

Passo 2. Encontre nó u, com $\lambda(u) = i - 1 = 3$, que seja adjacente a v_4. Existem três vértices cujos respectivos valores de λ são iguais a 3. São eles k, g, i. Dos três, dois

deles, k e g, são adjacentes a v_4. Suponha então que a escolha seja $v_3 \leftarrow$ k. Como i ≠ 1, i ← i − 1 = 3.

i	v_i
5	z
4	j
3	k

Passo 2. Encontre nó u, com $\lambda(u)$ = i − 1 = 2, que seja adjacente a v_3. Existem três vértices cujos respectivos valores de λ são iguais a 2. São eles os vértices h, e, f. Dos três vértices, apenas o vértice h é adjacente a v_3 e, portanto, $v_2 \leftarrow$ h. Como i ≠ 1, i ← i − 1 = 2.

i	v_i
5	z
4	j
3	k
2	h

Passo 2. Encontre nó u, com $\lambda(u)$ = i − 1 = 1, que seja adjacente a v_2. Existem três vértices cujos respectivos valores de λ são iguais a 1. São eles os vértices b, c, d. Dentre os três vértices, entretanto, apenas o vértice c é adjacente ao vértice v_2 e, portanto, $v_1 \leftarrow$ c. Como i ≠ 1, i ← i − 1 = 1.

i	v_i
5	z
4	j
3	k
2	h
1	c

Passo 2. Encontre nó u, com $\lambda(u)$ = i − 1 = 0, que seja adjacente a v_1. O único vértice que satisfaz a essas condições é o vértice a. Então $v_0 \leftarrow$ a. Como i = 1, o procedimento termina e a sequência de vértices que produz o caminho mais curto do vértice a ao vértice z é: a, c, h, k, j, z, como mostrado na tabela a seguir.

i	v_i
5	z
4	j
3	k
2	h
1	c
0	a

O problema do caminho mais curto

Observação 7.2 Podem existir vários caminhos mais curtos entre o vértice s e o vértice t; o Algoritmo 7.2 encontra apenas um deles. A atribuição de um rótulo extra, μ(v), a cada vértice v que tenha sido rotulado pelo algoritmo Busca em Largura, produz μ(s), que é o número de caminhos mais curtos de s a t. O Algoritmo 7.3 faz isso.

Entrada: Grafo G e dois vértices, s (início) e t (fim); valores de λ(v) gerados pelo Algoritmo 7.1.

Saída: Vetor μ(v), em que μ(s) contém o número de caminhos mais curtos de s a t.

Passo 1. Faça i = λ(t) e μ(t) = 1. Todos os outros vértices v para os quais λ(v) = λ(t), faça μ(v) = 0.

Passo 2. Para cada vértice v que satisfaça λ(v) = i − 1, faça

$$\mu(v) = \sum \mu(u)$$

para todo u que satisfaça: λ(u) = i e u é adjacente a v.

Se existirem arestas paralelas, μ(u) é repetido nesse somatório tantas vezes quantas forem as arestas paralelas. Para cada um desses v, faça μ(v) igual ao valor dessa soma.

Passo 3. Se i = 1, pare; caso contrário i ← i − 1 e vá para o Passo 2.

Algoritmo 7.3
Algoritmo Busca em Largura (*backtracking* para determinar o número de caminhos mais curtos entre o vértice s e o vértice t).

EXEMPLO 7.6

Segue um *trace* do funcionamento do Algoritmo 7.3 no grafo da Figura 7.1(b). O Algoritmo 7.3 presume o uso prévio do Algoritmo 7.1, para a determinação dos valores de λ associados a cada vértice. Para o grafo em questão, os valores de λ estão listados na Tabela 7.1 em ordem decrescente de valor.

Passo 1. i ← rótulo do nó destino, ou seja, i ← λ(t) = 3 e μ(t) = 1.

Para todos os outros vértices v, tal que λ(v) = λ(t), faça μ(v) = 0. Nesse ponto, o único vértice que satisfaz a essa condição é o vértice c e, portanto, μ(c) = 0.

Passo 2. Os vértices v, que satisfazem λ(v) = 2, são os vértices b, d, e. Então são calculados:

$$\mu(b) = \sum \mu(u) \mid \lambda(u) = 3 \text{ e u adjacente a b} = \mu(c) + \mu(t) = 0 + 1 = 1$$

$$\mu(d) = \sum \mu(u) \mid \lambda(u) = 3 \text{ e u adjacente a d} = \mu(c) = 0$$

$$\mu(e) = \sum \mu(u) \mid \lambda(u) = 3 \text{ e u adjacente a e} = \mu(t) = 1$$

Passo 3. i ← i − 1 (i ← 2).

Passo 2. Os vértices v, com λ(v) = 1, são a, f. Então:
$$\mu(a) = \sum\mu(u) \mid \lambda(u) = 2 \text{ e u adjacente a a} = \mu(b) + \mu(d) + \mu(e) = 1 + 0 + 1 = 2$$
$$\mu(f) = \sum\mu(u) \mid \lambda(u) = 2 \text{ e u adjacente a f} = \mu(d) + \mu(e) = 0 + 1 = 1$$

Passo 3. i ← i − 1 (i ←1).

Passo 2. O vértice v, com λ(v) = 0, é s. Então:
$$\mu(s) = \sum\mu(u) \mid \lambda(u) = 1 \text{ e u adjacente a s} = \mu(a) + \mu(f) = 2 + 1 = 3$$

Passo 3. i = 1; o algoritmo para.

Como μ(s) = 3, existem 3 caminhos mais curtos de s a t. De fato, são eles: saet, sabt e sfet.

EXEMPLO 7.7

Segue um *trace* do funcionamento do Algoritmo 7.3 no grafo da Figura 7.4. O Algoritmo 7.3 presume o uso prévio do Algoritmo 7.1, para a determinação dos valores de λ associados a cada vértice. Para o grafo em questão, os valores de λ estão listados na Tabela 7.2 em ordem decrescente de valor.

Passo 1. i ← rótulo do nó destino, ou seja, i ← λ(z) = 5 e μ(z) = 1.

Para todos os outros vértices v, tal que λ(v) = λ(z), faça μ(v) = 0. Não existe nenhum vértice v que satisfaça a essa condição.

Passo 2. Os vértices v, que satisfazem λ(v) = 4, são os vértices l, j. Então, são calculados:
$$\mu(l) = \sum\mu(u) \mid \lambda(u) = 5 \text{ e u adjacente a l} = \mu(z) = 1$$
$$\mu(j) = \sum\mu(u) \mid \lambda(u) = 5 \text{ e u adjacente a j} = \mu(z) = 1$$

Passo 3. i ← i − 1 (i ← 4).

Passo 2. Os vértices v, com λ(v) = 3, são g,i,k. Então:
$$\mu(g) = \sum\mu(u) \mid \lambda(u) = 4 \text{ e u adjacente a g} = \mu(j) = 1$$
$$\mu(i) = \sum\mu(u) \mid \lambda(u) = 4 \text{ e u adjacente a i} = \mu(l) = 1$$
$$\mu(k) = \sum\mu(u) \mid \lambda(u) = 4 \text{ e u adjacente a k} = \mu(j) + \mu(l) = 1 + 1 = 2$$

Passo 3. i ← i − 1 (i ←3).

Passo 2. Os vértices v, com $\lambda(v) = 2$, são e, f, h. Então:

$$\mu(e) = \sum \mu(u) \mid \lambda(u) = 3 \text{ e u adjacente a } e = \mu(g) = 1$$
$$\mu(f) = \sum \mu(u) \mid \lambda(u) = 3 \text{ e u adjacente a } f = \mu(i) = 1$$
$$\mu(h) = \sum \mu(u) \mid \lambda(u) = 3 \text{ e u adjacente a } h = \mu(k) = 2$$

Passo 3. $i \leftarrow i - 1$ ($i \leftarrow 2$).

Passo 2. Os vértices v, com $\lambda(v) = 1$, são b, c, d. Então:

$$\mu(b) = \sum \mu(u) \mid \lambda(u) = 2 \text{ e u adjacente a } b = \mu(e) = 1$$
$$\mu(c) = \sum \mu(u) \mid \lambda(u) = 2 \text{ e u adjacente a } c = \mu(e) + \mu(f) + \mu(h) = 1 + 1 + 2 = 4$$
$$\mu(d) = \sum \mu(u) \mid \lambda(u) = 2 \text{ e u adjacente a } d = \mu(f) = 1$$

Passo 3. $i \leftarrow i - 1$ ($i \leftarrow 1$).

Passo 2. O vértice v, com $\lambda(v) = 0$, é a. Então:

$$\mu(a) = \sum \mu(u) \mid \lambda(u) = 1 \text{ e u adjacente a } a = \mu(b) + \mu(c) + \mu(d) = 1 + 4 + 1 = 6$$

Passo 3. $i = 1$; o algoritmo para.

Como $\mu(a) = 6$, existem 6 caminhos mais curtos de a a z. De fato, são eles: abegjz, acegjz, achkjz, achklz, adfilz, acfilz.

EXEMPLO 7.8

Segue um *trace* do funcionamento do Algoritmo 7.3 no grafo da Figura 7.5, que tem arestas paralelas e cujos valores de λ (determinados pelo Algoritmo 7.1) estão mostrados na figura, entre parênteses, ao lado de cada vértice.

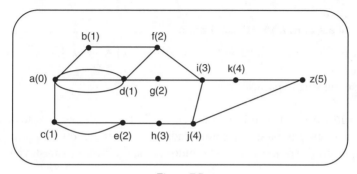

Figura 7.5
Grafo utilizado para a determinação do número de caminhos mais curtos entre a e z.

Capítulo 7

Passo 1. i ← rótulo do nó destino, ou seja, i ← λ(z) = 5 e μ(z) = 1.

Para todos os outros vértices v, tal que λ(v) = λ(z), faça μ(v) = 0. Não existe nenhum vértice v que satisfaça a essa condição.

Passo 2. Os vértices v, que satisfazem λ(v) = 4, são os vértices j, k. Então, são calculados:

μ(j) = Σμ(u) | λ(u) = 5 e u adjacente a j = μ(z) = 1
μ(k) = Σμ(u) | λ(u) = 5 e u adjacente a k = μ(z) = 1

Passo 3. i ← i − 1 (i ← 4).

Passo 2. Os vértices v, com λ(v) = 3, são h, i. Então:

μ(h) = Σμ(u) | λ(u) = 4 e u adjacente a h = μ(j) = 1
μ(i) = Σμ(u) | λ(u) = 4 e u adjacente a i = μ(j) + μ(k) = 2

Passo 3. i ← i − 1 (i ←3).

Passo 2. Os vértices v, com λ(v) = 2, são e, f, g. Então:

μ(e) = Σμ(u) | λ(u) = 3 e u adjacente a e = μ(h) = 1
μ(f) = Σμ(u) | λ(u) = 3 e u adjacente a f = μ(i) = 2
μ(g) = Σμ(u) | λ(u) = 3 e u adjacente a g = μ(i) = 2

Passo 3. i ← i − 1 (i ← 2).

Passo 2. Os vértices v, com λ(v) = 1, são b, c, d. Então:

μ(b) = Σμ(u) | λ(u) = 2 e u adjacente a b = μ(f) = 2
μ(c) = Σμ(u) | λ(u) = 2 e u adjacente a c = 2 × μ(e) = 2 × 1 = 2
μ(d) = Σμ(u) | λ(u) = 2 e u adjacente a d = μ(f) + μ(g) = 2 + 2 = 4

Passo 3. i ← i − 1 (i ← 1).

Passo 2. O vértice v, com λ(v) = 0, é a. Então:

μ(a) = Σμ(u) | λ(u) = 1 e u adjacente a a = μ(b) + μ(c) + 3 × μ(d) = 2 + 2 + 3 × 4 = 16

Passo 3. i = 1; o algoritmo para.

Como μ(a) = 16, existem 16 caminhos mais curtos de a a z. Na especificação dos 16 caminhos, a seguir, o número entre parênteses, à frente de cada um deles, indica quantos caminhos diferentes com aquela sequência de vértices existem (usando, a cada vez, uma das arestas paralelas).

abfikz(0)   abfijz(0)   adfikz(3)   adfijz(3)   adgikz(3)   adgijz(3)   acehjz(2)

7.2 O ALGORITMO DE DIJKSTRA

Nesta seção é tratado o problema do caminho mais curto de um vértice s a outro vértice t, em grafos ponderados, que é resolvido por meio do algoritmo de Dijkstra, descrito em Algoritmo 7.4, seguindo notação de Clark & Holton, 1998.

Dado um caminho P de um vértice s a um vértice t em um grafo ponderado G, o comprimento de P é definido como a soma dos pesos das arestas que fazem parte de P. Isso, de fato, corresponde ao comprimento convencional de caminho em um grafo não ponderado, se um peso com valor 1 for associado a cada aresta.

O algoritmo de Dijkstra é restrito a grafos ponderados nos quais o peso p(e) associado a cada aresta e é não negativo, ou seja, p(e) ≥ 0. Na descrição em Algoritmo 7.4, a seguinte convenção é usada: $\infty + x = \infty$, para qualquer número real x e $\infty + \infty = \infty$.

Entrada: Grafo G e dois vértices, s (início) e t (fim)

Saída: Sequência de vértices que compõem o caminho mais curto entre s e t.

Passo 1. Faça $\lambda(s) = 0$. Para todos os vértices $v \neq s$ faça $\lambda(v) = \infty$. Faça T = V (o conjunto de vértices de G, referido como conjunto de vértices não coloridos).

Passo 2. Seja u um vértice de T para o qual $\lambda(u)$ é mínimo.

Passo 3. Se u = t, pare.

Passo 4. Para toda aresta e = uv incidente com u, se $v \in T$ e $\lambda(v) > \lambda(u) + p(e)$, troque o valor de $\lambda(v)$ para $\lambda(u) + p(e)$ (ou seja, dada uma aresta e de um vértice não colorido v a u, mude $\lambda(v)$ para min{$\lambda(v), \lambda(u) + p(e)$}).

Passo 5. T ← T − {u} e vá para o Passo 2 (ou seja, colorir u e então retornar ao Passo 2 para encontrar outro vértice não colorido com rótulo mínimo).

Algoritmo 7.4
Algoritmo de Dijkstra que determina um caminho mais curto entre dois vértices de um grafo.

EXEMPLO 7.9

Segue um *trace* do funcionamento do Algoritmo 7.4 no grafo da Figura 7.6. No *trace*, o Passo 3, que implementa o critério de parada do algoritmo, está implicitamente associado ao Passo 2, com o objetivo de diminuir o volume de informação.

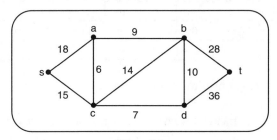

Figura 7.6
Grafo usado para o *trace* do Algoritmo 7.4.

Capítulo 7

Passo 1. Inicialmente os nós são rotulados como:

vértice v	s	a	b	c	d	t
λ(v)	0	∞	∞	∞	∞	∞
T	{s,	a,	b,	c,	d,	t}

Passo 2. O vértice u = s tem λ(u) mínimo (com valor 0).

Passo 4. Existem duas arestas incidentes a u, sa e sc, e tanto o vértice a quanto o vértice c estão em T (ou seja, não foram coloridos ainda). Então, para v ∈ {a,c}, λ(v) ← min{λ(v), λ(u) + p(e)}. Tem-se:
   λ(a) ← min{λ(a), λ(s) + p(sa)} ou seja, λ(a) ← min{∞, 0 + 18} e, portanto, λ(a) = 18
   λ(c) ← min{λ(c), λ(s) + p(sc)} ou seja λ(c) ← min{∞, 0 + 15} e, portanto, λ(c) = 15

Passo 5. T ← T − {u} (ou seja, o vértice s é colorido). Tem-se então:

vértice v	s	a	b	c	d	t
λ(v)	0	18	∞	15	∞	∞
T		{a,	b,	c,	d,	t}

Passo 2. O vértice u = c ∈ T e tem λ(u) mínimo (λ(u) = 15).

Passo 4. Existem quatro arestas incidentes a u = c, a saber, cs, ca, cb e cd. Dessas quatro, uma tem vértice v ∉ T (aresta cs). Então, para v ∈ {a,b,d}, calcula-se λ(v) ← min{λ(v), λ(u) + p(e)}. Tem-se:

   λ(a) ← min{λ(a), λ(c) + p(ca)} ou seja, λ(a) ← min{18, 15 + 6} e, portanto, λ(a) = 18
   λ(b) ← min{λ(b), λ(c) + p(cb)} ou seja λ(b) ← min{∞, 15 + 14} e, portanto, λ(b) = 29
   λ(d) ← min{λ(d), λ(c) + p(cd)} ou seja λ(d) ← min{∞, 15 + 7} e, portanto, λ(d) = 22

Passo 5. T ← T − {u} (ou seja, o vértice c é colorido}. Então, tem-se:

vértice v	s	a	b	c	d	t
λ(v)	0	18	29	15	22	∞
T		{a,	b,		d,	t}

Passo 2. u = a ∈ T e tem λ(u) mínimo (λ(u) = 18).

Passo 4. Existem três arestas incidentes a u = a, a saber, as, ab e ac. Dessas três, apenas uma tem vértice v ∈ T (aresta ab). Então, para v ∈ {b}, calcula-se λ(v) ← min{λ(v), λ(u) + p(e)}. Tem-se:
   λ(b) ← min{λ(b), λ(a) + p(ab)} ou seja, λ(b) ← min{29, 18 + 9} e portanto, λ(b) = 27

O problema do caminho mais curto

Passo 5. T ← T − {u} (ou seja, vértice a é colorido). Então tem-se:

vértice v	s	a	b	c	d	t
λ(v)	0	18	27	15	22	∞
T			{b,		d,	t}

Passo 2. O vértice u = d ∈ T e tem λ(u) mínimo (λ(u) = 22).

Passo 4. Existem três arestas incidentes a u = d, a saber, dc, db e dt. Dessas três, duas têm vértices v ∈ T (aresta db e dt). Então, para v ∈ {b,t}, calcula-se λ(v) ← min{λ(v), λ(u) + p(e)}. Tem-se:

λ(b) ← min{λ(b), λ(d) + p(db)} ou seja, λ(b) ← min{27, 22 + 10} e, portanto, λ(b) = 27

λ(t) ← min{λ(t), λ(d) + p(dt)} ou seja, λ(t) ← min{∞, 22 + 36} e, portanto, λ(t) = 58

Passo 5. T ← T − {u} (ou seja, vértice d é colorido). Então, tem-se:

vértice v	s	a	b	c	d	t
λ(v)	0	18	27	15	22	58
T			{b,			t}

Passo 2. O vértice u = b ∈ T e tem λ(u) mínimo (λ(u) = 27)

Passo 4. Existe uma única aresta incidente a u = b, a saber, bt e t ∈ T. Então, para v ∈ {t}, calcula-se λ(v) ← min{λ(v), λ(u) + p(e)}. Tem-se então:

λ(t) ← min{λ(t), λ(b) + p(bt)} ou seja, λ(t) ← min{58, 27 + 28} e, portanto, λ(t) = 55

Passo 5. T ← T − {u} (ou seja, vértice b é colorido). Tem-se então:

vértice v	s	a	b	c	d	t
λ(v)	0	18	27	15	22	55
T						{t}

Passo 2. u = t ∈ T (única escolha)

Passo 3. u = t, pare.

Quando o algoritmo termina, os valores λ(v) fornecem os comprimentos dos caminhos mais curtos do vértice s a cada um dos vértices v. Assim, os comprimentos desses caminhos do vértice s aos vértices σ, b, c, d, t são 18, 27, 15, 22 e 55, respectivamente. A identificação do caminho mais curto (ou seja, a identificação da sequência de vértices) pode ser feita usando *backtracking*.

Capítulo 7

O processo começa com o rótulo final atribuído a t, procurando identificar, a partir dele, quando acontece uma mudança em seu valor e o vértice responsável pela mudança. O processo continua examinando, então, mudança no rótulo daquele vértice responsável, buscando identificar agora o vértice responsável pela mudança, e assim por diante. Os vértices encontrados dessa maneira são os vértices relativos ao caminho mais curto. Isso é ilustrado na Tabela 7.3, para a situação mostrada no Exemplo 7.9.

Tabela 7.3 *Trace* do Algoritmo de Dijkstra do Exemplo 7.9

	vértices					T
s	a	b	c	d	t	
0	∞	∞	∞	∞	∞	{ s, a, b, c, d, t}
↑	18	∞	15	∞	∞	{ a, b, c, d, t}
	18	29		22	∞	{ a, b, d, t}
	↑	27		22	∞	{ b, d, t}
		27			58	{ b, t}
		↑			55	{ t}
					↑	

A mudança de λ(t) de 58 para 55 foi causada pelo vértice b, a mudança de λ(b) de 29 para 27 foi causada pelo vértice a, a mudança de λ(a) de ∞ para 18 foi causada pelo vértice s. O caminho mais curto é, portanto, sabt.

CAPÍTULO 8

Grafos de Euler

Como visto anteriormente, uma trilha em um grafo G é um passeio em G no qual as arestas são distintas; nenhuma aresta aparece na trilha mais do que uma vez. Neste capítulo, será apresentado um tipo específico de trilha conhecido como *tour* de Euler e exemplificada a solução de alguns problemas que envolvem a construção de um *tour* de Euler (quando factível).

8.1 PRINCIPAIS CONCEITOS E RESULTADOS

Definição 8.1
Uma trilha em um grafo G é chamada de *trilha de Euler* se ela incluir toda a aresta de G.

EXEMPLO 8.1
Considere os grafos G1 e G2 da Figura 8.1. Uma trilha de Euler no grafo da Figura 8.1 é $v_1v_2v_3v_4v_5v_6v_7v_8$. O grafo G2 não tem uma trilha de Euler.

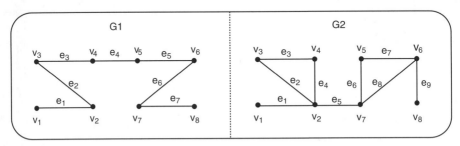

Figura 8.1
O grafo G1 tem trilha de Euler e o grafo G2 não tem.

Definição 8.2
Um *tour* em G é um passeio fechado em G que inclui toda a aresta de G pelo menos uma vez.

EXEMPLO 8.2
Considere o grafo G1 da Figura 8.1. Um *tour* em G, por exemplo, é a sequência de vértices $v_1v_2v_3v_4v_5v_6v_7v_8v_7v_6v_5v_4v_3v_2v_1$, que é um passeio fechado que inclui toda a aresta de G duas vezes.

Definição 8.3
Um *tour de Euler* em G é um *tour* que inclui cada aresta de G exatamente uma vez. Assim, um *tour* de Euler é uma trilha de Euler fechada.

Definição 8.4
Um grafo G é chamado de *grafo de Euler* se tem um *tour* de Euler.

EXEMPLO 8.3
Considere os grafos G1 e G2 da Figura 8.2.

Grafos de Euler

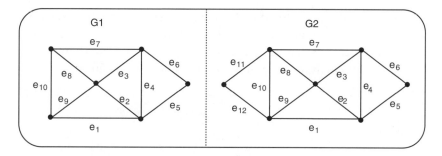

Figura 8.2
O grafo G1 não é um grafo de Euler, entretanto, tem uma trilha de Euler. O grafo G2 é um grafo de Euler.

A trilha de Euler em G1 da Figura 8.2 é dada pela sequência de arestas $e_1e_2e_3e_4e_5e_6e_7e_8e_9e_{10}$ e o *tour* de Euler em G2 da Figura 8.2 é dado por $e_1e_2e_3e_4e_5e_6e_7e_8e_9e_{10}e_{11}e_{12}$.

Observação 8.1 Não existe a possibilidade de ter um *tour* de Euler em um grafo não conexo.

O nome Euler associado a esse tipo especial de trilha, *tour* e grafo se deve ao matemático suíço Leonhard Euler (1707-1783), que foi a primeira pessoa a resolver um problema conhecido como "As pontes de Königsberg". A Figura 8.3 mostra um mapa simplificado e estilizado, de um trecho da cidade de Königsberg, mostrando o rio Pregel, duas ilhas (B e D) no rio, as margens A e C e sete pontes. O problema "As pontes de Königsberg" consiste em determinar se uma pessoa pode, a partir de determinado ponto, atravessar cada uma das sete pontes exatamente uma vez e voltar ao ponto de onde partiu.

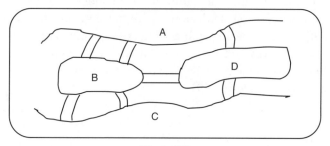

Figura 8.3
As pontes de Königsberg, em que A e C são as margens do rio, B e D são ilhas no rio e cada par de linhas duplicadas representa uma das sete pontes consideradas no problema.

Euler considerou o problema e substituiu o mapa da Figura 8.3 por um diagrama similar ao mostrado na Figura 8.4, e equacionou o problema a ser resolvido como: É possível percorrer o diagrama mostrado na Figura 8.4, a partir de qualquer dos pontos A, B, C ou D, usando todos os arcos apenas uma vez e voltar ao ponto de início?

Capítulo 8

Percorrer as sete pontes passando por elas apenas uma vez caracterizaria uma trilha de Euler. Percorrer as sete pontes apenas uma vez voltando ao ponto de partida caracterizaria um *tour* de Euler. Euler mostrou que a resposta ao problema é "não", mostrando que o grafo não tem (o que foi mais tarde definido como) uma trilha de Euler.

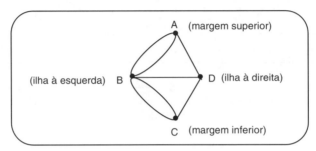

Figura 8.4
Abstração da representação estilizada das 7 pontes de Königsberg, com base na Figura 8.3.

Teorema 8.1
Seja G um grafo cujo grau de todo vértice é pelo menos dois. Então, G contém um ciclo.

Prova:

(1) Se G não é simples, então G contém um ciclo, uma vez que:

  (1.a) G contém um *loop* e qualquer *loop* é um ciclo de comprimento 1, ou

  (1.b) G contém um par de arestas paralelas, que é um ciclo de comprimento 2.

(2) Considere que G seja simples. Seja v_0 um vértice qualquer de G. Uma vez que $d(v_0) \geq 2$, pode-se escolher uma aresta e_1 que tenha um vértice-extremidade v_0 e o outro v_1, por exemplo. Uma vez que $d(v_1) \geq 2$, pode-se escolher uma aresta e_2 que tenha um vértice-extremidade v_1 e o outro vértice-extremidade v_2, diferente de v_0. Esse processo pode ser repetido de maneira que, no passo i, se tem uma aresta e_i incidente com v_{i-1} e v_i tal que $v_i \neq v_j$, para $j = 0, ..., i - 1$, como mostra a Figura 8.5.

Figura 8.5
Processo de construção de um caminho, no Teorema 8.1.

Uma vez que G tem um número finito de vértices, eventualmente é preciso escolher um vértice que tenha sido escolhido antes. Se v_k for o primeiro de tal vértice, então o passeio entre a primeira das duas ocorrências de v_k é um ciclo (uma vez que os vértices internos desse passeio são distintos e diferentes de v_k, dado que v_k é o primeiro vértice a ser repetido) (ver Figura 8.6) ♦.

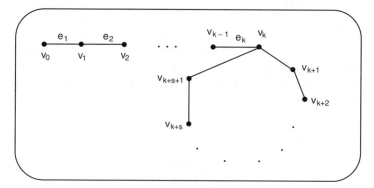

Figura 8.6
Processo de construção de um caminho, no Teorema 8.1.

Teorema 8.2
Um grafo conexo G é um grafo de Euler se e somente se o grau de todo vértice de G é par.

EXEMPLO 8.4
Considere os cinco grafos conexos mostrados na Figura 8.7. Usando o estabelecido pelo Teorema 8.2, apenas o grafo G2, que tem todos os vértices com grau par, é um grafo de Euler.

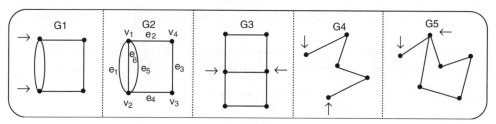

Figura 8.7
Os grafos G1, G3, G4 e G5 têm vértices com grau ímpar (vértices identificados com a seta) e, portanto, não são grafos de Euler (Teorema 8.2). O G2 é um grafo de Euler, e um *tour* de Euler em G2 é, por exemplo, $v_4 e_3 v_3 e_4 v_2 e_5 v_1 e_1 v_2 e_6 v_1 e_2 v_4$.

EXEMPLO 8.5
O estabelecido pelo Teorema 8.2 pode ser usado no grafo que representa o problema das pontes de Königsberg (Figura 8.4). Não existe a possibilidade de percorrer as sete pontes apenas uma vez e voltar ao ponto de partida, dado que o grafo em questão tem vértices de grau ímpar (na verdade, todos os seus vértices têm grau ímpar) e, portanto, não é um grafo de Euler.

Capítulo 8

Teorema 8.3
Seja G um grafo conexo G e sejam u e v vértices distintos em G. Então existe uma trilha de Euler em G, de u a v se e somente se os graus de u e de v forem ímpares e os graus de todos os outros vértices em G, pares.

Observação 8.2 O Teorema 8.3 pode ser reescrito com o seguinte enunciado: "Um grafo conexo G tem uma trilha de Euler se e somente se tem no máximo dois vértices com grau ímpar, isto é, ou não tem nenhum vértice com grau ímpar ou tem exatamente dois vértices com grau ímpar." A Figura 8.8 mostra um grafo com apenas dois vértices com grau ímpar e uma trilha de Euler nele definida pela sequência:

$v_4 e_3 v_6 e_4 v_8 e_5 v_7 e_6 v_5 e_7 v_3 e_9 v_1 e_{10} v_2 e_{12} v_6 e_{13} v_7 e_{14} v_3 e_{11} v_2 e_2 v_4 e_1 v_1 e_8 v_5$

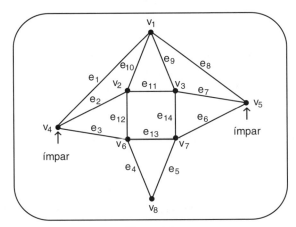

Figura 8.8
Grafo conectado com dois vértices ímpares e os demais pares: o grafo tem trilha de Euler.

O algoritmo em Algoritmo 8.1, como descrito em Clark & Holton (1998), chamado algoritmo de Fleury, constrói um *tour* de Euler em um grafo de Euler.

Entrada: Grafo de Euler G

Saída: W, *tour* de Euler em G

Passo 1. Escolha qualquer vértice v_0 em um grafo de Euler G e faça $W_0 = v_0$.

Passo 2. Se a trilha $W_i = v_0 e_1 v_1 ... e_i v_i$ foi construída (de maneira que $e_1, e_2, ..., e_i$ são todos diferentes), escolha uma aresta e_{i+1} diferente de $e_1, ..., e_i$ tal que:

(2.1) e_{i+1} seja incidente com v_i e

(2.2) a menos que não exista alternativa, e_{i+1} não seja uma ponte no subgrafo com arestas removidas $G - \{e_1, ..., e_i\}$.

Passo 3. Pare se W_i contém toda a aresta de G; caso contrário, repita o Passo 2.

Algoritmo 8.1
Algoritmo de Fleury para a construção de um *tour* de Euler em um grafo de Euler.

EXEMPLO 8.6

Esse exemplo, extraído de Clark & Holton (1998), ilustra o uso do algoritmo de Fleury no grafo de Euler mostrado na Figura 8.9.

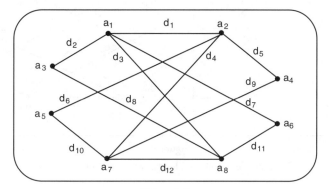

Figura 8.9
Grafo de Euler entrada para o algoritmo de Fleury.

No que se segue, cada uma das figuras que exibe o estágio de andamento do algoritmo é dividida em duas partes: à esquerda está o *tour* sendo construído e, à direita, o que restou do grafo G após a eliminação de uma aresta e sua subsequente inserção no *tour* sendo construído.

Passo 1. Escolher $v_0 = a_1$. $W_0 = a_1$.

Passo 2. Escolher aresta $e_1 = d_1$. Figura 8.10(a) mostra W_1 e (b) mostra $G - \{d_1\}$.

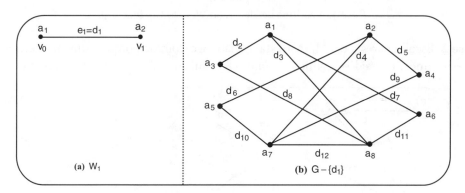

Figura 8.10
Trace do algoritmo de Fleury. (a) W_1 sendo construído. (b) $G - \{d_1\}$.

Capítulo 8

Passo 2. Escolher aresta $e_2 = d_5$. A Figura 8.11 mostra W_2 e o subgrafo resultante.

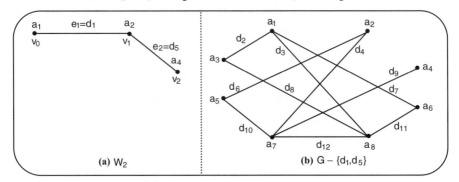

Figura 8.11
Trace do algoritmo de Fleury. **(a)** W_2 e **(b)** $G - \{d_1, d_5\}$.

Passo 2. Escolher aresta $e_3 = d_9$. Embora d_9 seja uma ponte, não há outra alternativa disponível. A Figura 8.12 mostra W_3 e o subgrafo resultante.

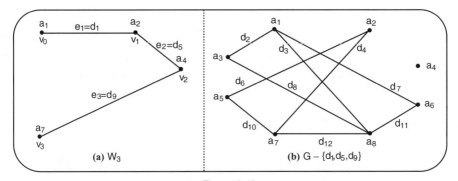

Figura 8.12
Trace do algoritmo de Fleury. **(a)** W_3 e **(b)** $G - \{d_1, d_5, d_9\}$.

Passo 2. Escolher aresta $e_4 = d_4$. A aresta d_{12} não foi escolhida porque é uma ponte, mas d_{10} poderia também ter sido escolhida. A Figura 8.13 mostra W_4 e o subgrafo resultante.

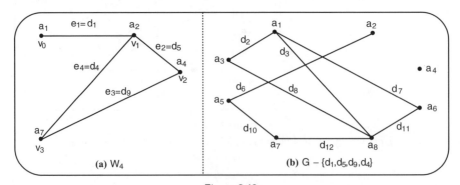

Figura 8.13
Trace do algoritmo de Fleury. **(a)** W_4 e **(b)** $G - \{d_1, d_5, d_9, d_4\}$.

Passo 2. Escolher aresta $e_5 = d_6$ (não tem outra escolha). A Figura 8.14 mostra W_5 e o subgrafo resultante.

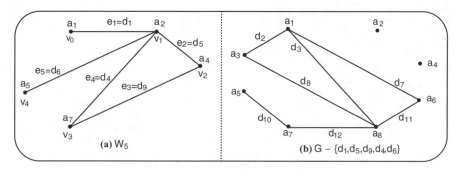

Figura 8.14
Trace do algoritmo de Fleury. **(a)** W_4 e **(b)** $G - \{d_1, d_5, d_9, d_4, d_6\}$.

Passo 2. Escolher aresta $e_6 = d_{10}$ (que é uma ponte, mas não existe outra alternativa). A Figura 8.15 mostra W_6 e o subgrafo resultante.

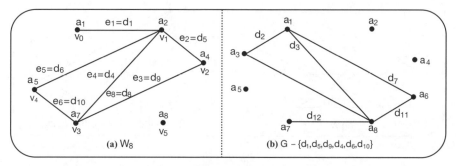

Figura 8.15
Trace do algoritmo de Fleury. **(a)** W_6 e **(b)** $G - \{d_1, d_5, d_9, d_4, d_6, d_{10}\}$.

Passo 2. Escolher aresta $e_7 = d_{12}$ (que é uma ponte, mas não existe outra alternativa). A Figura 8.16 mostra W_7 e o subgrafo resultante.

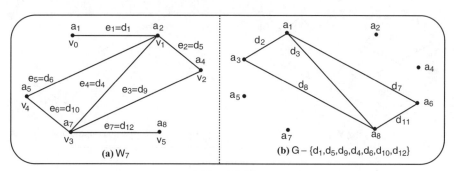

Figura 8.16
Trace do algoritmo de Fleury. **(a)** W_7 e **(b)** $G - \{d_1, d_5, d_9, d_4, d_6, d_{10}, d_{12}\}$.

Capítulo 8

Passo 2. Escolher aresta $e_8 = d_8$. A Figura 8.17 mostra W_8 e o subgrafo resultante.

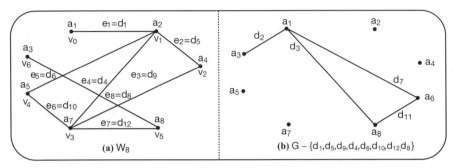

Figura 8.17
Trace do algoritmo de Fleury. **(a)** W_8 e **(b)** $G - \{d_1, d_5, d_9, d_4, d_6, d_{10}, d_{12}, d_8\}$.

Passo 2. Escolher aresta $e_9 = d_2$ (que é uma ponte mas não existe outra alternativa). A Figura 8.18 mostra W_9 e o subgrafo resultante.

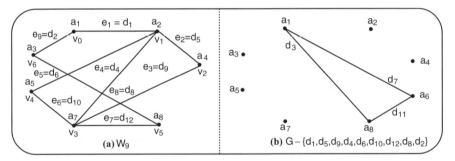

Figura 8.18
Trace do algoritmo de Fleury. **(a)** W_9 e **(b)** $G - \{d_1, d_5, d_9, d_4, d_6, d_{10}, d_{12}, d_8, d_2\}$.

Passo 2. Escolher aresta $e_{10} = d_3$. A Figura 8.19 mostra W_{10} e o subgrafo resultante.

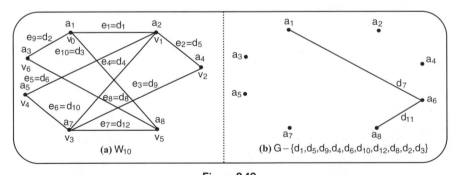

Figura 8.19
Trace do algoritmo de Fleury. **(a)** W_{10} e **(b)** $G - \{d_1, d_5, d_9, d_4, d_6, d_{10}, d_{12}, d_8, d_2, d_3\}$.

Passo 2. Escolher aresta $e_{11} = d_{11}$ (apesar de ser ponte). A Figura 8.20 mostra W_{11} e o subgrafo resultante.

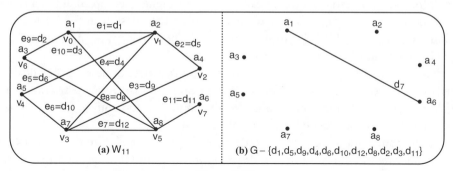

Figura 8.20
Trace do algoritmo de Fleury. **(a)** W_{11} e **(b)** $G - \{d_1,d_5,d_9,d_4,d_6,d_{10},d_{12},d_8,d_2,d_3,d_{11}\}$.

Passo 2. Escolher aresta $e_{12} = d_7$ (apesar de ser ponte). A Figura 8.21 mostra W_{12} e o subgrafo resultante.

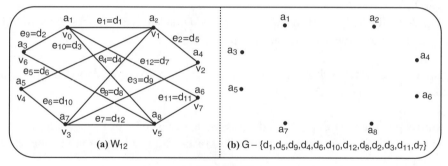

Figura 8.21
Trace do algoritmo de Fleury. **(a)** W_{12} e **(b)** $G - \{d_1,d_5,d_9,d_4,d_6,d_{10},d_{12},d_8,d_2,d_3,d_{11},d_7\}$.

Passo 3. W_{12} contém toda a aresta de G. Pare.

O *tour* de Euler desse exemplo é:

$$a_1d_1a_2d_5a_4d_9a_7d_4a_2d_6a_5d_{10}a_7d_{12}a_8d_8a_3d_2a_1d_3a_8d_{11}a_6d_7a_1$$

ou, com a sequência de arestas renomeadas:

$$a_1e_1a_2e_2a_4e_3a_7e_4a_2e_5a_5e_6a_7e_7a_8e_8a_3e_9a_1e_{10}a_8e_{11}a_6e_{12}a_1.$$

8.2 O PROBLEMA DO CARTEIRO CHINÊS

O problema do carteiro chinês consiste em determinar como, partindo de determinado ponto e retornando a ele, percorrer todas as ruas de uma rota para entrega de cartas andando o mínimo possível. Para modelar a situação, pode-se construir um grafo G no qual cada aresta representa uma rua na rota do carteiro, cada vértice representa um cruzamento entre ruas, e o peso associado a cada aresta representa o comprimento da rua entre os cruzamentos (ou o tempo gasto para percorrê-la). Essa descrição é conhecida como "Problema do carteiro chinês", assim chamado em homenagem ao matemático chinês Meigu Guan (Guan, 1992), que o propôs.

Se o peso de um *tour* $v_0e_1v_1e_2...e_nv_0$ for definido como a soma dos pesos associados às suas arestas, ou seja, $p(e_1) + p(e_2) + ... + p(e_n)$, o problema do carteiro chinês se resume a encontrar um *tour* de peso mínimo em um grafo conexo ponderado com pesos não negativos (um *tour* envolve cada aresta de G pelo menos uma vez).

Se o grafo ponderado G for um grafo de Euler (o grau de cada um dos vértices é par), então qualquer *tour* de Euler é um *tour* de peso mínimo, uma vez que envolve cada aresta de G uma e apenas uma vez. Na prática, então, o algoritmo de Fleury pode ser usado para construir esse *tour*. Se G não for um grafo de Euler, então qualquer *tour* em G tem que envolver algumas arestas mais do que uma vez. Para tratar a situação de um grafo que não é de Euler, usa-se o processo de duplicação de arestas.

Definição 8.5
Em um grafo G, diz-se que uma *aresta* e é *duplicada* quando seus vértices-extremidade são unidos por uma nova aresta com o mesmo peso p(e) de e.

O problema do carteiro chinês pode, então, ser redefinido como: dado um grafo ponderado conexo G, com pesos não negativos,

(1) encontre, por meio da duplicação de arestas, se necessário, um supergrafo ponderado de Euler G* de G tal que a soma dos pesos das arestas duplicadas seja tão pequena quanto possível, ou seja,

$$\sum_{e \in E(G^*) - E(G)} w(e)$$

seja mínimo, em que E(G*)–E(G) é o conjunto das arestas que estão em G* mas não estão em G, e

(2) encontre um *tour* de Euler em G*.

Se o grafo não for de Euler, ele pode ser convertido em um grafo de Euler, construindo arestas adicionais de maneira que o grau de cada vértice seja par. Suponha que o número de vértices de grau ímpar seja dois. Constrói-se uma aresta artificial entre os dois vértices de grau ímpar de maneira que o supergrafo G* de G seja de Euler. Seja o peso dessa nova aresta a menor distância entre esses dois vértices. A solução consiste então em encontrar um *tour* de Euler em G* e substituir a nova aresta pelo caminho mais curto entre os dois vértices de grau ímpar, por meio da duplicação das arestas participantes desse caminho mais curto.

EXEMPLO 8.7

Considere o grafo G mostrado na Figura 8.22, que não é de Euler (vértices v_4 e v_5 têm grau ímpar) e suponha que ele representa o problema do carteiro chinês, como exemplificado em Clark & Holton (1998).

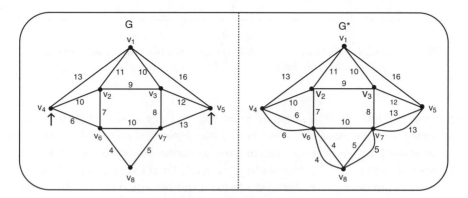

Figura 8.22
Grafo G e supergrafo G*, com quatro arestas duplicadas, com o objetivo de transformar o grafo G em um grafo de Euler, G*.

Considerando que v_4 e v_5 são os vértices de grau ímpar, o algoritmo de Dijkstra é utilizado para encontrar o caminho mais curto entre v_4 e v_5.

Uma vez que $v_4v_6v_8v_7v_5$ é o caminho mais curto de v_4 a v_5, duplicando cada uma das arestas desse caminho, o supergrafo ponderado de Euler G* é obtido, como mostrado na Figura 8.22. O algoritmo de Fleury é então usado, começando no vértice v_1, para extrair um *tour* de Euler de G*, no caso:

$$v_1v_4v_6v_8v_7v_5v_1v_2v_4v_6v_8v_7v_5v_3v_2v_6v_7v_3v_1$$

cujo tamanho é 162. O algoritmo de Fleury, entretanto, pode fornecer vários *tours* para o problema do carteiro chinês, diferentes do anterior.

EXEMPLO 8.8

Considere a resolução do problema do carteiro chinês para o grafo G conexo mostrado na Figura 8.23(a).

Capítulo 8

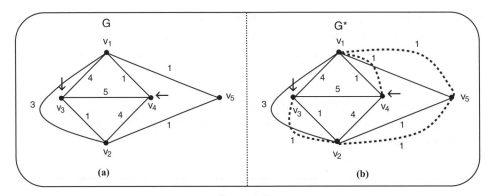

Figura 8.23
(a) Grafo conexo G. (b) Grafo G estendido via duplicação das arestas que compõem o menor caminho entre os dois vértices ímpares v_3 e v_4.

O grafo G na Figura 8.23(a) não é de Euler (vértices v_3 e v_4 são ímpares). Como visto anteriormente, uma maneira de tornar G de Euler é por meio de duplicação de arestas. Quais arestas duplicar? Aquelas que fazem parte do menor caminho entre v_3 e v_4.

O algoritmo de Dijkstra é então usado para determinar esse caminho, que é o caminho $v_3v_2v_5v_1v_4$, com peso 4. As arestas desse caminho são então duplicadas, como mostra a Figura 8.23(b), na qual as arestas duplicadas estão pontilhadas. A duplicação das arestas que fazem parte do menor caminho entre v_3 e v_4 torna a o grafo G um grafo de Euler G* (todos os vértices têm grau par), e o algoritmo de Fleury pode, então, ser utilizado para determinar o *tour* de Euler em G*, como mostrado na sequência de Figuras 8.24 a 8.34.

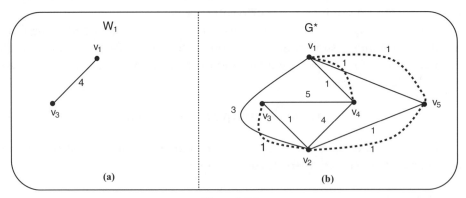

Figura 8.24
Aplicando Fleury em G*. (a) W_1 e (b) G*−(v_1,v_3).

172

Grafos de Euler

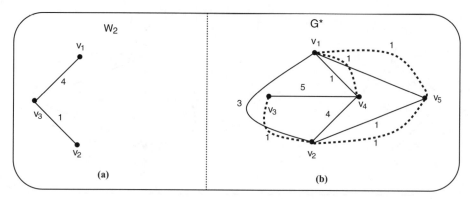

Figura 8.25
Aplicando Fleury em G^*. **(a)** W_2 e **(b)** $G^*-\{(v_1,v_3),(v_3,v_2)\}$.

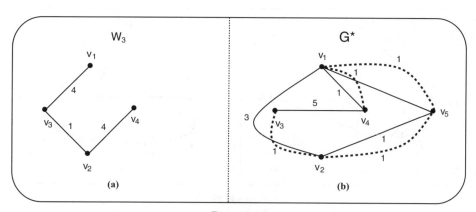

Figura 8.26
Aplicando Fleury em G^*. **(a)** W_3 e **(b)** $G^*-\{(v_1,v_3),(v_3,v_2),(v_2,v_4)\}$.

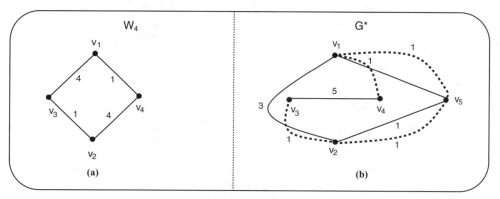

Figura 8.27
Aplicando Fleury em G^*. **(a)** W_4 e **(b)** $G^*-\{(v_1,v_3),(v_3,v_2),(v_2,v_4),(v_4,v_1)\}$.

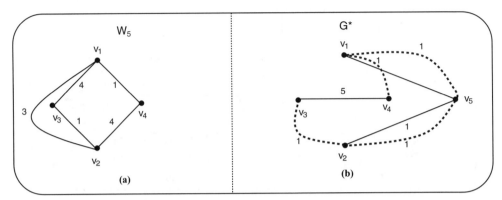

Figura 8.28
Aplicando Fleury em G*. **(a)** W_5 e **(b)** $G^* - \{(v_1,v_3),(v_3,v_2),(v_2,v_4),(v_4,v_1),(v_1,v_2)\}$.

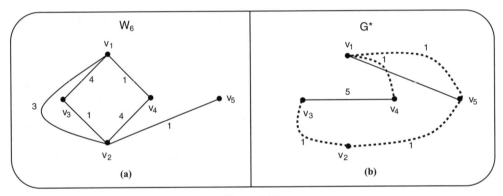

Figura 8.29
Aplicando Fleury em G*. **(a)** W_6 e **(b)** $G^* - \{(v_1,v_3),(v_3,v_2),(v_2,v_4),(v_4,v_1),(v_1,v_2),(v_2,v_5)\}$.

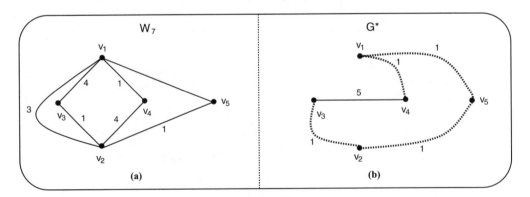

Figura 8.30
Aplicando Fleury em G*. **(a)** W_7 e
(b) $G^* - \{(v_1,v_3),(v_3,v_2),(v_2,v_4),(v_4,v_1),(v_1,v_2),(v_2,v_5),(v_5,v_1)\}$.

Grafos de Euler

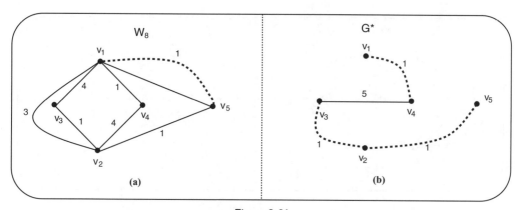

Figura 8.31
Aplicando Fleury em G*. **(a)** W_8 e
(b) $G^*-\{(v_1,v_3),(v_3,v_2),(v_2,v_4),(v_4,v_1),(v_1,v_2),(v_2,v_5),(v_5,v_1),(v_1,v_5)\}$.

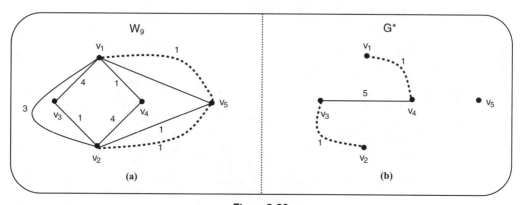

Figura 8.32
Aplicando Fleury em G*. **(a)** W_9 e
(b) $G^*-\{(v_1,v_3),(v_3,v_2),(v_2,v_4),(v_4,v_1),(v_1,v_2),(v_2,v_5),(v_5,v_1),(v_1,v_5),(v_5,v_2)\}$.

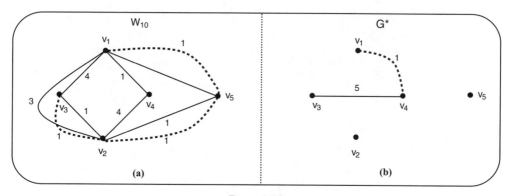

Figura 8.33
Aplicando Fleury em G*. **(a)** W_{10} e
(b) $G^*-\{(v_1,v_3),(v_3,v_2),(v_2,v_4),(v_4,v_1),(v_1,v_2),(v_2,v_5),(v_5,v_1),(v_1,v_5),(v_5,v_2),(v_2,v_3)\}$.

175

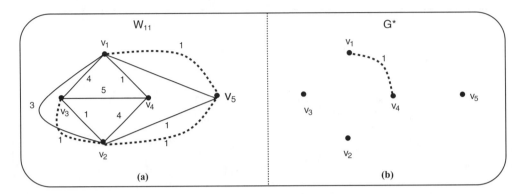

Figura 8.34
Aplicando Fleury em G*. **(a)** W_{11} e
(b) G*−{$(v_1,v_3),(v_3,v_2),(v_2,v_4),(v_4,v_1),(v_1,v_2),(v_2,v_5),(v_5,v_1),(v_1,v_5),(v_5,v_2),(v_2,v_3),(v_3,v_4)$}.

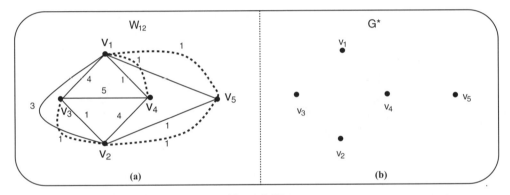

Figura 8.35
Aplicando Fleury em G*. **(a)** W_{12} e
(b) G*−{$(v_1,v_3),(v_3,v_2),(v_2,v_4),(v_4,v_1),(v_1,v_2),(v_2,v_5),(v_5,v_1),(v_1,v_5),(v_5,v_2),(v_2,v_3),(v_3,v_4),(v_4,v_1)$}.

CAPÍTULO 9

Grafos hamiltonianos

Considere o problema de determinar as condições que garantam que um grafo tem (ou não) um ciclo que passa por cada um de seus vértices. Esse problema foi abordado no capítulo anterior, focalizando arestas, em vez de vértices.

Muito embora aparentemente ambos os problemas pareçam similares, eles são fundamentalmente diferentes. Até hoje não foram encontrados critérios razoáveis e práticos (como o Teorema 8.2 para grafos de Euler) que garantam que um grafo tem um ciclo que passa em cada um de seus vértices (lembrando que, por ser ciclo, cada vértice comparece apenas uma vez). Esse ainda é um problema em aberto em Teoria dos Grafos, sem uma resposta completa.

Capítulo 9

9.1 PRINCIPAIS CONCEITOS E RESULTADOS

Definição 9.1
Dado um grafo G, um *caminho hamiltoniano* em G é um caminho que contém todo vértice de G.

Observação 9.1 Desde que, por definição, nenhum vértice em um caminho é repetido, isso significa que em um caminho hamiltoniano em G todo vértice de G comparece apenas uma vez.

Definição 9.2
Dado um grafo G, um *ciclo hamiltoniano* (ou circuito hamiltoniano) em G é um ciclo que contém todo vértice de G.

Observação 9.2 Uma vez que, por definição, nenhum vértice em um ciclo é repetido, com exceção do vértice final, que é igual ao inicial, isso significa que um ciclo hamiltoniano em G com vértice inicial v contém todo outro vértice de G precisamente uma vez e, então, termina em v.

Definição 9.3
Um grafo G é um grafo *hamiltoniano* se tem um ciclo hamiltoniano.

Observação 9.3 Se a última aresta de um ciclo hamiltoniano for eliminada, obtém-se um caminho hamiltoniano. Um grafo não hamiltoniano, entretanto, pode possuir um caminho hamiltoniano, ou seja, caminhos hamiltonianos não podem ser usados sempre para formar ciclos hamiltonianos. Note também que na definição de grafo hamiltoniano está implícito que tais grafos são conexos.

EXEMPLO 9.1
Considere os cinco grafos mostrados na Figura 9.1.

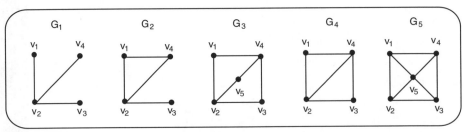

Figura 9.1
Cinco grafos, G_1, G_2, G_3, G_4 e G_5.

O grafo G_1 não tem caminho hamiltoniano. Os grafos G_2 e G_3 têm caminho hamiltoniano $(v_4v_1v_2v_3)$ (por exemplo) e $(v_1v_2v_5v_4v_3)$, respectivamente. Os grafos G_2 e G_3, entretanto, não têm ciclos hamiltonianos. Já os grafos G_4 e G_5 têm ciclos hamiltonianos $(v_1v_2v_3v_4v_1)$ e $(v_1v_5v_2v_3v_4v_1)$.

Observação 9.4 Dado qualquer grafo hamiltoniano G, se G* é um supergrafo de G obtido por meio da adição de novas arestas entre vértices de G, G* será também hamiltoniano, uma vez que qualquer ciclo hamiltoniano em G continuará sendo ciclo hamiltoniano em G*. Essa situação é mostrada em Exemplo 9.2.

EXEMPLO 9.2

Considere o grafo G mostrado na Figura 9.2(a) e seu supergrafo G*, obtido por meio da adição das arestas e_5 e e_6. Note que o ciclo hamiltoniano $(v_1v_2v_3v_4v_1)$ em G continua sendo um ciclo hamiltoniano em G*.

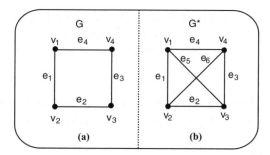

Figura 9.2
(a) Grafo hamiltoniano G. (b) G* é um supergrafo obtido a partir de G pela adição das arestas e_4 e e_5. G* é também hamiltoniano.

Observação 9.5 Um grafo G será hamiltoniano se e somente se seu grafo básico simples for hamiltoniano. Se G for hamiltoniano, então qualquer ciclo hamiltoniano em G permanecerá sendo um ciclo hamiltoniano no grafo básico de G. Por outro lado, se o grafo simples básico de um grafo G for hamiltoniano, então G também é hamiltoniano, devido às observações anteriores. Por essa razão, a propriedade "ser hamiltoniano" é considerada apenas para grafos simples.

Dado um grafo simples G com n vértices, uma vez que G é subgrafo do grafo completo K_n, pode-se construir, passo a passo, supergrafos simples de G até, por fim, construir K_n, por meio da adição de uma aresta extra, a cada passo, entre dois vértices que ainda não são adjacentes. Esse processo é ilustrado na Figura 9.3.

Capítulo 9

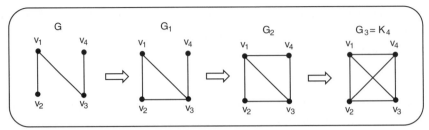

Figura 9.3
A construção passo a passo de K_4.

Se o processo de construção passo a passo começar a partir de um grafo G que não é hamiltoniano (como o mostrado com o grafo G, na Figura 9.3), então, uma vez que o resultado final do procedimento é o grafo hamiltoniano K_n, em algum passo do processo o grafo deixa de ser não hamiltoniano e passa a ser hamiltoniano. Na sequência de passos exibida na Figura 9.3, por exemplo, o grafo não hamiltoniano G_1 é seguido por um grafo hamiltoniano G_2.

Dado que supergrafos de grafos hamiltonianos são hamiltonianos, quando um supergrafo hamiltoniano é obtido pelo processo de adição de arestas, todos os supergrafos posteriormente construídos por esse mesmo processo são hamiltonianos.

Definição 9.4
Um grafo simples G_1 é chamado *não hamiltoniano maximal* se não for hamiltoniano, mas a adição a ele de qualquer aresta conectando dois vértices não adjacentes resulta em um grafo hamiltoniano.

EXEMPLO 9.3
Considere o grafo G_1 da Figura 9.3. O grafo G_1 é um grafo não hamiltoniano maximal, uma vez que a adição de qualquer aresta transforma G_1 em G_2 (ou G_3), que são hamiltonianos. O processo de adição de arestas ao grafo G_1 está mostrado na Figura 9.4.

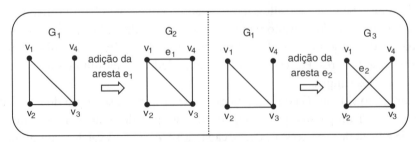

Figura 9.4
G_1 é não hamiltoniano maximal. A adição de qualquer aresta a G_1 resulta em grafo hamiltoniano (G_2 ou G_3).

Observação 9.6 Considere o grafo G mostrado na Figura 9.5. Note que a adição da aresta e_1 a G resulta no grafo G_1, que é hamiltoniano. Por outro lado, entretanto, se a aresta e_2 for adicionada a G, o grafo resultante, G_2, não é hamiltoniano. Portanto, não é a adição de qualquer aresta que torna G hamiltoniano, o que faz com que G não possa ser caracterizado como não hamiltoniano maximal.

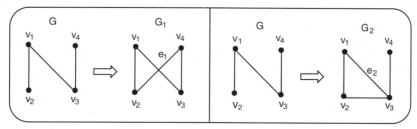

Figura 9.5
G não é não hamiltoniano maximal. (a) Com a adição de e_1 a G obtém-se G_1, hamiltoniano.
(b) Com a adição de e_2 a G obtém-se G_2, que não é hamiltoniano.

EXEMPLO 9.4

O grafo da Figura 9.6 é um grafo não hamiltoniano maximal. A adição de qualquer aresta entre vértices não adjacentes produz um grafo hamiltoniano, como evidencia a Figura 9.7, na qual as seis possibilidades de inclusão de aresta estão mostradas.

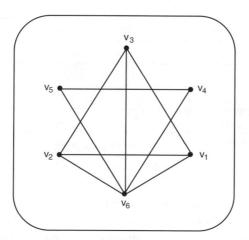

Figura 9.6
Grafo não hamiltoniano maximal.

Capítulo 9

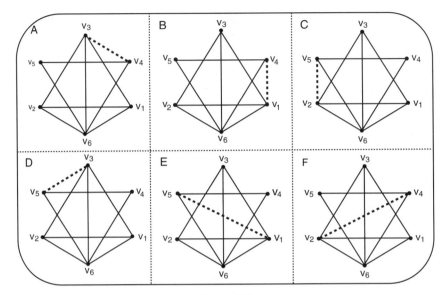

Figura 9.7
A adição de uma das seis possíveis arestas (pontilhadas) entre vértices não adjacentes do grafo da Figura 9.6 resulta em um grafo hamiltoniano, como pode ser visto em A, B, C, D, E e F. O grafo da Figura 9.6, portanto, é não hamiltoniano maximal.

A Tabela 9.1 mostra uma sequência de vértices que caracteriza um ciclo hamiltoniano em cada um dos grafos da Figura 9.7.

Tabela 9.1 Ciclos hamiltonianos nos grafos da Figura 9.7

Grafo	Ciclo hamiltoniano
A	$v_1 v_2 v_6 v_5 v_4 v_3 v_1$
B	$v_1 v_2 v_3 v_6 v_5 v_4 v_1$
C	$v_1 v_2 v_5 v_4 v_6 v_3 v_1$
D	$v_1 v_2 v_6 v_4 v_5 v_3 v_1$
E	$v_1 v_5 v_4 v_6 v_2 v_3 v_1$
F	$v_1 v_2 v_4 v_5 v_6 v_3 v_1$

Observação 9.7 Em razão do processo de construção passo a passo descrito anteriormente, qualquer grafo não hamiltoniano com n vértices será um subgrafo de um grafo não hamiltoniano maximal com n vértices. Esse resultado é usado na prova do Teorema 9.1.

Teorema 9.1
(Teorema de Dirac, 1952) Seja $G = (V,E)$ um grafo simples com n vértices, $n \geq 3$. Se para todo vértice $v \in V$, $d(v) \geq n/2$, então G é hamiltoniano.

Observação 9.8

(a) Algumas vezes o enunciado do teorema de Dirac é apresentado como: Se G é um grafo com ordem n (*i.e.*, número de vértices) tal que $\delta \geq n/2$ (em que δ é o menor dentre todos os graus de vértices de G), então G é hamiltoniano.

(b) No teorema de Dirac a condição do número de vértices ser maior ou igual a 3, *i.e.*, $n \geq 3$, deve ser incluída uma vez que o K_2 não é hamiltoniano mas satisfaz $d(v) \geq n/2$, *i.e.*, $d(v) \geq 1$.

(c) Note que um grafo G = (V,E) pode ser hamiltoniano e, no entanto, não satisfazer à condição $d(v) \geq n/2$, para todo vértice $v \in V$, um exemplo desta situação é mostrado na Figura 9.8. O que o Teorema 9.1 garante é que um grafo que satisfaça tal condição é um grafo hamiltoniano.

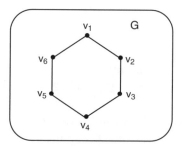

Figura 9.8
G é um grafo hamiltoniano cujo número de vértices é n = 6, e não satisfaz a condição $d(v_i) \geq n/2$ (i = 1, ..., 6), uma vez que o grau de todo vértice é 2.

EXEMPLO 9.5

Usando o resultado estabelecido pelo Teorema 9.1, pode-se afirmar que o grafo G com 7 vértices, mostrado na Figura 9.9, é um grafo hamiltoniano, uma vez que o grau de cada um dos vértices de G é maior ou igual a 7/2, como evidencia a Tabela 9.2. Um ciclo hamiltoniano no grafo da Figura 9.8 é $v_2 v_6 v_5 v_1 v_4 v_7 v_3 v_2$.

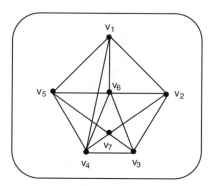

Figura 9.9
Grafo G no qual, para cada vértice v, $d(v) \geq 7/2$.

Tabela 9.2 Grau dos vértices do grafo da Figura 9.9

vértice	grau
v_1	4
v_2	4
v_3	4
v_4	5
v_5	4
v_6	5
v_7	5

Teorema 9.2
(Teorema de Ore, 1960) Seja G = (V,E) um grafo simples com n vértices, n ≥ 3. Se para todo par de vértices não adjacentes u, v ∈ V, d(u) + d(v) ≥ n, então G é hamiltoniano.

Observação 9.9 Considerando as duas condições, a estabelecida pelo teorema de Dirac e a estabelecida pelo de Ore, a condição de Dirac é mais fácil de ser implementada do que a condição de Ore. O grafo mostrado na Figura 9.10 satisfaz as condições do teorema de Ore e não satisfaz as condições do teorema de Dirac.

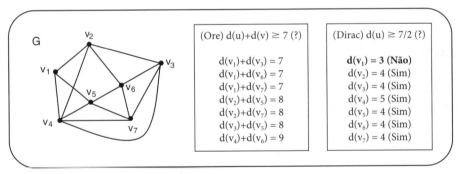

Figura 9.10
O grafo G é hamiltoniano de acordo com o teorema de Ore e não satisfaz à condição estabelecida pelo teorema de Dirac para ser hamiltoniano. O ciclo hamiltoniano é facilmente detectado no grafo G: $v_1, v_2, v_3, v_6, v_7, v_5, v_4, v_1$.

Teorema 9.3
Seja G um grafo simples com n vértices e sejam u e v dois vértices não adjacentes em G tal que

$$d(u) + d(v) \geq n$$

Seja G + uv o supergrafo de G obtido com o acréscimo de uma aresta unindo u e v. Então, G é hamiltoniano se e somente se G + uv é hamiltoniano.

Grafos hamiltonianos

Definição 9.5
Seja G = (V,E) um grafo simples. Se existem dois vértices não adjacentes u_1 e v_1 em V tal que $d(u_1) + d(v_1) \geq n$ em G, uni-los por uma aresta, formando o supergrafo G_1. Se existem dois vértices não adjacentes u_2 e v_2 em G_1 tal que $d(u_2) + d(v_2) \geq n$ em G_1, uni-los por uma aresta, formando o supergrafo G_2. Continue com esse processo, recursivamente, unindo pares de vértices não adjacentes, cuja soma de graus seja no mínimo n, até que não reste mais de tais pares. O supergrafo final obtido é chamado de *fechamento de G* e é notado por c(G).

EXEMPLO 9.6
Um exemplo da operação de construção do fechamento de um grafo G é mostrado na Figura 9.11.

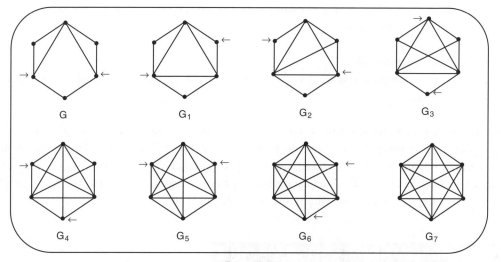

Figura 9.11
Operação de fechamento no grafo G sendo realizada passo a passo. A flecha identifica pares de vértices não adjacentes. O fechamento é obtido após sete passos.

Observação 9.10 Felizmente a operação de fechamento não depende da ordem na qual arestas são adicionadas, quando existe a possibilidade da adição de mais do que uma. No Exemplo 9.6 (Figura 9.11) existem várias escolhas disponíveis para pares de vértices não adjacentes u, v tal que $d(u) + d(v) \geq n$. Assim, o procedimento de determinação do fechamento poderia ter sido conduzido de diferentes maneiras. Todas as diferentes maneiras de condução do processo de fechamento vão resultar no mesmo c(G).

EXEMPLO 9.7
Considere agora a operação de construção do fechamento do grafo de 7 vértices mostrado na Figura 9.12. Como $d(u) + d(v) < 7$ para qualquer par de vértices não adjacentes u, v de G, tem-se que c(G) = G.

185

Capítulo 9

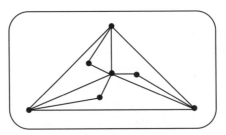

Figura 9.12
Grafo G para o qual c(G) = G.

Teorema 9.4
(Bondy & Chvátal, 1976) Um grafo simples G é hamiltoniano se e somente se seu fechamento c(G) é hamiltoniano.

Corolário do Teorema 9.4
Seja G um grafo simples com n ≥ 3 vértices. Se c(G) é completo, ou seja, se c(G) = K_n, então G é hamiltoniano.

Observação 9.11 O fechamento, c(G), do grafo G do Exemplo 9.6 (Figura 9.11) é o grafo completo K_7 e assim, pelo Corolário do Teorema 9.4, G é hamiltoniano. A determinação do fechamento de um grafo, entretanto, nem sempre ajuda a identificar se o grafo é hamiltoniano ou não. Esse é o caso, por exemplo, do grafo do Exemplo 9.7 (Figura 9.12); como c(G) = G, a determinação do fechamento não acrescenta qualquer informação.

9.2 O PROBLEMA DO CAIXEIRO-VIAJANTE

O Problema do caixeiro-viajante já foi brevemente descrito no Exemplo 2.9 do Capítulo 2. Segue uma descrição mais detalhada do problema e, na sequência, a descrição de um algoritmo para resolvê-lo, desde que condições específicas sejam satisfeitas.

Suponha um vendedor de produtos (identificado como caixeiro-viajante) que atua em várias cidades, algumas das quais são conectadas por estradas. O trabalho do vendedor exige que ele visite cada uma das cidades. É possível para ele planejar uma viagem de carro, partindo e voltando a uma mesma cidade, visitando cada uma das cidades exatamente uma vez? Se tal viagem for possível, é viável planejá-la de maneira a minimizar a distância total percorrida? Esse problema é conhecido como o "Problema do caixeiro-viajante".

Esse problema pode ser modelado como um grafo ponderado G, no qual os vértices correspondem a cidades e dois vértices estão unidos por uma aresta ponderada se e somente se as cidades correspondentes são unidas por uma estrada, a qual não passa por nenhuma das outras cidades. O peso da aresta representa a distância da estrada entre as cidades. As perguntas propostas, reformuladas para o novo contexto, são: o grafo G é um grafo hamiltoniano? Se for, é possível construir um ciclo hamiltoniano de peso (comprimento) mínimo? No que se segue, um ciclo hamiltoniano de peso mínimo será referido como *circuito otimal*. Existem duas dificuldades associadas à busca de solução para esse problema:

(1) Algumas vezes é difícil determinar se um grafo é hamiltoniano (uma vez que não existe uma caracterização fácil para grafos hamiltonianos).

(2) Em geral, dado um grafo ponderado hamiltoniano G, não existe um algoritmo fácil ou eficiente para encontrar um circuito otimal em G.

Será abordado um caso especial desse problema, como apresentado em Clark & Holton (1998). É um caso especial porque o grafo ponderado que representa o problema deve ser completo (é simples e todo par de vértices distintos está unido por uma aresta). Mesmo com essa particularização, o algoritmo Dois-otimal, apresentado em Algoritmo 9.1, apesar de produzir soluções razoavelmente boas, ou seja, produzir circuitos hamiltonianos que são curtos em comprimento, não garante que os circuitos produzidos são os mais curtos possíveis. A Figura 9.13 mostra um diagrama para um melhor entendimento do algoritmo.

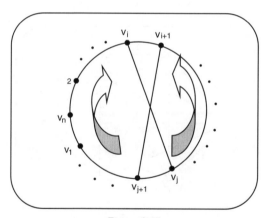

Figura 9.13
Esquema geral seguido pelo Algoritmo 9.1.

EXEMPLO 9.8
A seguir é mostrado um *trace* do Algoritmo 9.1 no grafo da Figura 9.14, como descrito em Clark & Holton (1998).

Capítulo 9

Entrada: Grafo G completo ponderado.

Saída: Ciclo hamiltoniano minimal C.

Passo 1. Seja C = $v_1v_2...v_nv_1$ qualquer ciclo hamiltoniano do grafo ponderado G e seja w o peso de C, isto é:

$$w = w(v_1v_2) + w(v_2v_3) + ... + w(v_{n-1}v_n) + w(v_nv_1)$$

Passo 2. i ← 1

Passo 3. j ← i + 2

Passo 4. Seja C_{ij} o ciclo hamiltoniano

$$C_{ij} = v_1v_2...v_iv_jv_{j-1}...v_{i+1}v_{j+1}v_{j+2}...v_nv_1$$

e seja w_{ij} o peso de C_{ij}, ou seja,

$$w_{ij} = w - w(v_iv_{i+1}) - w(v_jv_{j+1}) + w(v_iv_j) + w(v_{i+1}v_{j+1})$$

Se w_{ij} < w, ou seja, se $w(v_iv_j) + w(v_{i+1}v_{j+1}) < w(v_iv_{i+1}) + w(v_jv_{j+1})$, então substitua C por C_{ij} e w por w_{ij} ou seja, C ← C_{ij}, w ← w_{ij} e volte ao Passo 1, usando a sequência de vértices $v_1v_2...v_nv_1$ como dada pelo novo C.

Passo 5. j ← j + 1. Se j ≤ n, faça o Passo 4. Caso contrário i ← i + 1. Se i ≤ n − 2, faça o Passo 3. Caso contrário pare.

Algoritmo 9.1
Algoritmo Dois-otimal.

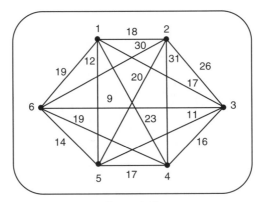

Figura 9.14
Grafo usado para acompanhar o funcionamento do Algoritmo 9.1.

Passo 1. Seja C = $v_1v_2v_3v_4v_5v_6v_1$, isto é, 1234561 tal que w = 18 + 26 + 16 + 17 + 14 + 19 = 110.

Passo 2. i ← 1

Passo 3. j ← i + 2 = 3

Passo 4. Faça C_{13} = $v_1v_3v_2v_4v_5v_6v_1$ ser 1324561 tal que w_{13} = 17 + 26 + 31 + 17 + 14 + 19 = 124 (os pesos sublinhados são os das novas arestas). Uma vez que w_{13} > w, segue o passo 5.

Passo 5. j ← j + 1 = 4

Passo 4. Faça $C_{14} = v_1v_4v_3v_2v_5v_6v_1$ ser 1432561 tal que $w_{13} = \underline{23} + 16 + 26 + \underline{20} + 14 + 19 = 118$. Uma vez que $w_{14} > w$, segue o passo 5.

Passo 5. j ← j + 1 = 5

Passo 4. Faça $C_{15} = v_1v_5v_4v_3v_2v_6v_1$ ser 1543261 tal que $w_{15} = \underline{12} + 17 + 16 + 26 + \underline{30} + 19 = 120$. Uma vez que $w_{15} > w$, segue o passo 5.

Passo 5. j ← j + 1 = 6

Passo 4. Faça $C_{16} = v_1v_6v_5v_4v_3v_2v_1$ ser 1654321 que é exatamente o reverso do caminho inicial C; $w_{16} = 18 + 14 + 17 + 16 + 26 + 18 = 110$. Uma vez que $w_{16} = w$, segue o passo 5.

Passo 5. j ← j + 1 = 7. Uma vez que j > 6, i ← i + 1 = 2. Como i ≤ 4 = n − 2, o algoritmo prossegue a partir do passo 3.

Passo 3. j ← i + 2 = 4

Passo 4. Faça $C_{24} = v_1v_2v_4v_3v_5v_6v_1$ ser 1243561; $w_{24} = 18 + \underline{31} + 16 + \underline{11} + 14 + 19 = 109$. Uma vez que $w_{24} < w$, C ← C_{24}, w ← w_{24} e o algoritmo prossegue a partir do passo 1.

Passo 1. Agora C = 1243561, como mostra a Figura 9.15, e w = 109, que corresponde a $v_1v_2v_3v_4v_5v_6v_1$ (note que não são os mesmos de antes).

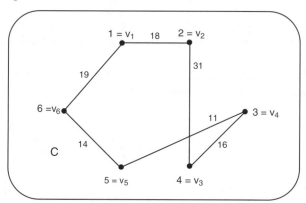

Figura 9.15
O novo ciclo hamiltoniano refinado C.

Passo 2. i ← 1

Passo 3. j ← i + 2 = 3

Passo 4. Faça $C_{13} = v_1v_3v_2v_4v_5v_6v_1$ ser 1423561 tal que $w_{13} = \underline{23} + 31 + \underline{26} + 11 + 14 + 19 = 124$. Uma vez que $w_{13} > w$, segue o passo 5.

Passo 5. j ← j + 1 = 4

Passo 4. Faça $C_{14} = v_1v_4v_3v_2v_5v_6v_1$ ser 1342561 tal que $w_{14} = \underline{17} + 16 + 31 + \underline{20} + 14 + 19 = 117$. Uma vez que $w_{14} > w$, segue o passo 5.

Passo 5. j ← j + 1 = 5

Passo 4. Faça $C_{15} = v_1v_5v_4v_3v_2v_6v_1$ ser 1534261 tal que $w_{15} = \underline{12} + 11 + 16 + 31 + \underline{30} + 19 = 119$. Uma vez que $w_{15} > w$, segue o passo 5.

Passo 5. j ← j + 1 = 6

Passo 4. Faça $C_{16} = v_1v_6v_5v_4v_3v_2v_1$ ser 1653421, o que é exatamente o reverso do ciclo C, de maneira que $w_{16} = w = 109$. Uma vez que $w_{16} = w$, segue o passo 5.

Passo 5. j ← j + 1 = 7. Uma vez que j > 6, i ← i + 1 = 2. Como i ≤ 4 = n − 2, o algoritmo prossegue a partir do passo 3.

Passo 3. j ← i + 2 = 4

Passo 4. Faça $C_{24} = v_1v_2v_4v_3v_5v_6v_1$ ser 1234561; $w_{24} = 18 + \underline{26} + 16 + \underline{17} + 14 + 19 = 110$. Uma vez que $w_{24} > w$, o algoritmo prossegue com o passo 5.

Passo 5. j ← j + 1 = 5

Passo 4. Faça $C_{25} = v_1v_2v_5v_4v_3v_6v_1$ ser 1253461; $w_{25} = 18 + \underline{20} + 11 + 16 + \underline{19} + 19 = 103$. Uma vez que $w_{25} < w$, C ← C_{25}, w ← w_{25} e o algoritmo prossegue a partir do passo 1.

Passo 1. Agora C = 1253461, como mostra a Figura 9.16, e w = 103, que corresponde a $v_1v_2v_3v_4v_5v_6v_1$ (note que não são os mesmos de antes).

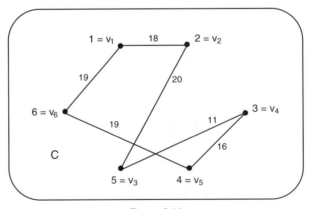

Figura 9.16
O novo ciclo hamiltoniano refinado C.

Passo 2. i ← 1

Passo 3. j ← i + 2 = 3

Passo 4. Faça $C_{13} = v_1v_3v_2v_4v_5v_6v_1$ ser 1523461 tal que w_{13} = <u>12</u> + 20 + <u>26</u> + 16 + 19 + 19 = 112. Uma vez que w_{13} > w, segue o passo 5.

Continuando com o processo, a próxima mudança ocorre quando i=3 e j=5, de maneira que $C_{ij} = C_{35} = v_1v_2v_3v_4v_6v_1$ = 1254361 e w_{35} = 18 + 20 + 17 + 16 + 9 + 19 = 99, resultando o novo ciclo como mostrado na Figura 9.17. A partir desse ponto, nenhum refinamento mais é obtido pelo algoritmo.

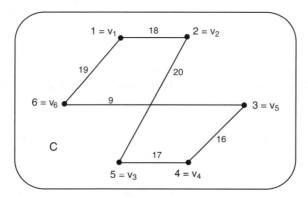

Figura 9.17
O ciclo hamiltoniano otimal C.

EXEMPLO 9.9
A seguir é mostrado um *trace* do Algoritmo 9.1 no grafo da Figura 9.18.

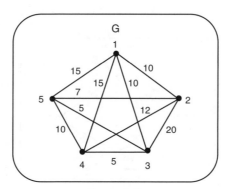

Figura 9.18
Grafo usado no *trace* do Algoritmo 9.1.

Capítulo 9

Passo 1. Seja $C = v_1 v_2 v_3 v_4 v_5 v_1$ (*i.e.*, 1,2,3,4,5,1), com w = 10 + 20 + 5 + 10 + 15 = 60.

Passo 2. i ← 1

Passo 3. j ← i + 2 = 3

Passo 4. Faça $C_{13} = v_1 v_3 v_2 v_4 v_5 v_1$ (*i.e.*, 1,3,2,4,5,1) com w_{13} = 10 + 20 + 12 + 10 + 15 = 67 (os pesos sublinhados são os das novas arestas). Uma vez que w_{13} > w, segue o passo 5.

Passo 5. j ← j + 1 = 4

Passo 4. Faça $C_{14} = v_1 v_4 v_3 v_2 v_5 v_1$ (*i.e.*, 1,4,3,2,5,1) com w_{14} = 15 + 5 + 20 + 7 + 15 = 62. Uma vez que w_{14} > w, segue o passo 5.

Passo 5. j ← j + 1 = 5

Passo 4. Faça $C_{15} = v_1 v_5 v_4 v_3 v_2 v_1$ (*i.e.*, 1,5,4,3,2,1) com w_{15} = 15 + 10 + 5 + 20 + 10 = 60. Uma vez que w_{15} > w, segue o passo 5.

Passo 5. j ← j + 1 = 6. Uma vez que j > 5, i ← i + 1 = 2. Como i ≤ 3 = n − 2, o algoritmo prossegue a partir do passo 3.

Passo 3. (i = 2), j ← i + 2 = 4

Passo 4. Faça $C_{24} = v_1 v_2 v_4 v_3 v_5 v_1$ (*i.e.*, 1,2,4,3,5,1) com w_{24} = 10 + 12 + 5 + 5 + 15 = 47. Uma vez que w_{24} < w, C ← C_{24}, w ← w_{24} e o algoritmo prossegue a partir do passo 1. Os vértices são renomeados como mostrado na Figura 9.18.

Passo 1. Agora C = 124351, como mostra a Figura 9.19, e w = 47. C é denotado por $v_1 v_2 v_3 v_4 v_5 v_1$ (note que não são os mesmos de antes).

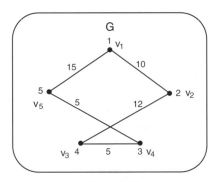

Figura 9.19
Novo ciclo hamiltoniano refinado (peso = 47).

Grafos hamiltonianos

Passo 2. i ← 1

Passo 3. j ← i + 2 = 3

Passo 4. Faça $C_{13} = v_1v_3v_2v_4v_5v_1$ (*i.e.*, 1,4,2,3,5,1) tal que $w_{13} = \underline{15} + 12 + \underline{20} + 5 + 15 = 67$. Uma vez que $w_{13} > w$, segue o passo 5.

Passo 5. j ← j + 1 = 4

Passo 4. Faça $C_{14} = v_1v_4v_3v_2v_5v_1$ (*i.e.*, 1,3,4,2,5,1) tal que $w_{14} = \underline{10} + 5 + 12 + \underline{7} + 15 = 49$. Uma vez que $w_{14} > w$, segue o passo 5.

Passo 5. j ← j + 1 = 5

Passo 4. Faça $C_{15} = v_1v_5v_4v_3v_2v_1$ (*i.e.*, 1,5,3,4,2,1) tal que $w_{15} = \underline{15} + 5 + 5 + \underline{12} + 10 = 47$. Uma vez que $w_{14} > w$, segue o passo 5.

Passo 5. j ← j + 1 = 6. Uma vez que j > 5, i ← i + 1 = 2. Como i ≤ 3 = n − 2, o algoritmo prossegue a partir do passo 3.

Passo 3. (i=2) e j ← i + 2 = 4

Passo 4. Faça $C_{24} = v_1v_2v_4v_3v_5v_1$ (*i.e.*, 1,2,3,4,5,1) tal que $w_{24} = 10 + \underline{20} + 5 + \underline{10} + 15 = 60$. Uma vez que $w_{24} > w$, o algoritmo prossegue com o passo 5.

Passo 5. j ← j + 1 = 5

Passo 4. Faça $C_{25} = v_1v_2v_5v_4v_3v_1$ (*i.e.*, 1,2,5,3,4,1) tal que $w_{25} = 10 + \underline{7} + 5 + 5 + \underline{15} = 42$. Uma vez que $w_{25} < w$, C ← C_{25}, w ← w_{25} e o algoritmo prossegue a partir do passo 1.

Passo 1. Agora C = 125341, como mostra a Figura 9.20, e w = 42. C passa a ser referenciado por $v_1v_2v_3v_4v_5v_6v_1$ (note que não são os mesmos de antes).

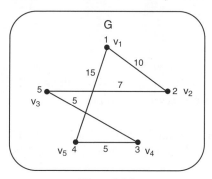

Figura 9.20
Novo ciclo hamiltoniano refinado (peso = 42).

Capítulo 9

Passo 2. i ← 1

Passo 3. j ← i + 2 = 3

Passo 4. Faça $C_{13} = v_1v_3v_2v_4v_5v_1$ (*i.e.*, 1,5,2,3,4,1) tal que $w_{13} = \underline{15} + 7 + \underline{20} + 5 + 15 = 62$. Uma vez que $w_{13} > w$, segue o passo 5.

Passo 5. j ← j + 1 = 4

Passo 4. Faça $C_{14} = v_1v_4v_3v_2v_5v_1$ (*i.e.*, 1,3,5,2,4,1) tal que $w_{14} = \underline{10} + 5 + 7 + \underline{12} + 15 = 49$. Uma vez que $w_{14} > w$, segue o passo 5.

Passo 5. j ← j + 1 = 5

Passo 4. Faça $C_{15} = v_1v_5v_4v_3v_2v_1$ (*i.e.*, 1,4,3,5,2,1) tal que $w_{15} = \underline{15} + 5 + 5 + \underline{7} + 10 = 42$. Uma vez que $w_{14} > w$, segue o passo 5.

Passo 5. j ← j + 1 = 6. Uma vez que j > 5, i ← i + 1 = 2. Como i ≤ 3 = n − 2, o algoritmo prossegue a partir do passo 3.

Passo 3. (i=2) e j ← i + 2 = 4

Passo 4. Faça $C_{24} = v_1v_2v_4v_3v_5v_1$ (*i.e.*, 1,2,3,4,5,1) tal que $w_{24} = 10 + \underline{20} + 5 + \underline{10} + 15 = 60$. Uma vez que $w_{24} > w$, o algoritmo prossegue com o passo 5.

Passo 5. j ← j + 1 = 5

Passo 4. Faça $C_{25} = v_1v_2v_5v_4v_3v_1$ (*i.e.*, 1,2,4,3,5,1) tal que $w_{25} = 10 + \underline{12} + 5 + 5 + \underline{15} = 47$. Uma vez que $w_{25} > w$, segue o passo 5.

Passo 5. j ← j + 1 = 6. Uma vez que j > 5, i ← i + 1 = 3. Como i ≤ 3 = n − 2, o algoritmo prossegue a partir do passo 3.

Passo 3. (i=3) e j ← i + 2 = 5

Passo 4. Faça $C_{35} = v_1v_2v_3v_5v_4v_1$ (*i.e.*, 1,2,5,4,3,1) tal que $w_{25} = 10 + \underline{7} + 10 + \underline{5} + 10 = 42$. Uma vez que $w_{24} > w$, o algoritmo prossegue com o passo 5.

Passo 5. j ← j + 1 = 6. Uma vez que j > 5, i ← i + 1 = 4. Como i > 3 = n − 2, o algoritmo termina, tendo por saída o ciclo hamiltoniano da Figura 9.18 como o ciclo hamiltoniano minimal no grafo dado.

Grafos hamiltonianos

Outra maneira de visualizar o funcionamento do algoritmo Dois-otimal do Exemplo 9.9 é por meio da renomeação de vértices e pesos de arestas no grafo inicialmente fornecido (Figura 9.18), como mostra a Figura 9.21. O ciclo $v_1v_2v_3v_4v_5$, mostrado no grafo (c), é o ciclo hamiltoniano minimal.

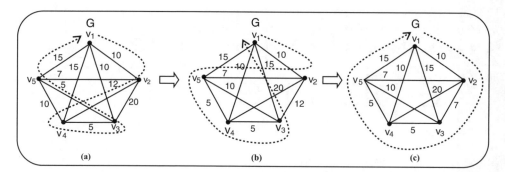

Figura 9.21
Renomeando vértices (e correspondentes pesos) associados aos ciclos hamiltonianos construídos durante a execução do Dois-otimal no grafo da Figura 9.18.

CAPÍTULO 10

Grafos planos e planares

Como comentado no Capítulo 1, muitos grafos podem ser redesenhados de maneira a evitar que suas arestas se cruzem em lugares outros que não nos vértices. Um grafo que possa ser redesenhado dessa maneira é chamado de *grafo planar*.

O conceito de planaridade subsidia muitas aplicações do mundo real. Por exemplo, no projeto de placas de circuito impresso, é desejável que se tenha um mínimo de interseções possível. A situação ideal é a do projeto de um circuito que seja planar (Definição 10.1) e, portanto, não tenha interseções. Este capítulo apresenta os principais conceitos relacionados com a planaridade e discute vários critérios para caracterizá-la.

Grafos planares desempenham um papel importante no chamado problema de coloração, que também é discutido neste capítulo. O problema consiste em tentar colorir os vértices de um grafo simples com um determinado número de cores, de tal maneira que cada aresta do grafo una vértices de cores diferentes. Se o grafo for planar, seus vértices sempre podem ser coloridos dessa maneira com apenas quatro cores, como estabelece o teorema das quatro cores.

Grafos planos e planares

10.1 CONCEITOS PRELIMINARES

Definição 10.1

Um *grafo plano* é um grafo desenhado em uma superfície plana de tal maneira que duas quaisquer de suas arestas se encontram apenas nos vértices-extremidade (considerando que elas se en contram).

Um *grafo planar* é um grafo que é isomorfo a um grafo plano, isto é, pode ser redesenhado como um grafo plano.

EXEMPLO 10.1

O grafo mostrado na Figura 10.1(a) é um grafo planar. É isomorfo ao grafo plano mostrado em (b) da mesma figura.

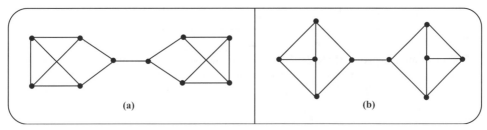

Figura 10.1
(a) Grafo planar, dado que seu isomorfo (b) é plano.

EXEMPLO 10.2

A Figura 10.2 mostra quatro grafos, todos eles planares. Os grafos G_1 e G_4, entretanto, não são grafos planos. O grafo G_1 pode ser redesenhado como G_2. O grafo G_3 pode ser redesenhado como G_4.

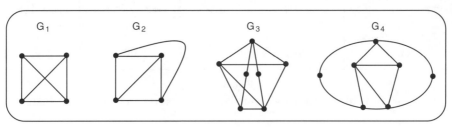

Figura 10.2
Quatro grafos planares.

197

EXEMPLO 10.3

Nem todos os grafos são passíveis de ter um desenho como grafo plano. É impossível obter uma versão plana do grafo G da Figura 10.3(a). Seu redesenho em (b) possui uma interseção de arestas. Os grafos em (a) e (b) são isomorfos e, consequentemente, o circuito que eles representam tem o mesmo comportamento.

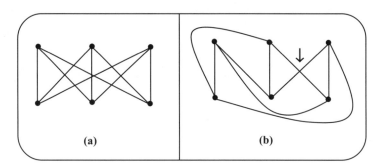

Figura 10.3
(a) Grafo não plano. (b) Redesenho de (a), ainda como grafo não plano, mas com o número de interseções de arestas minimizado.

Definição 10.2

Uma *curva de Jordan* no plano é uma curva contínua, que não intercepta a si própria, cuja origem e término coincidem.

EXEMPLO 10.4

A Figura 10.4 mostra três curvas de Jordan e duas curvas que não são de Jordan.

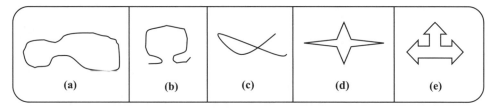

Figura 10.4
As curvas (a), (d) e (e) são curvas de Jordan. As curvas (b) e (c) não são de Jordan.

Definição 10.3

Se J é uma curva de Jordan no plano, então a parte do plano que é interna a J é chamada de *interior de J* e é denotada por int(J). São excluídos de int(J) os pontos que pertencem à curva J. De maneira semelhante, a parte do plano que é externa à J é chamada de *exterior de J* e denotada por ext(J).

O **Teorema da Curva de Jordan** estabelece que, se J é uma curva de Jordan, se x é um ponto de int(J), se y é um ponto de ext(J), então qualquer linha (reta ou curva) unindo x a y deve cruzar J em algum ponto. Isso está ilustrado na Figura 10.5.

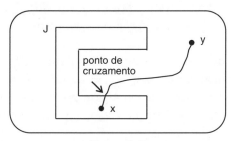

Figura 10.5
Ilustração do Teorema da Curva de Jordan.

Observação 10.1 O Teorema de Jordan, embora intuitivamente óbvio, é muito difícil de ser provado. Outro enunciado do teorema estabelece que, se x e y são pontos em int(J), então pode ser encontrada uma linha (curva ou reta) que une x e y, a qual está inteiramente contida em int(J). O Teorema de Jordan é usado para provar que existem grafos não planares.

Teorema 10.1
O grafo completo de cinco vértices, K_5, não é planar.

Prova: A Figura 10.6 mostra a forma mais comum de desenho do K_5.

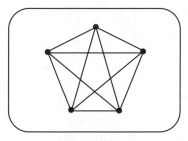

Figura 10.6
Grafo completo K_5.

Como feita em Clark & Holton (1998), a estratégia de prova adotada é assumir que o grafo é planar e, então, derivar uma contradição. Seja G um grafo plano correspondente a K_5 cujos vértices são denotados por v_1, v_2, v_3, v_4 e v_5. Uma vez que G é completo, quaisquer dois vértices distintos de G estão unidos por uma aresta.

Capítulo 10

Seja C o ciclo $v_1v_2v_3v_1$ em G, como mostra a Figura 10.7(a). Então C forma uma curva de Jordan no plano. Desde que v_4 não está em C, v_4 deve estar em int(C) ou ext(C). Supõe-se que v_4 está em int(C), como mostra a Figura 10.7(b) (a outra possibilidade, a de que v_4 está em ext(C), tem uma argumentação semelhante). Então as arestas v_4v_1, v_4v_2 e v_4v_3 dividem int(C) em três regiões int(C_1), int(C_2) e int(C_3), em que C_1, C_2 e C_3 são os ciclos $v_1v_2v_4v_1$, $v_2v_3v_4v_2$ e $v_1v_3v_4v_1$, respectivamente, como mostra a Figura 10.7(c).

O vértice restante, v_5, deve estar em uma das quatro regiões: int(C_1), int(C_2), int(C_3) e ext(C). Se $v_5 \in$ ext(C) então, uma vez que $v_4 \in$ int(C), o Teorema da Curva de Jordan garante que a aresta v_4v_5 deve cruzar C em algum ponto. Isso significa que a aresta v_4v_5 deve cruzar uma dentre as três arestas: v_1v_2, v_2v_3 ou v_3v_1, que compõem C. Isso contradiz a suposição que G é um grafo plano.

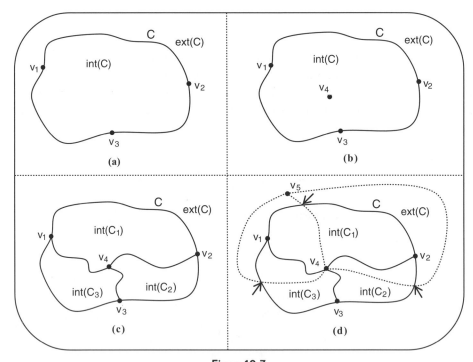

Figura 10.7
Construção de três interiores, para a prova do Teorema 10.1.

A possibilidade restante é de que v_5 esteja em um dos interiores int(C_1), int(C_2) ou int(C_3). Supõe-se que v_5 esteja em int(C_1) como mostra a Figura 10.8 (os outros dois casos podem ser tratados analogamente).

Grafos planos e planares

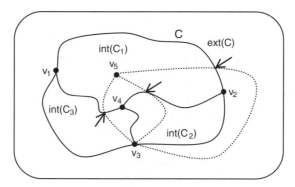

Figura 10.8
Vértice v_5 pertencente à região int(C_1).

Agora v_3 está no exterior da curva de Jordan, definida pelo ciclo $C_1 = v_1v_2v_4v_1$. Pelo Teorema da Curva de Jordan, a aresta que une os pontos v_5 ($\in$ int C_1) e v3 ($\in$ ext C_1) deve cruzar a curva C_1 e, consequentemente, deve cruzar uma das três arestas v_1v_2, v_1v_4, v_2v_4, o que, novamente, contradiz a suposição de G ser plano. Essa contradição final mostra que a suposição inicial deve ser falsa. Portanto, K_5 não é planar ♦.

Teorema 10.2
O grafo completo bipartido $K_{3,3}$ não é planar.

Prova: Para a prova detalhada do teorema, consultar Referências, particularmente Roman (1985).

10.2 FÓRMULA DE EULER

Definição 10.4
Um grafo plano G particiona o plano em um número de regiões chamadas de *faces de G*. Mais precisamente, se x é um ponto do plano que não está em G, isto é, não é um vértice de G ou um ponto sobre qualquer aresta de G, então *a face de G contendo x* é definida como o conjunto de todos os pontos do plano que podem ser acessados a partir de x, por meio de uma linha (reta ou curva) que não cruza qualquer das arestas de G ou passa por qualquer vértice de G.

EXEMPLO 10.5
O grafo G mostrado na Figura 10.9 tem quatro faces, identificadas como f_1, f_2, f_3 e f_4. Note que a face f_4 não é limitada – geralmente é chamada de *face infinita* ou *face exterior* de G.

Capítulo 10

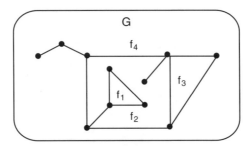

Figura 10.9
Grafo plano com quatro faces.

Observação 10.2 Qualquer grafo plano tem exatamente uma *face exterior*. Qualquer outra face é limitada por um caminho fechado no grafo e é chamada de *face interior*. O número de faces de um grafo plano G é notado por f(G) ou simplesmente por f.

EXEMPLO 10.6
Os grafos G_1, G_2 e G_3 da Figura 10.10 têm, respectivamente, 5, 5 e 7 faces.

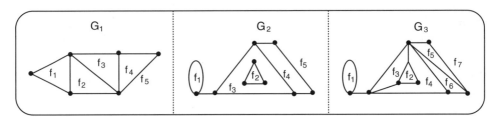

Figura 10.10
Grafos G_1, G_2 e G_3 e suas faces.

EXEMPLO 10.7
O grafo G da Figura 10.11 tem oito faces.

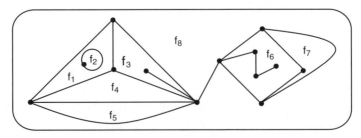

Figura 10.11
As oito faces do grafo G.

Teorema 10.3 (Fórmula de Euler)
Seja G um grafo conectado plano e seja

        n – o número de vértices de G,
        e – o número de arestas de G,
        f – o número de faces de G.

Então
$$n - e + f = 2$$

EXEMPLO 10.8
Considere o grafo G da Figura 10.9. Para esse grafo, que tem 11 vértices, 13 arestas e 4 faces, $n - e + f = 2$, uma vez que o grafo é conectado. Considere agora o grafo G_2 da Figura 10.10 que tem 9 vértices, 11 arestas e cinco faces. Como esse grafo não é conectado, a fórmula de Euler não é válida. Tornando o grafo G_2 conectado, por meio do acréscimo de uma aresta, como mostra a Figura 10.12, a fórmula de Euler passa a ser verificada.

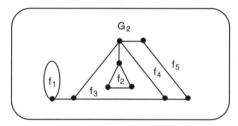

Figura 10.12
Grafo G_2 conectado.

Corolário 1 do Teorema 10.3
Se G é um grafo plano com n vértices, e arestas, f faces e k componentes conectadas, então:

$$n - e + f = k + 1$$

EXEMPLO 10.9
Considere o grafo G da Figura 10.13. Para esse grafo, que tem 14 vértices, 13 arestas, 5 faces e 5 componentes conectados, vale $14 - 13 + 5 = 5 + 1$.

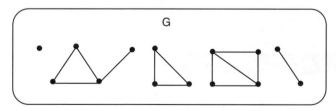

Figura 10.13
Grafo G com 14 vértices, 13 arestas, 5 faces e 5 componentes conexos.

Capítulo 10

Corolário 2 do Teorema 10.3
Sejam G_1 e G_2 dois grafos planos que são, ambos, diferentes desenhos do mesmo grafo planar G. Então $f(G_1) = f(G_2)$ ou seja, G_1 e G_2 têm o mesmo número de faces.

EXEMPLO 10.10
O grafo G da Figura 10.14 é isomorfo aos grafos planos G_1 e G_2 e, portanto, G é um grafo planar. Como pode ser verificado na figura, $f(G_1) = f(G_2)$.

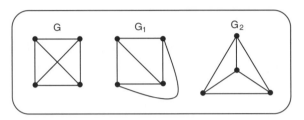

Figura 10.14
Grafo planar G e seus grafos planos isomorfos G_1 e G_2.

Definição 10.5
Seja φ a face de um grafo plano G. O *grau da face* φ, denotado por $d(\varphi)$, é o número de arestas da fronteira de φ.

Observação 10.3 Note que $d(\phi) \geq 3$ para qualquer face interior ϕ de um grafo plano simples.

Teorema 10.4
Seja G um grafo planar simples com n vértices e e arestas, em que $n \geq 3$; então $e \leq 3n - 6$.

Corolário 1 do Teorema 10.4
Se $G=(V,E)$ é um grafo simples planar, então G tem um vértice v de grau menor que 6, isto é, $\exists\, v \in V$ com $d(v) \leq 5$.

Corolário 2 do Teorema 10.4
K_5 é não planar.

Corolário 3 do Teorema 10.4
Se $K_{3,3}$ é não planar.

10.3 O TEOREMA DE KURATOWSKI

Definição 10.6
Se um grafo G tem um vértice com grau 2 e arestas (v,v_1) e (v,v_2) com $v_1 \neq v_2$, diz-se que as arestas (v,v_1) e (v,v_2) estão em série. Uma *redução de série* consiste na eliminação do

vértice v do grafo G e na substituição das arestas (v,v$_1$) e (v,v$_2$) pela aresta (v$_1$,v$_2$). Diz-se que o grafo resultante G' foi obtido a partir de G por uma redução de série. Por convenção, diz-se que um grafo G é obtido a partir de si mesmo por uma redução de série.

EXEMPLO 10.11
No grafo G da Figura 10.15 as arestas (v,v$_1$) e (v,v$_2$) estão em série. O grafo G' foi obtido a partir de G por uma redução de série.

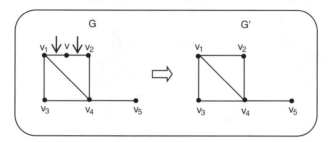

Figura 10.15
Grafo G' foi obtido a partir de G por uma redução de série.

Definição 10.7
Os grafos G1 e G2 são homeomorfos se G1 e G2 podem ser reduzidos a grafos isomorfos por meio da realização de uma sequência de reduções de série.

Observação 10.4 De acordo com a Definição 10.6 e a Definição 10.7, qualquer grafo é homeomorfo a si próprio. Os grafos G1 e G2 são homeomorfos se G1 pode ser reduzido a um grafo isomorfo a G2 ou se G2 pode ser reduzido a um grafo isomorfo a G1.

EXEMPLO 10.12
Os grafos G1 e G2 mostrados na Figura 10.16 são homeomorfos uma vez que ambos podem ser reduzidos ao grafo G', mostrado na mesma figura, por meio de uma sequência de reduções de série.

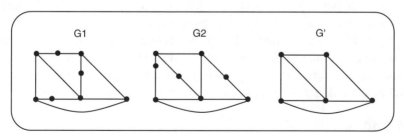

Figura 10.16
Grafos G1 e G2 são homeomorfos. Cada um deles pode ser reduzido ao grafo G'.

Teorema 10.5 (Kuratowski, 1930)

Um grafo G é planar se e somente se não tem um subgrafo homeomorfo a K_5 ou $K_{3,3}$.

EXEMPLO 10.13

No que se segue está mostrado que o grafo G da Figura 10.17(a) não é planar, usando o Teorema de Kuratowski. As Figuras 10.17(b), 10.17(c) e 10.17(d) ilustram o processo que, usando o conceito de redução, identifica um subgrafo do grafo G que é o $K_{3,3}$ (mostrado em (d)).

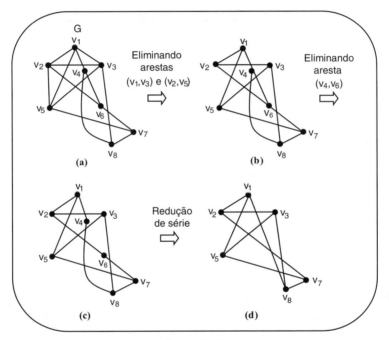

Figura 10.17

(a) G(a) Grafo G. (b) Grafo resultante da eliminação das arestas (v_1,v_3) e (v_2,v_5) de G para obter um subgrafo com vértices com grau 3. (c) Subgrafo do grafo mostrado em (b) obtido por meio da eliminação da aresta (v_4,v_6). (d) Subgrafo $K_{3,3}$ obtido do grafo (c), por meio de duas reduções de série.

Na busca para identificar um subgrafo do grafo G da Figura 10.17(a) que seja homeomorfo ao $K_{3,3}$ é importante notar, primeiro, que os vértices v_1, v_2, v_3 e v_5 têm grau 4. Como em $K_{3,3}$ cada vértice tem grau 3, por meio da eliminação das arestas (v_1,v_3) e (v_2,v_5) os 8 vértices passam a ter grau 3. Pode-se notar que, se for eliminada mais uma aresta, (v_4,v_6), obtêm-se dois vértices com grau 2 e, então, podem ser realizadas duas reduções de série, com a eliminação de dois vértices, obtendo assim um subgrafo isomorfo a $K_{3,3}$. Portanto o grafo G mostrado na Figura 10.17(a) não é planar, uma vez que ele contém um subgrafo homeomorfo a $K_{3,3}$.

EXEMPLO 10.14

O grafo da Figura 10.18(a), conhecido como grafo de Peterson (GP), não é planar. As Figuras 10.18(b), 10.18(c) e 10.18(d) ilustram o processo que, usando o estabelecido pelo Teorema de

Kuratowski, identifica um subgrafo do grafo GP, homeomorfo ao $K_{3,3}$ (mostrado em (e) e redesenhado na forma convencional em (f)).

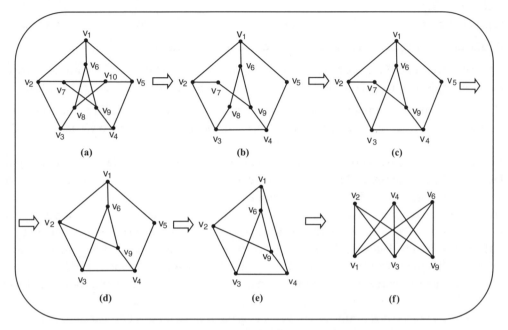

Figura 10.18
(a) Grafo de Peterson (GP). (b) Subgrafo resultante da eliminação das arestas (v_{10}, v_5), (v_8, v_{10}) e (v_7, v_{10}) do grafo GP. (c) Subgrafo do grafo mostrado em (b) obtido por meio de redução. (d) Subgrafo do grafo mostrado em (c) obtido por meio de redução. (e) Subgrafo do grafo mostrado em (d) obtido por meio de redução. (e) Subgrafo $K_{3,3}$ obtido do grafo (d). (f) Representação convencional do $K_{3,3}$ mostrado em (e).

EXEMPLO 11.15

A Figura 10.19 mostra um exemplo de um grafo G que não tem o K_5 ou o $K_{3,3}$ como subgrafo. Note, entretanto, que G tem um subgrafo que é homeomorfo ao $K_{3,3}$ e, portanto, não é planar.

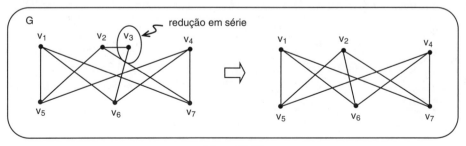

Figura 10.19
Grafo G que não tem o K_5 ou $K_{3,3}$ como subgrafo, mas tem subgrafo homeomorfo ao $K_{3,3}$.

10.4 O DUAL DE UM GRAFO PLANO

Definição 10.8

Seja G um grafo plano. O *dual de G* é definido como o grafo G* construído como se segue:

(1) A cada face f de G existe um correspondente vértice f* de G*.

(2) A cada aresta e de G existe uma aresta correspondente e* em G* tal que se a aresta e ocorre na fronteira de duas faces f e g então a aresta e* une os vértices correspondentes f* e g* em G*.

(3) Se a aresta e for uma ponte, é tratada como se ocorresse duas vezes na fronteira da face f à qual pertence e, então, a correspondente aresta e* é um *loop* incidente com o vértice f* em G*.

O procedimento para obter o dual de um grafo plano G, como pode ser visualizado na Figura 10.20 do Exemplo 10.16, consiste em colocar um novo vértice dentro de cada face de G e unir esses novos vértices, de maneira a formar o dual G*, como se segue: para cada aresta *e* em G, são ligados os dois novos vértices nas faces delimitadas por *e* por uma nova aresta *e**, que cruza *e* (e não cruza qualquer outra aresta de G). Caso *e* seja uma ponte (isto é, está imersa em uma face), um *loop e** é criado no novo vértice associado à face em que *e* está imerso, também cruzando a aresta *e*. Uma ponte de G se torna um loop em G* porque as faces em ambos os lados de uma ponte são a mesma face. Note que se duas faces de G têm mais do que uma aresta em comum, então G* tem arestas múltiplas.

Na representação dos grafos duais, vértices estão representados por asteriscos e as arestas estão representadas por linhas pontilhadas ou tracejadas.

Observação 10.5 De acordo com a Definição 10.6 e a Definição 10.7, qualquer grafo é homeomorfo a si próprio. Os grafos G1 e G2 são homeomorfos se G1 pode ser reduzido a um grafo isomorfo a G2 ou se G2 pode ser reduzido a um grafo isomorfo a G1.

EXEMPLO 10.16

A Figura 10.20 mostra um grafo plano G e seu dual, G*, e a Figura 10.21 mostra o mesmo grafo plano G e seu dual, G*, criado de maneira similar. Note, entretanto, que os duais criados diferem com relação aos posicionamentos relativos entre as arestas. Ambos os duais são isomorfos entre si.

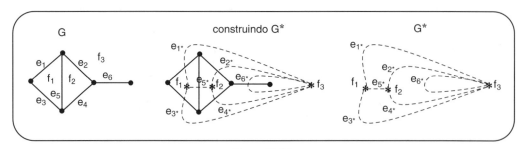

Figura 10.20
Grafo plano G e processo de construção de seu dual, G*.

Grafos planos e planares

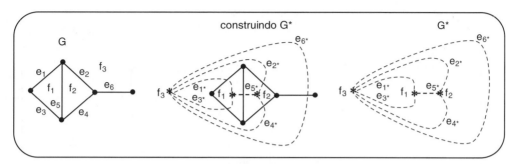

Figura 10.21
Grafo plano G e processo de construção de seu dual, G*.

EXEMPLO 10.17
A Figura 10.22 detalha o processo de construção do dual G1* do grafo plano G1.

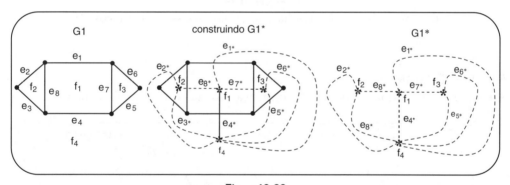

Figura 10.22
Grafo plano G1 e processo de construção de seu dual, G1*.

EXEMPLO 10.18
A Figura 10.23 detalha o processo de construção do grafo dual associado ao grafo G2. Note que, se um grafo plano não é conectado, o seu dual é sempre conectado.

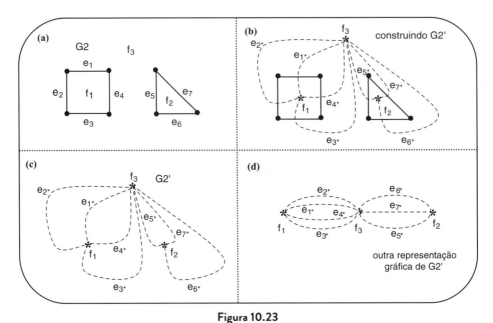

Figura 10.23
(a) Grafo plano G2, não conectado; (b), (c), (d) processo de construção G2*.

EXEMPLO 10.19
A Figuras 10.24 detalha o processo de construção do dual G3* do grafo plano G3.

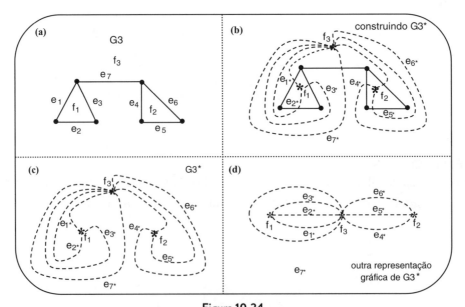

Figura 10.24
Grafo plano G3 e processo de construção de seu dual, G3*.

Teorema 10.6

Seja G um grafo conectado plano com n vértices, e arestas e f faces. Seja n*, e* e f* o número de vértices, arestas e faces de G*, dual de G. Então n* = f, e* = e, f* = n.

Teorema 10.7

Seja G um grafo conectado plano. G é isomorfo a seu duplo dual G**.

EXEMPLO 10.20

A Figura 10.25 mostra um grafo plano G3 e dois de seus duais, G3^{1*} e G3^{2*}, que são isomorfos entre si.

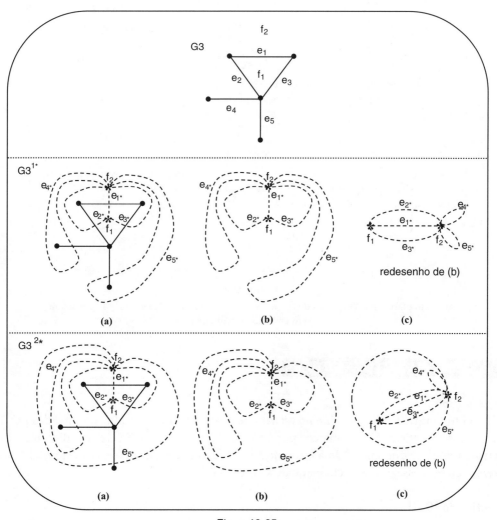

Figura 10.25
Grafo plano G3 e dois de seus duais, G3^{1*} e G3^{2*}. Os dois duais são isomorfos entre si.

Capítulo 10

EXEMPLO 10.21

A Figura 10.26 mostra um grafo plano conectado G, seu dual G* e o dual de seu dual, isto é, G**. Facilmente pode ser verificado o isomorfismo entre G e G**.

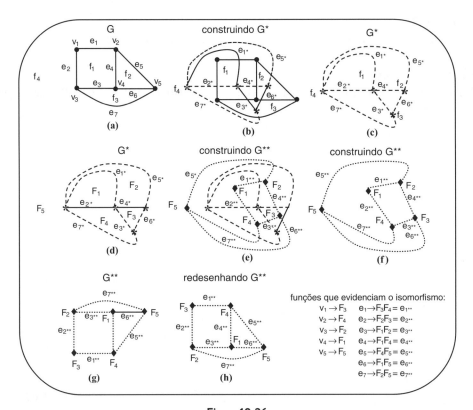

Figura 10.26
(a) Grafo plano G. (c) G*, dual de G. (h) G**, dual de G*. Arestas em G* são tracejadas e em G** são pontilhadas.

10.5 COLORAÇÃO DE VÉRTICES

Definição 10.9

Seja G um grafo. Uma *coloração de vértices* de G atribui cores, geralmente notadas por 1, 2, 3, ..., aos vértices de G, uma cor por vértice, de maneira que a vértices adjacentes são atribuídas cores diferentes. Uma *k-coloração* de G é uma coloração que consiste em k diferentes cores; nesse caso G é chamado de k-colorível.

Definição 10.10

Seja G um grafo. O número mínimo n para o qual existe uma n-coloração do grafo G é chamado de *índice cromático* (ou *número cromático*) de G e é denotado por $\chi(G)$. Se $\chi(G) = k$, diz-se que G é *k-cromático*.

Se o grafo G tem um vértice v com um *loop*, tal vértice é adjacente a si próprio e, consequentemente, não existe uma possível coloração para G. No contexto de coloração de vértices, portanto, será assumido que os grafos não têm *loops*. Além disso, dois vértices distintos de um grafo G são adjacentes se existe pelo menos uma aresta entre eles. Para os nossos propósitos, todas as arestas paralelas, com exceção de uma, serão ignoradas. No contexto desta seção, portanto, os grafos considerados são grafos simples.

Teorema 10.8

(1) Se o grafo G tem n vértices, $\chi(G) \leq n$

(2) Se H é subgrafo do grafo G, então $\chi(H) \leq \chi(G)$

(3) $\chi(K_n) = n$, para todo $n \geq 1$

(4) Se o grafo G contém K_n como subgrafo, $\chi(G) \geq n$

(5) Se o grafo G tem como componentes conectadas $G_1, G_2, ..., G_n$, então

$$\chi(G) = \max_{1 \leq i \leq n} \chi(G_i)$$

Teorema 10.9
Seja G um grafo não vazio. Então $\chi(G) = 2$ se e somente se G é bipartido.

Corolário do Teorema 10.9
Seja G um grafo. Então $\chi(G) \geq 3$ se e somente se G tem um ciclo ímpar.

Definição 10.11
Lembrando a Definição 3.3(f), para um grafo G=(V,E) o *grau máximo de vértice* de G, notado por $\Delta(G)$ é definido como:

$$\Delta(G) = \max\{d(v) \mid v \in V\}$$

Teorema 10.10
Para qualquer grafo G, $\chi(G) \leq \Delta(G) + 1$.

Teorema 10.11 (Brooks, 1941)
Seja G um grafo conectado com $\Delta(G) \geq 3$. Se não é completo, então $\chi(G) \leq \Delta(G)$.

Combinado com o Teorema 10.8(d), o Teorema de Brooks fornece uma estimativa do índice cromático, como pode ser visto no Exemplo 10.22.

EXEMPLO 10.22
Considere os grafos G_1 e G_2 da Figura 10.27.

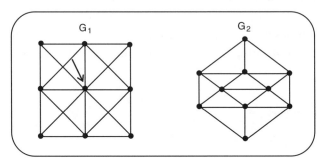

Figura 10.27
Dois grafos 4-cromáticos.

Para o grafo G_1 da Figura 10.27, $\Delta(G_1) = 8$ e G_1 tem K_4 como subgrafo. Assim, $4 \leq \chi(G_1) \leq 8$ (e não é difícil ver que $\chi(G_1) = 4$). Similarmente para G_2 na mesma figura, $\Delta(G_2) = 5$ e G_2 tem K_3 como subgrafo. Assim, $3 \leq \chi(G_2) \leq 5$ ($\chi(G_2) = 4$).

10.6 ALGORITMOS PARA A COLORAÇÃO DE VÉRTICES

Não existe um bom algoritmo para a coloração de vértices de um grafo usando o número mínimo de cores e, consequentemente, não existe um bom algoritmo para determinação do índice cromático de um grafo. Existem, entretanto, vários algoritmos que dão uma aproximação da coloração mínima; a seguir são apresentados três, seguindo os procedimentos descritos em Clark & Holton, 1998.

10.6.1 ALGORITMO DE COLORAÇÃO SEQUENCIAL SIMPLES
Esse algoritmo, descrito em Algoritmo 10.1, começa com qualquer ordenação dos vértices do grafo G, por exemplo, $v_1, v_2, ..., v_n$. É atribuída a v_1 a cor 1. Considera-se, a seguir, o vértice v_2 e atribui-se a cor 1 a ele se não for adjacente a v_1; caso contrário, atribui-se a cor 2. O próximo vértice, v_3, é colorido de 1, se não for adjacente a v_1; se for será colorido de 2 se não for adjacente a v_2, caso contrário será colorido de 3. O processo continua dessa maneira, colorindo o vértice com a primeira cor disponível que não tenha sido usada para colorir qualquer de seus vértices adjacentes.

Grafos planos e planares

Entrada: Grafo G=({$v_1, v_2, ..., v_n$},{$e_1, ..., e_m$}) e cores={1, 2, ..., n}.

Saída: Vértices e cores associadas.

Passo 1. Liste os vértices de G como $v_1, v_2, ..., v_n$. Liste as cores disponíveis como 1, 2, ..., n.

Passo 2. Para cada i = 1, ..., n, seja C_i = {1,2, ..., i} a lista de cores que poderiam colorir v_i.

Passo 3. Faça i = 1.

Passo 4. Seja c_i a primeira cor em C_i. Atribua essa cor ao vértice v_i.

Passo 5. Para cada j com i < j e v_i adjacente a v_j em G, faça C_j = C_j − {c_i} (isso significa que a v_j não será dada a mesma cor que foi dada a x_i). Faça i ← i + 1 e, se i + 1 ≤ n, volte ao Passo 4.

Passo 6. Armazene a cor de cada um dos n vértices.

Algoritmo 10.1
Algoritmo sequencial simples de coloração de vértices.

EXEMPLO 10.23

Considere o grafo G da Figura 10.28 e considere o *trace* do Algoritmo 10.1 em G.

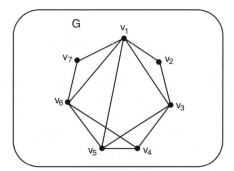

Figura 10.28
Grafo para o Algoritmo 10.1.

Passo 1. Lista dos vértices: $v_1, v_2, v_3, v_4, v_5, v_6, v_7$. As cores disponíveis são 1,2,3,4,5,6,7.

Passo 2. C_1 ← {1}, C_2 ← {1,2} ,..., C_7 ← {1,2,3,4,5,6,7}.

Passo 3. i = 1

Passo 4. 1 é a primeira cor em C_1 e deve-se atribuí-la ao vértice v_1.

215

Passo 5. v_2, v_3, v_5, v_6 e v_7 são adjacentes a v_1 e, então, tem-se:

$C_2 \leftarrow \{1,2\} - \{1\} = \{2\}$
$C_3 \leftarrow \{2,3\}$
$C_5 \leftarrow \{2,3,4,5\}$
$C_6 \leftarrow \{2,3,4,5,6\}$
$C_7 \leftarrow \{2,3,4,5,6,7\}$

i ← 1 + 1 e volte ao Passo 4.

Passo 4. 2 é a primeira cor em C_2 de maneira que se atribui 2 a v_2.

Passo 5. v_3 é adjacente a v_2. C_3 e então atualizado para $C_3 \leftarrow \{2,3\} - \{2\} = \{3\}$,
i ← 2 + 1 e volte ao Passo 4.

Passo 4. 3 é a primeira cor em C_3, de maneira que se atribui 3 a v_3.

Passo 5. v_4 e v_5 são adjacentes a v_3. C_4 e C_5 são então atualizados, $C_4 \leftarrow \{1,2,3,4\} - \{3\} = \{1,2,4\}$ e $C_5 \leftarrow \{2,4,5\}$.
i ← 3 + 1 e volte ao Passo 4.

Passo 4. 1 é a primeira cor em C_4 de maneira que se atribui 1 a v_4.

Passo 5. v_5 e v_6 são adjacentes a v_4. C_4 e C_5 não precisam de atualizações.
i ← 4 + 1 e volte ao Passo 4.

Passo 4. 2 é a primeira cor em C_5 de maneira que se atribui 2 a v_5.

Passo 5. v_6 é adjacente a v_5; então $C_6 \leftarrow \{3,4,5,6\}$.
i ← 5 + 1 e volte ao Passo 4.

Passo 4. 3 é a primeira cor em C_6, de maneira que se atribui 3 a v_6.

Passo 5. v_7 é adjacente a v_6; então $C_7 \leftarrow C_7 - \{3\} = \{2,4,5,6,7\}$.
i ← 6 + 1 e volte ao Passo 4.

Passo 4. 2 é a primeira cor em C_7, de maneira que se atribui 2 a v_7.

Passo 5. i ← 7 + 1, i > 7, execute o passo seguinte.

Passo 6. v_1 e v_5 são coloridos com 1.

v_2, v_5 e v_7 são coloridos com 2.

v_3 e v_6 são coloridos com 3.

EXEMPLO 10.24

Considere o grafo G da Figura 10.29 e considere o uso do algoritmo sequencial (Algoritmo 10.1) tendo como entrada o grafo G.

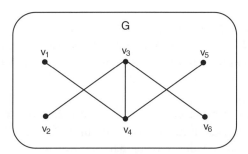

Figura 10.29
Grafo entrada para o algoritmo sequencial.

$V = \{v_1, v_2, v_3, v_4, v_5, v_6\}$
$C = \{1,2,3,4,5,6\}$
$C_1 = \{1\}$, $C_2 = \{1,2\}$, $C_3 = \{1,2,3\}$, $C_4 = \{1,2,3,4\}$, $C_5 = \{1,2,3,4,5\}$, $C_6 = \{1,2,3,4,5,6\}$.
$i \leftarrow 1$
$v_1 \leftarrow$ primeira cor em C_1 e, portanto, $v_1 \leftarrow 1$
identificar vértices v_j, $j > i$ ($i = 1$) | seja adjacente a $v_1 \Rightarrow v_j \in \{v_4\}$
atualizar: $C_4 \leftarrow C_4 - \{1\} \Rightarrow C_4 = \{2,3,4\}$

$i \leftarrow 2$
$v_2 \leftarrow$ primeira cor em C_2 e, portanto, $v_2 \leftarrow 1$
identificar vértices v_j, $j > i$ ($i = 2$) | seja adjacente a $v_2 \Rightarrow v_j \in \{v_3\}$
atualizar: $C_3 \leftarrow C_3 - \{1\} \Rightarrow C_3 = \{2,3\}$

$i \leftarrow 3$
$v_3 \leftarrow$ primeira cor em C_3 e, portanto, $v_3 \leftarrow 2$
identificar vértices v_j, $j > i$ ($i = 3$) | seja adjacente a $v_3 \Rightarrow v_j \in \{v_4, v_6\}$
atualizar: $C_4 \leftarrow C_4 - \{2\} \Rightarrow C_4 = \{3,4\}$
$\qquad\quad C_6 \leftarrow C_6 - \{2\} \Rightarrow C_6 = \{1,3,4,5,6\}$

Capítulo 10

i ← 4
v_4 ← primeira cor em C_4 e, portanto, v_4 ← 3
identificar vértices v_j, j > i (i = 4) | seja adjacente a v_4 ⇒ $v_j \in \{v_5\}$
atualizar: C_5 ← C_5 − {2} ⇒ C_5 = {1,2,4,5}

i ← 5
v_5 ← primeira cor em C_5 e, portanto, v_5 ← 1
identificar vértices v_j, j > i (i = 5) | seja adjacente a v_5 ⇒ não existem.

i ← 6
v_6 ← primeira cor em C_6 e, portanto, v_6 ← 1
identificar vértices v_j, j > i (i = 6) | seja adjacente a v_6 ⇒ não existem.
i ← 7 ⇒ o algoritmo termina, e retorna a seguinte coloração atribuída aos vértices:
v_1 ← 1, v_2 ← 1, v_3 ← 2, v_4 ← 3, v_5 ← 1, v_6 ← 1.

Note que a coloração mínima para esse exemplo é 2, isto é, o número cromático do grafo em questão é 2 ($\chi(G)=2$), uma vez que G é um grafo bipartido. No entanto, o algoritmo Sequencial encontrou o valor 3. Uma melhoria do algoritmo Sequencial é dada pelo algoritmo Welsh-Powell – que é exatamente o algoritmo Sequencial com um pré-processamento inicial, que renomeia os vértices em função de seus graus, apresentado a seguir.

10.6.2 ALGORITMO DE WELSH-POWELL

Uma modificação no passo 1 do Algoritmo 10.1 deu origem ao algoritmo conhecido como de Welsh e Powell (Welsh & Powell, 1967), que é descrito em Algoritmo 10.2.

Entrada: Grafo G=({v_1, v_2, ..., v_n},{e_1,...,e_m}) e cores ={1, 2, ..., n}.

Saída: Vértices e cores associadas.

Passo 1. Liste os vértices de G como v_1, v_2, ..., v_n, tal que $d(v_1) \geq d(v_2) \geq ... \geq d(v_n)$.

Liste as cores disponíveis como 1, 2, ..., n.

Passo 2. Para cada i = 1, ..., n, seja C_i = {1, 2, ..., i} a lista de cores que poderiam colorir o vértice v_i.

Passo 3. Faça i = 1.

Passo 4. Seja c_i a primeira cor em C_i. Atribua essa cor ao vértice v_i.

Passo 5. Para cada j com i < j e v_i adjacente a v_j em G, faça C_j = C_j − {c_i} (isso significa que a v_j não será dada a mesma cor que a v_i). Faça i ← i + 1 e, se i + 1 ≤ n, volte ao Passo 4.

Passo 6. Armazene a cor de cada um dos n vértices.

Algoritmo 10.2
O algoritmo de Welsh e Powell para coloração de vértices.

EXEMPLO 10.25

Uso do algoritmo de Welsh-Powell (Algoritmo 10.2) para determinar a coloração do grafo da Figura 10.29.

Pré-processamento (que implementa o Passo 1 do algoritmo):

(a) Determinação dos graus dos vértices do grafo: $d(v_1) = 2$, $d(v_2) = 2$, $d(v_3) = 3$, $d(v_4) = 3$, $d(v_5) = 2$, $d(v_6) = 2$.
(b) Renomeação dos vértices, em ordem decrescente de grau:

v_3	v_4	v_1	v_2	v_5	v_6
↓	↓	↓	↓	↓	↓
x_1	x_2	x_3	x_4	x_5	x_6

O grafo G, com os vértices renomeados, está mostrado na Figura 10.30, e, em seguida, é mostrado o *trace* do algoritmo.

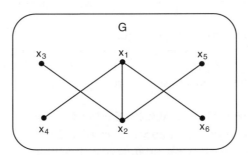

Figura 10.30
Grafo entrada para o algoritmo de Welsh & Powell.

$V = \{x_1, x_2, x_3, x_4, x_5, x_6\}$
$C = \{1,2,3,4,5,6\}$
$C_1 = \{1\}$, $C_2 = \{1,2\}$, $C_3 = \{1,2,3\}$, $C_4 = \{1,2,3,4\}$, $C_5 = \{1,2,3,4,5\}$, $C_6 = \{1,2,3,4,5,6\}$,

$i \leftarrow 1$
$x_1 \leftarrow$ primeira cor em C_1 e, portanto, $x_1 \leftarrow 1$
identificar vértices x_j, $j > i$ ($i = 1$) | x_j seja adjacente a $x_1 \Rightarrow x_j \in \{x_2, x_4, x_6\}$

atualizar: $C_2 \leftarrow C_2 - \{1\} \Rightarrow C_2 = \{2\}$

$\quad C_4 \leftarrow C_4 - \{1\} \Rightarrow C_4 = \{2,3,4\}$

$\quad C_6 \leftarrow C_6 - \{1\} \Rightarrow C_6 = \{2,3,4,5,6\}$

$i \leftarrow 2$
$x_2 \leftarrow$ primeira cor em C_2 e, portanto, $x_2 \leftarrow 2$
identificar vértices x_j, $j > i$ ($i = 2$) | x_j seja adjacente a $x_2 \Rightarrow x_j \in \{x_3, x_5\}$

atualizar: $C_3 \leftarrow C_3 - \{2\} \Rightarrow C_3 = \{1,3\}$

$\quad C_5 \leftarrow C_5 - \{2\} \Rightarrow C_5 = \{1,3,4,5\}$

i ← 3
x_3 ← primeira cor em C_3 e, portanto, x_3 ← 1
identificar vértices x_j, j > i (i = 3) | x_j seja adjacente a x_3 ⇒ não existem.

i ← 4
x_4 ← primeira cor em C_4 e, portanto, x_4 ← 2
identificar vértices x_j, j > i (i = 4) | x_j seja adjacente a x_4 ⇒ não existem.

i ← 5
v_5 ← primeira cor em C_5 e, portanto, v_5 ← 1
identificar vértices v_j, j > i (i = 5) | seja adjacente a v_5 ⇒ não existem.

i ← 6
v_6 ← primeira cor em C_6 e, portanto, v_6 ← 2
identificar vértices x_j, j > i (i = 6) | x_j seja adjacente a x_6 ⇒ não existem.

i ← 7 ⇒ o algoritmo termina e retorna a seguinte coloração atribuída aos vértices: x_1 ← 1, x_2 ← 2, x_3 ← 1, x_4 ← 2, x_5 ← 1, x_6 ← 2. A nomeação original, portanto, tem a seguinte coloração: v_1 ← 1, v_2 ← 2, v_3 ← 1, v_4 ← 2, v_5 ← 1, v_6 ← 2. Note que apenas duas cores foram necessárias (enquanto o Sequencial usou 3 cores).

10.6.3 ALGORITMO DE MATULA, MARBLE E ISAACSON

Uma modificação no Passo 1 do algoritmo Sequencial deu também origem ao algoritmo conhecido como de Matula, Marble e Isaacson (Matula et al., 1967), que é descrito em Algoritmo 10.3. O Algoritmo 10.3 geralmente tem um desempenho melhor que o Algoritmo 10.2.

Entrada: Grafo G=({v_1, v_2, ..., v_n},{e_1, ..., e_m}) e cores={1, 2, ..., n}

Saída: Vértices e cores associadas

Passo 1.

(a) escolha v_n como o vértice de grau mínimo em G

(b) para i = n–1, n–1, n–2, n–3, ..., 1, escolha v_i como o vértice de grau mínimo no subgrafo de vértices-deletados G – {v_n, v_{n-1}, v_{n-2}, ..., v_{i+1}}

(c) liste os vértices como x_1, x_2, ..., x_n

(d) liste as cores disponíveis como 1, 2, 3, ..., n

Passo 2. Para cada i = 1, ..., n, seja C_i = {1, 2, ..., i} a lista de cores que poderiam colorir o vértice x_i.

Passo 3. Faça i = 1.

Passo 4. Seja c_i a primeira cor em C_i. Atribua essa cor ao vértice x_i.

Passo 5. Para cada j com i < j e x_i adjacente a x_j em G, faça C_j = C_j – {c_i} (isso significa que a x_j não será dada a mesma cor que a x_i). Faça i ← i + 1 e se i + 1 ≤ n, volte ao Passo 4.

Passo 6. Armazene a cor de cada um dos n vértices.

Algoritmo 10.3
O algoritmo de Matula, Marble e Isaacson para coloração de vértices.

EXEMPLO 10.26

Uso do algoritmo de Welsh-Powell (Algoritmo 10.3) para determinar a coloração do grafo da Figura 10.31.

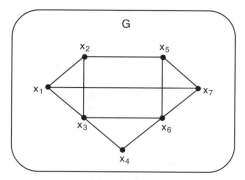

Figura 10.31
Grafo entrada para o algoritmo de Matula, Marble e Isaacson.

A renomeação de vértices do Algoritmo 10.3, para o grafo da Figura 10.30, cujo número de vértices é 7, pode ser reescrita como:

(a) escolha v_7 como o vértice de grau mínimo em G, portanto, $v_7 \leftarrow x_4$.

(b) para i = 6, 5, 4, 3, 2, 1, escolha v_i como o vértice de grau mínimo no subgrafo de vértices deletados $G - \{v_7, v_6, v_5, ..., v_{i+1}\}$.

(c) liste os vértices como $v_1, v_2, ..., v_7$.

(d) liste as cores disponíveis como 1, 2, 3, 4, 5, 6, 7.

O Passo (b), que cuida da renomeação dos vértices, é executado da seguinte maneira:

i ← 6: escolher v_6 como o vértice de grau mínimo no subgrafo $G - \{v_7\}$ a seguir. Como todos os vértices têm grau 3, a escolha pode ser de qualquer um deles. Suponha $v_6 \leftarrow x_1$.

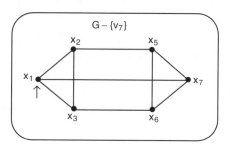

Capítulo 10

i ← 5: escolher v_5 como o vértice de grau mínimo no subgrafo $G - \{v_7, v_6\}$ a seguir. A escolha recai entre três vértices: x_2, x_3 e x_7. Suponha $v_5 \leftarrow x_3$.

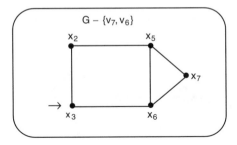

i ← 4: escolher v_4 como o vértice de grau mínimo no subgrafo $G - \{v_7, v_6, v_5\}$ a seguir. Como existe apenas um vértice com o menor grau, $v_4 \leftarrow x_2$.

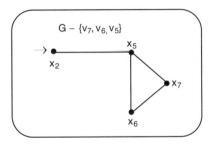

i ← 3: escolher v_3 como o vértice de grau mínimo no subgrafo $G - \{v_7, v_6, v_5, v_4\}$ a seguir. Como os três vértices do subgrafo têm o mesmo grau, a escolha pode ser qualquer deles. Suponha $v_3 \leftarrow x_6$.

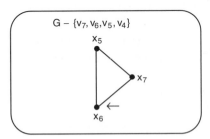

i ← 2: escolher v_2 como o vértice de grau mínimo no subgrafo $G - \{v_7, v_6, v_5, v_4, v_3\}$ a seguir. Como os três vértices do subgrafo têm o mesmo grau, a escolha pode ser qualquer deles. Suponha $v_2 \leftarrow x_5$.

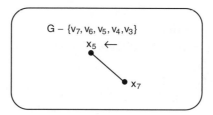

i ← 1: escolher v_1 como o vértice de grau mínimo no subgrafo G − $\{v_7, v_6, v_5, v_4, v_3, v_2\}$ a seguir, que é apenas um vértice isolado e, portanto, $v_1 \leftarrow x_7$.

O item (c) do Passo 1 estabelece a renomeação dos vértices do grafo da Figura 10.30 como:

x_1	x_2	x_3	x_4	x_5	x_6	x_7
↓	↓	↓	↓	↓	↓	↓
v_6	v_4	v_5	v_7	v_2	v_3	v_1

e o grafo com vértices renomeados está mostrado na Figura 10.32.

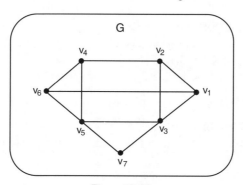

Figura 10.32
Grafo entrada para o algoritmo Matula, Marble e Isaacson, com o passo de renomeação já realizado.

O Algoritmo 10.3 prossegue, então, de maneira semelhante ao Sequencial, como mostra o *trace* a seguir:
V = $\{v_1, v_2, v_3, v_4, v_5, v_6, v_7\}$
C = $\{1,2,3,4,5,6,7\}$
$C_1 = \{1\}$, $C_2 = \{1,2\}$, $C_3 = \{1,2,3\}$, $C_4 = \{1,2,3,4\}$, $C_5 = \{1,2,3,4,5\}$, $C_6 = \{1,2,3,4,5,6\}$,

Capítulo 10

$i \leftarrow 1$
$v_1 \leftarrow$ primeira cor em C_1 e, portanto, $v_1 \leftarrow 1$
identificar vértices v_j, $j > i$ ($i = 1$) | seja adjacente a $v_1 \Rightarrow v_j \in \{v_2, v_3, v_6\}$
atualizar: $C_2 \leftarrow C_2 - \{1\} \Rightarrow C_2 = \{2\}$
atualizar: $C_3 \leftarrow C_3 - \{1\} \Rightarrow C_3 = \{2,3\}$
atualizar: $C_6 \leftarrow C_6 - \{1\} \Rightarrow C_6 = \{2,3,4,5,6\}$

$i \leftarrow 2$
$v_2 \leftarrow$ primeira cor em C_2 e, portanto, $v_2 \leftarrow 2$
identificar vértices v_j, $j > i$ ($i = 2$) | seja adjacente a $v_2 \Rightarrow v_j \in \{v_3, v_4\}$
atualizar: $C_3 \leftarrow C_3 - \{2\} \Rightarrow C_3 = \{3\}$
atualizar: $C_4 \leftarrow C_4 - \{2\} \Rightarrow C_4 = \{1,3,4\}$

$i \leftarrow 3$
$v_3 \leftarrow$ primeira cor em C_3 e, portanto, $v_3 \leftarrow 3$
identificar vértices v_j, $j > i$ ($i = 3$) | seja adjacente a $v_3 \Rightarrow v_j \in \{v_5, v_7\}$
atualizar: $C_5 \leftarrow C_5 - \{3\} \Rightarrow C_4 = \{1,2,4,5\}$
$C_7 \leftarrow C_7 - \{3\} \Rightarrow C_7 = \{1,2,4,5,6,7\}$

$i \leftarrow 4$
$v_4 \leftarrow$ primeira cor em C_4 e, portanto, $v_4 \leftarrow 1$
identificar vértices v_j, $j > i$ ($i = 4$) | seja adjacente a $v_4 \Rightarrow v_j \in \{v_5, v_6\}$
atualizar: $C_5 \leftarrow C_5 - \{1\} \Rightarrow C_5 = \{2,4,5\}$
$C_6 \leftarrow C_6 - \{1\} \Rightarrow C_5 = \{2,3,4,5,6\}$

$i \leftarrow 5$
$v_5 \leftarrow$ primeira cor em C_5 e, portanto, $v_5 \leftarrow 2$
identificar vértices v_j, $j > i$ ($i = 5$) | seja adjacente a $v_5 \Rightarrow v_j \in \{v_6, v_7\}$
atualizar: $C_6 \leftarrow C_6 - \{2\} \Rightarrow C_6 = \{3,4,5,6\}$
$C_7 \leftarrow C_7 - \{2\} \Rightarrow C_5 = \{1,4,5,6,7\}$

$i \leftarrow 6$
$v_6 \leftarrow$ primeira cor em C_6 e, portanto, $v_6 \leftarrow 3$
identificar vértices v_j, $j > i$ ($i = 6$) | seja adjacente a $v_6 \Rightarrow$ não existem.

$i \leftarrow 7$
$v_7 \leftarrow$ primeira cor em C_7 e, portanto, $v_7 \leftarrow 1$
identificar vértices v_j, $j > i$ ($i = 7$) | seja adjacente a $v_7 \Rightarrow$ não existem.

$i \leftarrow 8 \Rightarrow$ o algoritmo termina, e retorna a seguinte coloração atribuída aos vértices:
$v_1 \leftarrow 1$, $v_2 \leftarrow 2$, $v_3 \leftarrow 3$, $v_4 \leftarrow 1$, $v_5 \leftarrow 2$, $v_6 \leftarrow 3$, $v_7 \leftarrow 1$.

1ª Lista de exercícios

1) Seja I = {1,2,3,4,5}. Liste os elementos das seguintes relações em I:
(a) I × I
(b) {<x,y> | x,y ∈ I e x < y}
(c) {<x,y> | x,y ∈ I e x = y}

2) Caracterize:
(a) uma relação que seja simétrica e antissimétrica.
(b) uma relação reflexiva que seja uma função.
(c) uma relação R que satisfaça R ∩ R^{-1} = ∅.
(d) uma relação R que satisfaça R = R^{-1}.

3) Mostre que uma relação não vazia, transitiva e simétrica não pode ser antirreflexiva, mas não necessita ser reflexiva.

4) Seja X = {1,4,9,16,...}. Sugira uma ou mais relações de ordem parcial em X.

5) Mostre que se uma relação R for uma relação de ordem parcial, então R^{-1} será também uma relação de ordem parcial.

6) Represente, por diagramas, os seguintes conjuntos, parcialmente ordenados pela relação divide:
(a) {2,3,5,7,210}
(b) {2,3,4,5,9,1080}
(c) {2,3,5,10,15,300}

7) Seja R a relação nos números naturais, definida por "x divide y". Verifique a quais propriedades R satisfaz.

1ª Lista de exercícios

8) Seja A uma família de conjuntos e seja R uma relação em A definida por "x é subconjunto de y". Verifique a quais propriedades R satisfaz.

9) Verifique: R e R_1 são relações simétricas em um conjunto A, então $R \cap R_1$ é uma relação simétrica em A.

10) Considere o conjunto $A = \{0,1,2,3\}$. A quais propriedades as seguintes relações binárias em $A \times A$ satisfazem?
(a) $R_1 = \{<1,1>,<2,1>,<2,2>,<3,1>,<2,3>\}$
(b) $R_2 = \{<1,1>\}$
(c) $R_3 = \{<1,2>\}$
(d) $R_4 = \{<1,1>,<3,2>,<2,3>\}$
(e) $R_5 = A \times A$
(f) $R_6 = \{<x,y> \mid x < y\}$
(g) $R_7 = \{<x,y> \mid x \leq y\}$
(h) $R_8 = \{<x,y> \mid x = y\}$
(i) $R_9 = \{<x,y> \mid 2x = y\}$
(j) $R_{10} = \{<x,y> \mid x = y-1\}$
(k) $R_{11} = \{<0,0>,<0,1>,<1,0>,<1,1>,<1,2>,<2,2>,<0,2>,<3,3>\}$
(l) $R_{12} = \{<x,y> \mid x < y$ ou $x > y\}$
(m) $R_{13} = \{<0,0>,<0,3>,<1,1>,<2,2>,<1,0>,<0,1>,<3,1>,<3,3>,<3,0>,<1,3>\}$
(n) $R_{14} = \{<x,y> \mid x = y$ ou $x = y - 1$ ou $x - 1 = y\}$
(o) $R_{15} = \{<0,1>,<1,3>,<2,1>,<3,2>\}$

11) Considere o conjunto $W = \{1,2,3,4\}$. A quais propriedades as seguintes relações em W satisfazem?
(a) $R_1 = \{<1,1>,<1,2>\}$
(b) $R_2 = \{<1,1>,<2,3>,<4,1>\}$
(c) $R_3 = \{<1,3>,<2,4>\}$
(d) $R_4 = \{<1,1>,<2,2>,<3,3>\}$
(e) $R_5 = W \times W$

12) Cada uma das seguintes sentenças define uma relação R no conjunto dos números naturais. Diga a quais propriedades cada uma delas satisfaz.
(a) x é menor ou igual a y
(b) x é divisor de y
(c) $x + y = 10$
(d) $x + 2y = 5$

13) Prove que, se R for uma relação transitiva, a sua inversa também será transitiva.

14) Sejam R e R_1 relações em um conjunto A. Diga se cada uma das seguintes proposições é verdadeira ou falsa e justifique:

(a) Se R é simétrica, R⁻¹ é simétrica
(b) Se R é antissimétrica, R⁻¹ é antissimétrica
(c) Se R é reflexiva, R ∩ R⁻¹ ≠ ∅
(d) Se R é simétrica, R ∩ R⁻¹ ≠ ∅
(e) Se R e R_1 são transitivas, R ∪ R_1 é transitiva
(f) Se R e R_1 são transitivas, R ∩ R_1 é transitiva
(g) Se R e R_1 são antissimétricas, R ∪ R_1 é antissimétrica
(h) Se R e R_1 são antissimétricas, R ∩ R_1 é antissimétrica
(i) Se R e R_1 são reflexivas, R ∪ R_1 é reflexiva
(j) Se R e R_1 são reflexivas, R ∩ R_1 é reflexiva

15) Considere o conjunto P({1,2,3}) = {∅,{1},{2},{3},{1,2},{1,3},{2,3},{1,2,3}}. Ache os limitantes superiores e inferiores dos conjuntos:

(a) A = {∅}
(b) B = {{2},{1,3}}
(c) C = {{1,2},{2,3}}

16) Quais das seguintes famílias de subconjuntos de X = {0,1,2,3,4,5,6,7,8,9} são partições de X?

(a) {{0,1},{2,3,4,5,6,7,8,9},X}
(b) {{0,1,2,3,4},{5,6,7,8,9}}
(c) {∅,X}
(d) {X}
(d) {{0,1},{2,3},{4,5},{6,7},{9}}

17) Considere uma relação binária R no domínio de cadeias de 4 letras, definida por sRt se t for formada a partir da cadeia s, movendo ciclicamente seus caracteres 1 posição à esquerda, ou seja, abcdRbcda. Determine se R é:

(a) reflexiva
(b) simétrica
(c) transitiva
(d) ordem parcial e/ou
(e) relação de equivalência

Explique por que (ou dê um contraexemplo) em cada caso.

18) Verifique se a seguinte proposição e sua prova são corretas. Justifique sua resposta.

Proposição: Se uma relação R é simétrica e transitiva, então R é reflexiva.

Prova. Seja x um elemento de R. Considere y tal que xRy. Como R é simétrica, yRx. Entretanto, como R é também transitiva, xRy e yRx implica xRx. Como x é um elemento arbitrário do domínio da relação, provamos que xRx para todo elemento do domínio de R, o que prova que R é reflexiva.

1ª Lista de exercícios

19) Dê exemplos de relações definidas no conjunto {1,2,3}:
(a) reflexiva, transitiva mas não simétrica.
(b) simétrica e transitiva mas não reflexiva.
(c) simétrica e antissimétrica.

20) Determine a relação inversa de cada uma das relações do Exercício 19 e identifique todas as propriedades a que cada uma das inversas satisfaz.

21) Quais das relações dos exercícios 19 e 20 são funções?

22) Determine a composição das seguintes relações do Exercício 10 e as propriedades a que cada uma delas satisfaz:
(a) $R_1 \circ R_1$
(b) $R_1 \circ R_1^{-1}$
(c) $R_1 \circ R_2$
(d) $R_3 \circ R_2^{-1}$
(e) $R_3 \circ R_3$
(f) $R_4 \circ R_5$
(g) $R_6 \circ R_6$
(h) $R_6 \circ R_6^{-1}$
(i) $R_1 \circ R_7$
(j) $R_2 \circ R_7$
(k) $R_3 \circ R_7$
(l) $R_8 \circ R_8$
(m) $R_8 \circ R_8^{-1}$
(n) $R_9 \circ R_{10}$

23) Considere o conjunto de estudantes descrito na tabela a seguir.

Nome	Nota	Curso	Idade	Regime
A	B	Biologia	19	Integral
B	C	Física	19	Integral
C	C	Matemática	20	Parcial
D	A	Matemática	19	Integral
E	A	Matemática	19	Integral
F	A	Computação	21	Parcial
G	B	Química	21	Parcial
H	C	Biologia	19	Integral
I	B	Biologia	19	Integral
J	B	Computação	21	Parcial

Mostre o diagrama das relações de compatibilidade definidas no conjunto de estudantes da tabela anterior, baseadas nas seguintes definições de compatibilidade:

(a) dois estudantes são compatíveis se eles não diferem em mais do que duas das quatro características.
(b) dois estudantes são compatíveis se eles não diferem em mais do que três das quatro características.

24) Quais dos seguintes conjuntos são funções?
(a) {<1,1>,<2,4>,<3,9>,<4,16>,...}
(b) {<a,<b,c>>,<a,<c,b>>,<b,<a,d>>}
(c) {<{a,b},c>,{<{a,c},b>,<{b,a},d>}

25) Considere f:A → B e g:A → B. Sob quais condições f ∩ g é função? Sob quais condições f ∪ g é função? Justifique suas respostas.

26) Considere o produto cartesiano A × B, com |A| = m e |B| = n.
(a) qual é o maior número de elementos que um conjunto C ⊆ A × B pode ter, para ser considerado uma função?
(b) se f:A→B e m < n, pode f ser sobre B?

27) Seja A = {1,2,3,4,5} e sejam as funções f:A → A e g:A → A definidas como:
f(1) = 2, f(2) = 3, f(3) = 4, f(4) = 5, f(5) = 1
g(1) = 5, g(2) = 3, g(3) = 1, g(4) = 4, g(5) = 2
Defina f ° g e g ° f.

28) Mostre que, se uma relação R é uma ordem parcial, então R^{-1} é também uma ordem parcial.

29) Uma relação reflexiva e transitiva também é chamada *pré-ordenação*. Toda relação de ordem é, naturalmente, uma pré-ordenação. Dê um exemplo de uma pré-ordenação que não seja uma relação de ordem parcial.

30) Considere o conjunto A = {2,6,10} parcialmente ordenado pela relação "divide". Encontre todos os subconjuntos de A que estão ordenados por "divide".

31) Encontre os elementos menor, maior, minimal e maximal dos conjuntos parcialmente ordenados do Exercício 6.

32) Encontre subconjuntos dos conjuntos parcialmente ordenados do Exercício 6 que tenham três elementos e que sejam linearmente ordenados pela relação divide.

33) Encontre os limites superiores e o supremo do subconjunto {2,5} de cada um dos conjuntos parcialmente ordenados do Exercício 6.

34) Dê três exemplos de relação de ordem parcial que sejam cadeias.

35) Identifique todas as partições possíveis do conjunto:
(a) X = {1,2}
(b) X = {1,2,3,4}

36) Para cada relação de equivalência, determine a classe de equivalência pedida.
(a) R = {<1,1>, <1,2>, <2,1>, <2,2>, <3,3>, <4,4>} definida em {1,2,3,4}, determine [1].
(b) R = {<1,1>, <1,2>, <2,1>, <2,2>, <3,3>, <4,4>} definida em {1,2,3,4}, determine [3].
(c) R é definida como "tem o mesmo algarismo das dezenas" no conjunto dos números inteiros z, tal que 100 < z < 200. Determine [127].

2ª Lista de exercícios

1) Para cada um dos três grafos G = (V,E), encontre V, E, todas as arestas paralelas, todos os *loops*, todos os vértices isolados, e diga se G é um grafo simples. Diga também a quais vértices e_1 é incidente.

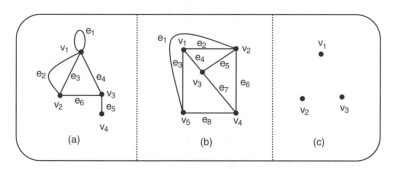

(a)   (b)   (c)

2) Dê três exemplos de grafos bipartidos diferentes dos apresentados neste livro. Especifique os conjuntos de vértices disjuntos.

3) Verifique se cada um dos grafos a seguir é bipartido. Se o grafo em questão for bipartido, especifique os conjuntos disjuntos de vértices.

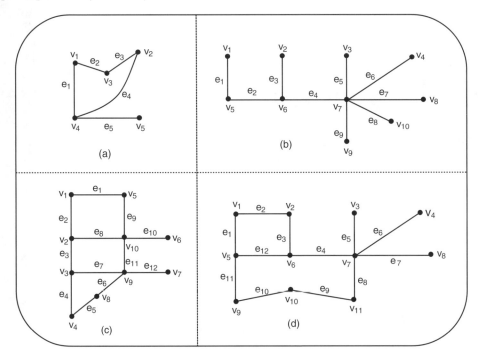

4) Justifique cada uma das afirmações a seguir:
(a) todo grafo é seu próprio subgrafo.
(b) um subgrafo de um subgrafo de G é um subgrafo de G.
(c) um único vértice em um grafo G é um subgrafo de G.
(d) uma única aresta de G, junto com os seus vértices-extremidade é também um subgrafo de G.

Os próximos exercícios (5 até 13) fazem referência aos seguintes grafos:

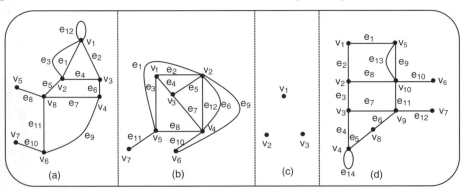

5) Especifique três subgrafos *spanning* para cada um dos grafos (a), (b), (c) e (d).

6) Para os quatro grafos (a), (b), (c) e (d):
(a) defina os subgrafos G-v_3
(b) defina os subgrafos G−U, em que U = {v_1,v_3}.

7) Para os três grafos (a), (b) e (d):
(a) defina os subgrafos G-e_2
(b) defina os subgrafos G−F, em que F = {e_2,e_4,e_7}.

8) Construa o grafo básico simples de (a), (b), (c) e (d).

9) Para os grafos (a), (b) e (d), construa os subgrafos induzidos G[U], para U = {v_1,v_3,v_5,v_6} e G[F], para F = {e_1,e_2,e_6,e_8}.

10) Para cada um dos grafos (a), (b) e (d), construa dois pares de subgrafos disjuntos e dois pares de subgrafos arestas disjuntos.

11) Para cada um dos grafos (a), (b) e (d), dê exemplos das operações:
(a) união de subgrafos
(b) interseção de subgrafos
(c) soma de dois subgrafos
(d) complemento de subgrafo com n vértices com relação a K_n.

12) Construa uma decomposição para cada um dos grafos (a), (b) e (d).

13) Para cada um dos grafos (a), (b), (c) e (d), construa um novo grafo, resultado da fusão de dois vértices do grafo original.

14) Discuta as propriedades comutativas da união, interseção e soma de subgrafos de um grafo G.

15) Verifique, usando as definições, que, se G1 e G2 são aresta-disjuntos, então G1 ∩ G2 é o grafo nulo e G1 ⊕ G2 = G1 ∪ G2.

16) Verifique, usando as definições, que, se G1 e G2 são vértice-disjuntos, então G1 ∩ G2 = ∅.

17) Verifique que, para qualquer grafo G, G ∪ G = G ∩ G = G e G1 ⊕ G2 = grafo nulo.

18) Determine se os grafos G1 e G2 a seguir são isomorfos. Se G1 e G2 forem isomorfos, escreva as funções f e g que estabelecem o isomorfismo. Caso contrário, forneça um invariante que os grafos não compartilham.

2ª Lista de exercícios

(a)
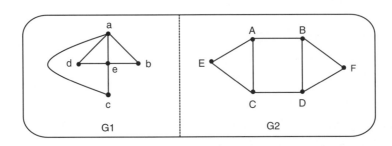

(b)
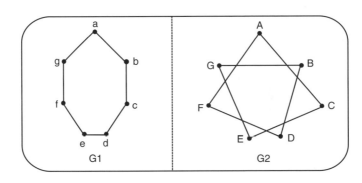

(c)
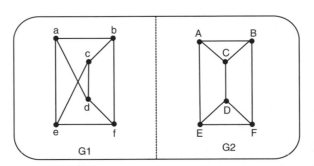

(d)
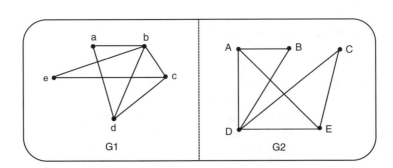

(e)
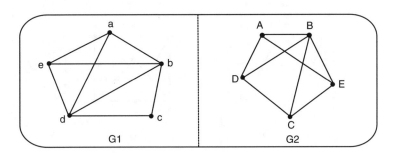

(f)
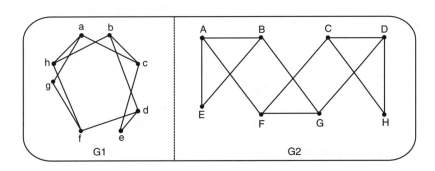

(g)
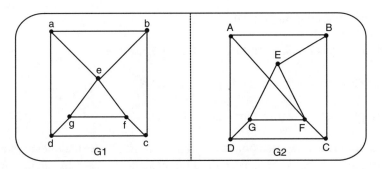

(h)
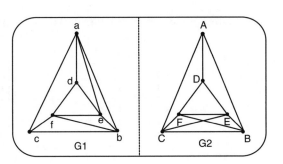

(i)

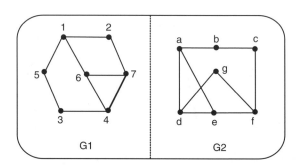

Para os exercícios 19 a 27, desenhe o grafo com a propriedade solicitada ou, então, explique por que tal grafo não existe.

19) Seis vértices, cada um com grau 3.

20) Cinco vértices, cada um com grau 3.

21) Quatro vértices, cada um com grau 1.

22) Seis vértices e quatro arestas.

23) Quatro arestas, quatro vértices tendo graus 1,2,3,4.

24) Quatro vértices com graus 1,2,3,4.

25) Grafo simples; seis vértices tendo graus 1,2,3,4,5,5.

26) Grafo simples; cinco vértices tendo graus 2,3,3,4,4.

27) Grafo simples; cinco vértices tendo graus 2,2,4,4,4.

28) Dê um exemplo de um grafo conectado tal que a remoção de qualquer aresta resulta em um grafo que não é conectado (assuma que a remoção de uma aresta não remove qualquer vértice).

29) Desenhe cada um dos grafos com as seguintes matrizes de adjacência:

(a) $\begin{pmatrix} 1 & 1 & 0 & 1 & 0 \\ 1 & 0 & 1 & 0 & 0 \\ 0 & 1 & 0 & 1 & 0 \\ 1 & 0 & 1 & 0 & 0 \\ 0 & 0 & 0 & 0 & 1 \end{pmatrix}$ (b) $\begin{pmatrix} 1 & 1 & 1 & 0 & 0 \\ 1 & 1 & 1 & 0 & 0 \\ 1 & 1 & 1 & 0 & 0 \\ 0 & 0 & 0 & 0 & 1 \\ 0 & 0 & 0 & 1 & 0 \end{pmatrix}$ (c) $\begin{pmatrix} 0 & 1 & 0 & 0 \\ 1 & 0 & 2 & 2 \\ 0 & 2 & 1 & 2 \\ 0 & 2 & 2 & 1 \end{pmatrix}$ (d) $\begin{pmatrix} 0 & 1 & 2 & 3 \\ 1 & 0 & 3 & 2 \\ 2 & 3 & 0 & 1 \\ 3 & 2 & 1 & 0 \end{pmatrix}$

236

30) Seja G um grafo simples e seja A sua matriz de adjacência. Prove que as entradas na diagonal principal de A^2 fornecem os graus dos vértices de G. Esse fato continua válido se a condição do grafo "ser simples" for removida?

31) Escreva a matriz de adjacência e a matriz de incidência para os grafos mostrados em (a) e (b) a seguir, usando as ordenações de vértices e arestas dadas.

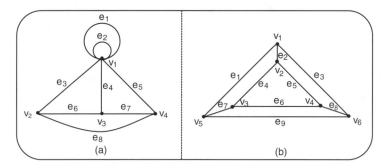

32) Use o processo de fusão para determinar se os grafos do Exercício 29, especificados por suas matrizes de adjacência, são conectados ou não. A cada passo do processo, especifique o grafo correspondente e sua matriz de adjacência.

33) Construa a matriz de adjacência e de incidência do grafo mostrado a seguir.

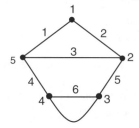

34) Desenhe o grafo cuja matriz de incidência é:

$$\begin{pmatrix} 0 & 0 & 1 & 1 & 1 & 1 & 1 & 0 \\ 0 & 1 & 0 & 1 & 0 & 0 & 0 & 1 \\ 0 & 0 & 0 & 0 & 0 & 0 & 0 & 1 \\ 1 & 0 & 1 & 0 & 1 & 0 & 1 & 0 \\ 1 & 1 & 0 & 0 & 0 & 1 & 0 & 0 \end{pmatrix}$$

35) Se G é um grafo sem *loops*, o que você pode dizer sobre a soma das entradas em:
(a) qualquer linha ou coluna da matriz de adjacência de G?
(b) qualquer linha da matriz de incidência de G?
(c) qualquer coluna da matriz de incidência de G?

36) Considere o grafo G a seguir:

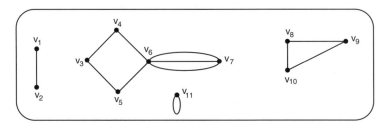

(a) os vértices v_1 e v_2 são incidentes? Explique.
(b) qual(is) vértice(s) de G (se algum) é (são) adjacente(s) a si próprios?
(c) o vértice v_3 é adjacente ao vértice v_6? Explique.
(d) o grafo G é um grafo simples? Explique.
(e) encontre os graus de cada um dos vértices de G.

37) Pode um grafo ter vértices com graus 2,2,3,4,5,5,6,8 e nenhum outro vértice? Justifique sua resposta.

38) Se um grafo tem vértices de graus 1,2,3,3,4,5, quantas arestas ele tem? Justifique sua resposta.

39) Quantas arestas tem o grafo K_{10}?

40) Dê um exemplo de um grafo simples:
(a) que não tenha vértices com grau ímpar.
(b) que não tenha vértices com grau par.

41) Mostre que não existe um grafo G cujos vértices tenham graus iguais a 2,3,3,4,4,5.

42) Mostre que não existe um grafo simples G cujos vértices tenham graus 1,3,3,3. Pode existir um outro tipo de grafo com esses graus?

43) Se *m* e *n* são dois inteiros positivos, encontre um grafo G com a propriedade de que todo vértice tem grau *m* ou *n*.

44) O grafo completo K_n é regular? Se for, qual o grau de K_n? Justifique sua resposta.

45) Desenhe os grafos bipartidos completos $K_{2,2}$, $K_{3,3}$ e $K_{4,5}$.

46) Encontre todos os subgrafos do grafo G1 dado a seguir:

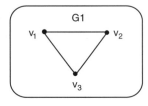

47) Dê um exemplo de:

(a) grafo regular simples de grau 1 que não seja um grafo completo.
(b) grafo regular simples de grau 2 que não seja um grafo completo.
(c) grafo regular simples de grau 3 que não seja um grafo completo.

48) Dados os grafos a seguir, quais deles são bipartidos e quais não? Para os bipartidos, redesenhe-os, de modo que fiquem evidentes os dois conjuntos de vértices.

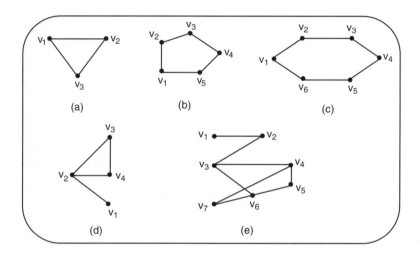

49) Um grafo tripartido $K_{r,s,t}$ consiste em três conjuntos de vértices (de tamanhos r, s e t) com uma aresta unindo dois vértices se e somente se os vértices pertencem a conjuntos diferentes. Desenhe os grafos $K_{2,2,2}$ e $K_{3,3,2}$ e encontre o número de arestas de $K_{3,4,5}$.

50) Para o grafo G a seguir:

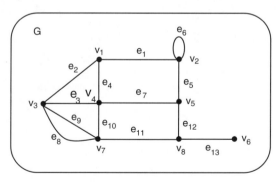

(a) encontre G − U, em que U = $\{v_1,v_3,v_5,v_7\}$.
(b) encontre G − F, em que F= $\{e_2,e_4,e_6,e_8,e_{10},e_{12}\}$.
(c) encontre G[U] em que U = $\{v_2,v_3,v_4,v_7\}$.
(d) encontre G[F] em que F = $\{e_1,e_2,e_8,e_{11}\}$.

2ª Lista de exercícios

(e) encontre o subgrafo H de G isomorfo a K_3.
(f) existe um subgrafo de G isomorfo a K_4?
(g) qual é o grafo simples básico de G? De quantas maneiras diferentes ele pode ser obtido?
(h) qual é a interseção dos dois subgrafos encontrados nos itens (a) e (b)?
(i) qual é a união dos dois subgrafos encontrados em (c) e (d)?

51) Um grafo simples é chamado de autocomplementar se for isomorfo ao seu próprio complemento.

(a) quais dos grafos (a), (b) e (c) a seguir são autocomplementares?

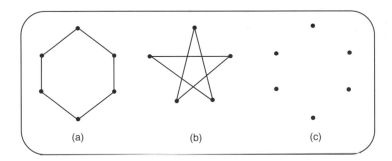

3ª Lista de exercícios

1) Para cada um dos grafos a seguir, dê três exemplos de passeios, trilhas e caminhos.

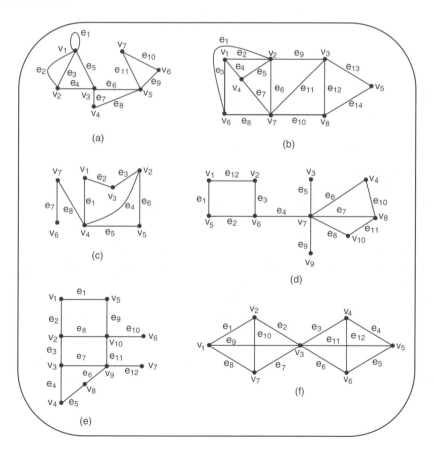

(a)

(b)

(c)

(d)

(e)

(f)

3ª Lista de exercícios

2) Encontre, para o grafo a seguir,

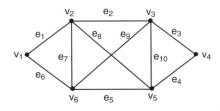

(a) quatro caminhos diferentes de v_1 a v_4.
(b) quatro diferentes trilhas de v_1 a v_4, que não sejam caminhos.
(c) quatro diferentes passeios de v_1 a v_4, que não sejam trilhas.

3) Para o grafo:

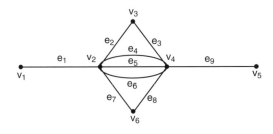

(a) quantos caminhos diferentes, de v_1 a v_5, existem?
(b) quantas trilhas diferentes, de v_1 a v_5, existem?

4) Considere o grafo a seguir:

(a) encontre um passeio fechado de comprimento 6. Seu passeio é uma trilha?
(b) encontre um passeio aberto de comprimento 12. Seu passeio é um caminho?
(c) encontre uma trilha fechada de comprimento 6. Sua trilha é um ciclo?
(d) qual o comprimento do mais longo ciclo em G?
(e) qual o comprimento do caminho mais longo em G? Quantos caminhos em G têm esse comprimento?

5) Seja G um grafo com 15 vértices e 4 componentes conexos. Prove que G tem pelo menos um componente com pelo menos 4 vértices. Qual é o maior número de vértices que um componente de G pode ter?

6) Dê um exemplo de um grafo no qual o comprimento do ciclo mais longo é 9 e o comprimento do ciclo mais curto é 4.

7) No grafo de Petersen a seguir:

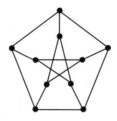

(a) Encontre uma trilha de comprimento 5.
(b) Encontre um caminho de comprimento 9.
(c) Encontre ciclos de comprimentos 5, 6, 8 e 9.

8) Para quaisquer dois vértices u e v conectados por um caminho em um grafo G, a distância entre u e v, denotada por d(u,v), é definida como o comprimento do caminho mais curto entre u e v. Se não existir caminho conectando u e v, a distância d(u,v) é definida como infinito.

(a) prove que, para quaisquer vértices u, v e w em G, tem-se: d(u,w) ≤ d(u,v) + d(v,w).
(b) prove que, se d(u,v) ≥ 2, então existe um vértice z em G, tal que d(u,v) = d(u,z) + d(z,v).

9) Seja G um grafo conectado com o conjunto de vértices V.

(a) encontre o raio e o diâmetro dos grafos dos exercícios 1, 4 e 7.
(b) prove que para qualquer grafo conectado G, raio(G) ≤ diâmetro(G) ≤ 2 raio(G).
(c) quais grafos simples têm diâmetro 1?

10) Mostre que não existe um grafo simples com 12 vértices e 28 arestas no qual:

(a) o grau de cada vértice seja 3 ou 4.
(b) o grau de cada vértice seja 3 ou 6.

11) Mostre que não é possível ter um grupo de sete pessoas tal que cada pessoa no grupo conhece exatamente três outras pessoas no grupo.

12) Seja G um grafo simples conectado. O quadrado de G, notado por G^2, é definido como o grafo com o mesmo conjunto de vértices que G e no qual dois vértices u e v são unidos por uma aresta se e somente se em G a seguinte desigualdade 1 ≤ d(u,v) ≤ 2 é verificada. A figura a seguir mostra G e G^2.

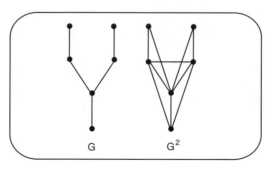

Mostre que o quadrado de $K_{1,3}$ é K_4. Você consegue encontrar mais dois grafos cujo quadrado seja K_4?

13) Quais dos grafos a seguir são bipartidos? Justifique a sua resposta. Redesenhe os grafos que forem bipartidos de maneira a evidenciar esse fato.

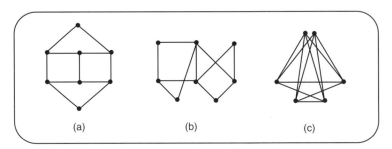

(a)   (b)   (c)

14) Dê um exemplo de um grafo conectado, tal que a remoção de qualquer aresta resulta em um grafo que não é conectado (assuma que a remoção de uma aresta não implica a remoção de qualquer vértice).

15) Seja G um grafo conectado. Suponha que uma aresta *e* faça parte de um ciclo. Mostre que G com *e* removida é ainda conectado.

16) Encontre o diâmetro do grafo a seguir.

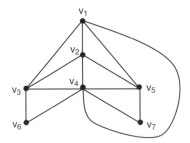

17) Encontre o diâmetro de K_n.

18) Seja G um grafo. Defina a relação R no conjunto de vértices V de G como: vRw se existe um caminho do vértice v para o w. Prove que R é uma relação de equivalência em V.

19) Desenhe o grafo bipartido $K_{3,3}$ de três maneiras diferentes.

20) Prove o teorema: "Qualquer grafo conectado com n vértices deve ter pelo menos n − 1 arestas."

4ª Lista de exercícios

1) Mostre graficamente uma lista de todas as árvores com 6 e com 7 vértices. A lista não deve conter nenhum par de árvores que sejam isomorfas (existem 11 árvores não isomorfas com 7 vértices e 6 com 6 vértices).

2) Prove que qualquer árvore com pelo menos dois vértices é um grafo bipartido.

3) Grafos bipartidos completos $K_{1,n}$, conhecidos como grafos estrelas, são árvores. Prove que grafos estrelas são os únicos grafos bipartidos completos que são árvores.

4) Encontre todas as pontes no grafo a seguir.

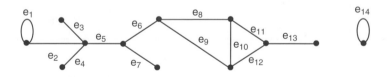

5) Seja G um grafo conectado:
(a) se G tem 17 arestas, qual é o máximo número possível de vértices em G?
(b) se G tem 21 vértices, qual é o mínimo número possível de arestas em G?

6) Seja G um grafo com 4 componentes conexas e 24 arestas. Qual é o número máximo possível de vértices em G?

7) Seja T uma árvore com pelo menos k arestas, $k \geq 2$. Quantas componentes conexas existem no subgrafo de T obtido por meio da remoção de k arestas de T?

4ª Lista de exercícios

8) Mostre que não existe um grafo simples com quatro vértices, tal que três vértices têm grau 3 e um vértice tem grau 1.

9) Um grafo G é chamado de uniciclo se for conectado e contiver precisamente um ciclo. Os grafos (a) e (b) a seguir são uniciclos. Prove que um grafo conectado G com n vértices e k arestas é uniciclo se e somente se n = k.

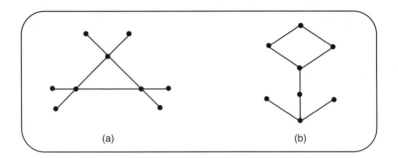

10) Faça uma lista de todas as árvores *spanning*, inclusive daquelas isomorfas, dos grafos conexos (a), (b), (c) e (d) a seguir. Quantas árvores *spanning* não isomorfas existem em cada caso?

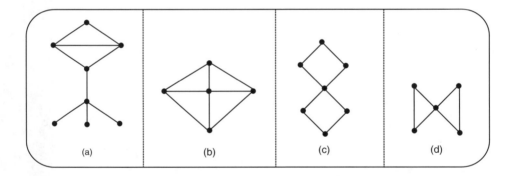

11) Faça uma lista de todas as árvores *spanning*, inclusive daquelas isomorfas, dos grafos (a), (b), (c), (d) e (e) a seguir. Quantas árvores *spanning* não isomorfas existem em cada caso?

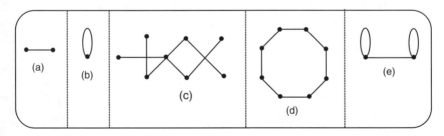

12) Seja G um grafo conectado. O que você pode dizer sobre:
(a) uma aresta de G que aparece em toda árvore *spanning*?
(b) uma aresta que não aparece em qualquer árvore *spanning*?

Para os Exercícios 13, 14 e 15, considere os seguintes grafos:

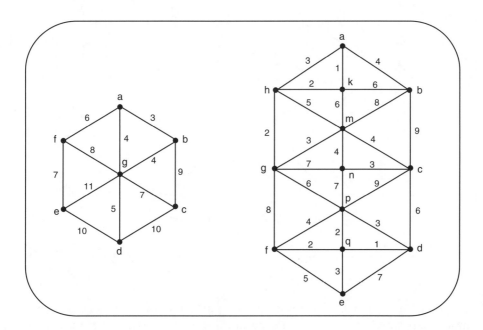

13) Encontre a árvore *spanning* minimal para cada um dos grafos conectados ponderados usando os algoritmos de Kruskal e de Prim.

14) Encontre a árvore *spanning* maximal para cada um dos grafos conectados ponderados usando os algoritmos de Kruskal ou de Prim.

15) A descrição a seguir é a de um terceiro algoritmo para encontrar a árvore *spanning* minimal de um grafo conectado ponderado G com n vértices, no qual o peso associado a cada vértice é não negativo: remova uma por uma aquelas arestas de G com os maiores pesos, de maneira que cada remoção não implique um grafo desconectado, até que sobrem apenas n − 1 arestas. O subgrafo resultante é uma árvore *spanning* minimal de G. Fazer o *trace* desse algoritmo nos dois grafos dados anteriormente.

16) Execute os algoritmos de busca em largura em cada um dos três grafos a seguir, de maneira a encontrar o comprimento do caminho mais curto do vértice a ao vértice z, um de tais caminhos mais curtos e o número desses caminhos mais curtos.

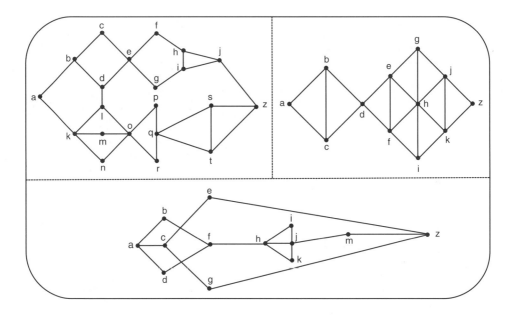

17) Use o algoritmo de Dijkstra nos grafos a seguir para encontrar o comprimento dos caminhos mais cursos do vértice a, a cada um dos outros vértices, e para dar exemplos desses caminhos.

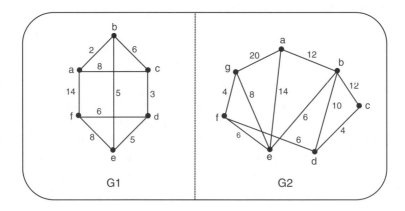

5ª Lista de exercícios

1) Encontre um ciclo hamiltoniano nos grafos (a) e (b) a seguir.

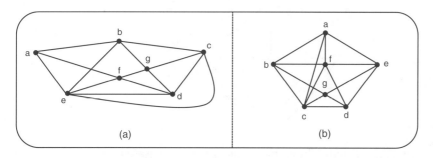

2) Determine se os seguintes grafos são hamiltonianos ou não. Quando forem, encontre um ciclo hamiltoniano no grafo.

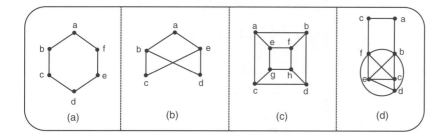

3) O grafo completo K_n é hamiltoniano? Explique.

4) O grafo completo bipartido $K_{m,n}$ é hamiltoniano? Explique.

5) Desenhe um grafo que seja de Euler, mas não hamiltoniano. Explique.

5ª Lista de exercícios

6) Desenhe um grafo que seja hamiltoniano, mas não de Euler. Explique.

7) Mostre que o ciclo ebacde é uma solução para o problema do caixeiro-viajante, para o grafo mostrado a seguir.

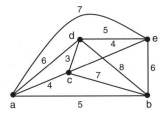

8) Resolva o problema do caixeiro-viajante para o grafo a seguir:

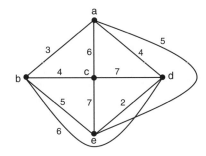

9) Resolva o problema do carteiro chinês para cada um os dois grafos a seguir:

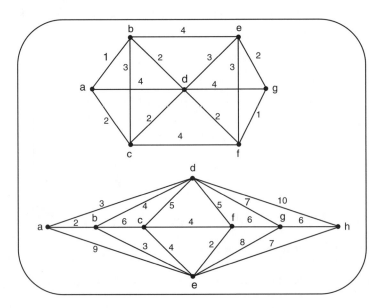

250

10) Use o algoritmo dois otimal para o problema do caixeiro-viajante para o grafo a seguir:

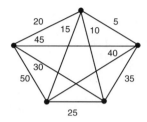

11) Mostre que, se *e* for qualquer aresta de K_5, então K_5-e é planar.

12) Mostre que se *e* for qualquer aresta de $K_{3,3}$, então $K_{3,3}-e$ é planar.

13) Verifique a fórmula de Euler para os grafos planos mostrados em (a) e (b) a seguir (Clark & Houlton, 1998).

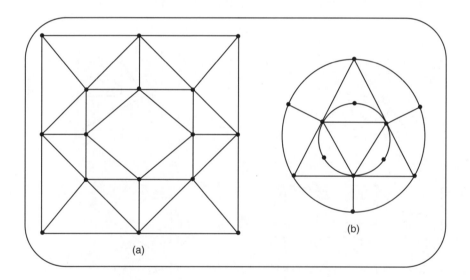

14) Desenhe um grafo simples plano no qual o grau de todo vértice é pelo menos 5.

15) Considere G um grafo plano 4-regular com 10 faces. Determine quantos vértices G tem e desenhe G.

16) Mostre que os grafos em (a) e (b) são isomorfos, mas têm duais não isomorfos (Clark & Holton, 1998).

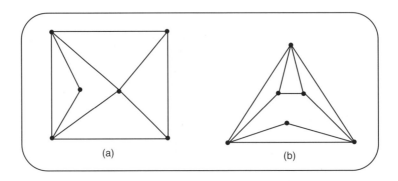

17) Determine se cada um dos grafos mostrados em (a)–(e) é planar. Quando o grafo em questão for planar, redesenhe-o de maneira que duas arestas não se cruzem. Quando o grafo não for planar, encontrar um seu subgrafo, homeomorfo a K_5 ou $K_{3,3}$.

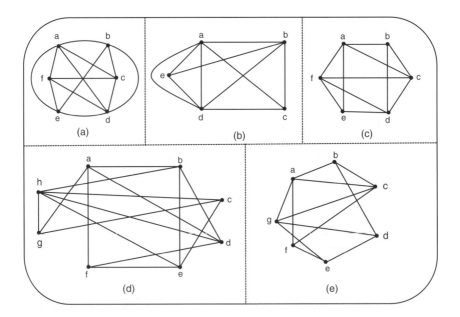

18) Desenhe o dual do grafo mostrado em (a) e mostrado em (b).

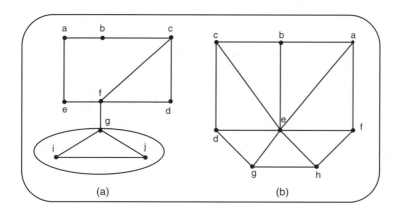

19) A adição ou remoção de um *loop* tem qualquer efeito na planaridade de um grafo? Explique sua resposta. E com relação à adição ou remoção de uma aresta múltipla?

20) Um grafo conectado planar pode ter 10 vértices, 16 arestas e 7 faces? Justifique sua resposta.

21) Prove que qualquer grafo com exatamente 4 vértices é planar.

22) Prove que qualquer grafo que tenha exatamente 5 vértices, um dos quais tem grau 2, deve ser planar.

23) Uma firma deseja armazenar sete produtos químicos diferentes, Q1, Q2, Q3, Q4, Q5, Q6 e Q7. Uma vez que alguns desses produtos não podem ser armazenados juntos, por problema de segurança, são necessários diferentes locais de armazenamento. A tabela a seguir mostra (com um asterisco) quais pares de produtos químicos não podem ser armazenados em um mesmo local. Use coloração de grafo para encontrar o número mínimo de locais necessários e identifique os produtos que podem ser alocados a esses locais, respectivamente.

	C1	C2	C3	C4	C5	C6	C7
C1		*				*	*
C2	*		*	*			
C3		*		*	*		
C4		*	*		*	*	
C5			*	*		*	*
C6	*			*	*		*
C7	*				*	*	

5ª Lista de exercícios

24) Determine a coloração de cada um dos três grafos (a), (b) e (c) a seguir, usando cada um dos três algoritmos: coloração sequencial simples, Welsh & Powell e Matula-Marble-Isaacson.

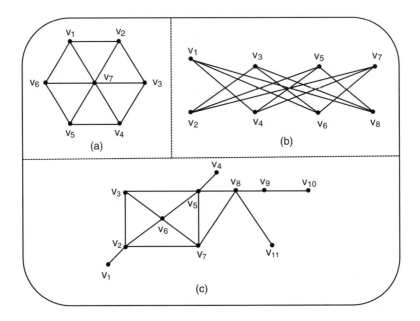

Referências e bibliografia

[**Balakrishnan - 1997**] Balakrishnan, V. K. *Theory and problems of graph theory.* New York: McGraw-Hill, 1997.

[**Berge - 1957**] Berge, C. Two theorems on graph theory. *Proc. Nat. Acad. Sci. USA*, 1957, 43:842-844.

[**Berztiss - 1975**] Berztiss, A.T. *Data structures, theory and practice.* New York: Academic Press, 1975.

[**Bondy & Chvátal - 1976**] Bondy, J.A.; Chvátal, V. A method in graph theory. *Discrete Math.*, 1976, 15:111-136.

[**Clark & Holton - 1998**] Clark, J.; Holton, D.A. *A first look at graph theory.* 2nd. ed. Singapore: World Scientific, 1998.

[**Diestel - 2000**] Diestel, R. *Graph theory.* New York: Springer Verlag, 2000.

[**Dirac - 1952**] Dirac, G.A. Some theorems on abstract graphs. *Proc. London Math. Soc.*, p. 69-81, 1952.

[**Grassmann & Tremblay - 1996**] Grassmann, W.K.; Tremblay, J.-P. *Logic and discrete mathematics.* New Jersey: Prentice Hall, 1996.

[**Guan - 1992**] Guan, M. Graphic programming using odd and even points. *Chinese Math.* 1, 162, p. 273-277, 1992.

[**Hall - 1935**] Hall, P. On representation of subsets. *J. London Math. Soc.*, 1935, 10:26-30.

[**Johnsonbaugh - 1993**] Johnsonbaugh, R. *Discrete mathematics.* New Jersey: Prentice Hall, 1993.

[**Kruskal - 1956**] Kruskal, J.B. On the shortest spanning subtree of a graph and the traveling salesman problem. *Proc. American Math. Soc.*, 7:48-50, 1956.

[**Kuratowski - 1930**] Kuratowski, K. Sur le problème des courbes gauches en topologie. *Fund. Math.*, 16:271-283, 1930.

[**Matula et al. - 1972**] Matula, D.W.; Marble, G.; Isaacson, J.D. Graph colouring algorithms. In: R.C. Read (Ed.) *Graph Theory and Computing*. New York: Academic Press, 1972, p. 109-122.

[**Ore - 1960**] Ore, O. Note on Hamilton circuits. *The American Mathematical Monthly*, 67:55-55.

[**Prim - 1957**] Prim, R.C. Shortest connection networks and some generalizations. *Bell System Tech. J.*, 36:1389-1401, 1957.

[**Roman - 1985**] Roman, S. *An introduction to discrete mathematics*. Philadelphia: Harcourt College Publishers, 1985.

[**Scheinerman - 2003**] Scheinerman, E.R. *Matemática discreta – uma introdução*. São Paulo: Pioneira Thomson Learning, 2003.

[**Welsh & Powell - 1967**] Welsh, D.J.A.; Powell, M.B. An upper bound for the chromatic number of a graph and its application to timetabling problems. *Comput. J.*, 10:85-86, 1967.

[**West - 2001**] West, D.B. *Introduction to graph theory*. London: Prentice-Hall, 2001.

[**Wilson - 1996**] Wilson, R. J. *Introduction to graph theory*. 4th ed. London: Prentice-Hall, 1996.

Índice

A

Algoritmo(s)
- de busca em largura, 144
  - com *backtracking*, 146
- de coloração de vértices, 214
  - de Matula, Marble e Isaacson, 220
  - de Welsh-Powell, 218
  - sequencial simples, 214
- de determinação do número de caminhos mais curtos entre dois vértices, 151
- de determinação do número de componentes conexas de um grafo, 106
- de determinação (ou não) de bipartição, 60
- de Dijkstra, 155
- de Fleury, 164
- de Kruskal, 133
- de Prim, 137
- de solução para o problema do carteiro chinês, 170
- dois-otimal, 188

Aresta(s), 39
- adjacentes, 42
- de corte (ponte), 123
- *Loops*, 42
- paralelas, 42

Árvore(s), 117
- algoritmos de construção de árvores *spanning* minimais, 146
  - algoritmo de Kruskal, 133
  - algoritmo de Prim, 137
- *spanning*, 128, 129

B

Blocos de uma partição, 13

C

Cadeia, 20
Caminho, 78
- aberto, 78
- fechado ou ciclo, 78
- hamiltoniano, 178

Ciclo hamiltoniano, 178
Circuito otimal, 187
Classe de equivalência, 13
Clique, 72
Cobertura de vértices, 74
Coloração de vértices, 212
Conectividade entre vértices, 83
Congruência, 16
Conjunto(s)
- dominante de vértices, 75
- dos R-relacionados, 10
- independente
  - de arestas, 73
  - de vértices, 73
- parcialmente ordenado, 19
- potência, 2
- vizinhança (de um vértice), 41

Construção de um ciclo hamiltoniano (algoritmo dois-otimal), 188
Construção de um tour de Euler (algoritmo de Fleury), 164
Curva de Jordan, 198

Índice

D
Distância entre vértices, 90
Dual de um grafo plano, 208

E
Elemento(s) (em uma relação de ordem parcial)
    ínfimo, 22
    limitante inferior, 22
    limitante superior, 22
    maior, 21
    maximal, 22
    menor, 21
    minimal, 22
    supremo, 22
Euler (grafo de), 160
Euler (tour de), 160
Euler (trilha de), 160

F
Fechamento de um grafo, 185
Floresta, 117
Fórmula de Euler, 201
Função(ões), 3
    bijetora, 6
    composição de funções, 6
    contradomínio de uma função, 4
    domínio de uma função, 5
    injetora, 6
    inversa, 9
    restrição de, 5
    sobrejetora, 4
    total, 4
Fusão de dois vértices, 70

G
Grafo(s), 39
    acíclicos, 117
    básico simples, 65
    bipartido, 57
    bipartido completo, 59
    centro de um grafo, 90
    clique de um grafo, 72
    -complemento, 69
    completo, 56, 69
    conexo, 84
    cúbico, 45
    de Euler, 160
    desconexo, 84
    diâmetro de um grafo, 90
    dual (de um grafo plano), 208
    face (de um grafo plano), 201
    fechamento (de um grafo), 185
    finito, 32
    hamiltoniano, 178
    homeomorfismo, 205
    interseção, 68
    isomorfos, 46
    k-regular, 45
    matriz de adjacência de um grafo, 96
    matriz de incidência de um grafo, 102
    não hamiltoniano maximal, 180
    não isomorfos, 50
    nulo, 40
    ordem de um grafo, 39
    planar, 197
    plano, 32, 197
    ponderado, 36, 130
    raio de um grafo, 90
    regular, 45
    simples, 41
    soma, 68
    tamanho de, 39
    união, 68
Grau(s)
    de um vértice, 42
    de uma face de um grafo plano, 204
    máximo de um grafo, 42
    médio de um grafo, 42
    mínimo de um grafo, 42

I
Índice (ou número) cromático, 212

N
Número clique, 72
Número de cobertura de vértices, 74
Números de Bell, 15

O
Ordem de um grafo, 39
Ordem parcial (relação de), 19

P
Par ordenado, 2
Partição, 13
Passeio (em um grafo)
    aberto, 77
    comprimento, 77
    fechado, 77
    tour, 160

tour de Euler, 160
trivial, 77
Planaridade de um grafo, 32
Pontes, 123
Problema(s)
    do caixeiro-viajante, 186
    do caminho mais curto, 37
    do carteiro chinês, 169
Produto cartesiano, 2
Propriedade invariante, 54

R
Redução de série, 204
Relação(ões),
    antirreflexiva, 12
    antissimétrica, 12
    binária, 9
    cadeia, 19
    compatibilidade, 13
    contradomínio, 11
    de ordem parcial, 19
        elemento maximal, 22
        elemento minimal, 22
        ínfimo, 22
        limitante inferior, 22
        limitante superior, 22
            ou supremo, 22
        maior elemento, 21
        menor elemento, 21
    domínio, 11
    equivalência, 13
    identidade, 12
    irreflexiva, 12
    não simétrica, 12
    quase equivalência, 13
    quase ordem, 13
    reflexiva, 11
    simétrica, 12
    simples, 19
    transitiva, 12
    universal, 9
Representação matricial de grafos, 95
Reticulado, 24

S
Sequência de graus de um grafo, 42
Subgrafo(s), 61
    arestas disjuntos, 67
    básico simples, 65
    com aresta(s) eliminada(s), 63, 65
    com vértice(s) eliminado(s), 63, 64
    de *um grafo* induzido por um subconjunto de arestas, 66
    de *um grafo* induzido por um subconjunto de vértices, 66
    disjuntos, 67
    próprio, 61
    spanning, 63
    união de subgrafos, 68
Supergrafo, 61
Solução do problema do carteiro chinês, 170

T
Tamanho de um grafo, 39
Teorema
    da curva de Jordan, 199
    de Bondy & Chvátal, 186
    de Brooks, 213
    de Dirac, 182
    de Kuratowski, 204
    de Ore, 184
    Fórmula de Euler, 203
    K_5 não é planar, 199
    $K_{3,3}$ não é planar, 201
Tour (em um grafo), 160
Tour de Euler, 160
Trilha(s), 77
    aberta, 77
    de Euler, 160
    fechada ou circuito, 77

V
Vértice(s), 39
    adjacentes, 41, 42
    central, 90
    cobertura (de vértices), 74
    cobertura (de vértices) mínima, 74
    coloração, 212
    de corte, 123
    excentricidade de, 90
    extremidade de uma aresta, 39
    final, 42
    fusão de dois vértices, 70
    internos (a um passeio), 77
    isolado, 41, 42
    par ou ímpar, 42
    ponte (aresta de corte), 123
    vizinhança (de um vértice), 41
    vizinhos, 41

Pré-impressão, impressão e acabamento

grafica@editorasantuario.com.br
www.editorasantuario.com.br
Aparecida-SP